인간발달과 기독교교육

기독교교육학 전문연구도서
인간발달과 기독교교육

2024년 4월 11일 처음 펴냄

기획   한국기독교교육학회
지은이   이규민 김난예 김재우 김희영
책임편집   이규민
펴낸이   김영호
펴낸곳   도서출판 동연
등록   제1-1383호(1992년 6월 12일)
주소   서울시 마포구 월드컵로 163-3
전화/팩스   (02) 335-2630 / (02) 335-2640
이메일   yh4321@gmail.com
인스타그램 https://www.instagram.com/dongyeon_press

ISBN 978-89-6447-987-2 93230

기독교교육학 전문연구도서

인간발달과
기독교교육

이규민 김난예 김재우 김희영 함께 씀
기획 한국기독교교육학회 | 책임편집 이규민

동연

책 을 펴 내 며

　먼저 한국기독교교육학회에서 기획한 전문연구도서 시리즈의 마지막 저서를 출간하게 된 것을 매우 기쁘게 생각합니다. 그동안 한국기독교교육학회는 전문연구도서 시리즈를 통해 각 분야의 저명 학자들을 유치하여 기독교교육학의 주요 주제를 중심으로 저서를 발간해 왔습니다. 지금까지 출간된 전문연구도서 시리즈는 한국 기독교교육학의 학문적 발전과 부흥을 이끄는 데 있어 큰 공헌을 해왔습니다. 『인간발달과 기독교교육』의 출간은 기독교교육학 연구의 한 획을 긋는 중요한 역할을 담당할 것으로 생각합니다.

　『인간발달과 기독교교육』은 인간 개인 및 공동체의 전 인격적 발달을 중심으로 인간의 한평생을 총 아홉 단계로 조망하였습니다. 특별히 이 저서는 엄마의 배 속에서 지낸 10개월의 교육적 중요성을 인정하고 인간발달의 첫 시작을 '태내기'(intrauterine period)로 제시하였습니다. 에릭슨(Erik Erikson)의 인간발달에 대한 이해를 기반으로 삼으면서도, 지금 우리가 직면하고 있는 시대적 상황과 100세 시대를 살아가는 현시대를 고려하여 인간 현실의 포괄적 이해를 제시하고 통합적으로 엮어낸 책입니다. 더 나아가 이 책은 아홉 단계에 걸친 '인간발달'을 기독교교육적 관점에서 심도 있게 성찰하면서, 2020년대를 동시에 살아가는 각 단계에 있는 사람들의 발달과제는 무엇인지 제시하였으며, 각 단계에 속한 사람들이 그 발달과제를 인지하고 단계를 넘어 성숙 발달시킬 수 있도록 돕는 기독교교육적 과제를 제시하였습니다.

『인간발달과 기독교교육』은 4명의 학자(이규민, 김난예, 김재우, 김희영 교수)가 공동 집필한 저서로서 집필자들의 다양한 전문성과 배경으로 각자의 전문성을 존중하고 협력하며 통합적으로 저술한 의미 있는 학술적 연구입니다. 각기 다른 접근 방식과 다양한 시각을 공유하면서 포괄적 이해를 도모했을 뿐 아니라 이 분야의 다양한 측면과 새로운 시야를 탐구하면서 신학 및 교육학의 관점에서 역동적이며 간학문적인 학문적 성과를 이뤄냈습니다.

네 분의 학문적 노력과 공헌에 다시 한번 감사를 드립니다. 21세기 융합연구의 시대에서 이러한 공동 연구는 매우 중요한 시도이며 의미 있는 노력이라고 평가될 수 있습니다. 이 연구를 통해 더 많은 후속 연구가 이어지기를 진심으로 바랍니다. 감사합니다.

2023년 12월

한국기독교교육학회 39대 회장

김현숙

머 리 말

인간발달과 기독교교육

하나님의 창조 세계가 유기적 생명 연대와 함께 거대한 생태계를 이루고 있음은 주지의 사실입니다. 피조 세계의 모든 생명이 서로가 서로에게 의존되어 있기에 창조주 하나님 외에는 어떤 생명체도 절대적이거나 배타적 위치를 독점할 수 없습니다. 하지만 하나님 형상 및 이미지(imago Dei)로서 피조 세계의 청지기직을 감당해야 할 '인간'의 존재적 의미와 중요성은 아무리 강조해도 지나치지 않습니다. 그래서 인류학자들은 인간을 '소우주'(micro cosmos)라 부르고 그리스도 예수 역시 다른 생명체가 아닌 '인간'의 모습으로 시공간 속에 '화육'(incarnation)하였음을 볼 수 있습니다. 이런 점에서 '인간발달'은 실존적 차원은 물론이고 공동체, 지구, 우주, 역사적 차원을 담고 있습니다. 기독교교육이 개인-공동체-우주-시공간의 초월과 내재를 포괄하는 역동적, 간학문적 연구임을 생각할 때, "인간발달과 기독교교육"은 매우 포괄적인 동시에 심오한 주제임에 틀림없습니다.

이러한 관점을 염두하되, 이 책은 심리-사회적 발달을 토대로 인간 개인 및 공동체의 통전적, 전 인격적 발달을 중심으로 총 아홉 단계로 인간의 한평생을 조망하였습니다. 인간의 심리-사회적 발달 (psycho-social development)론 주창자인 에릭슨(Erik Erikson)을 비롯한 대부분의 서구 학자가 인간 삶의 시작을 '영아기'로 제시하지만 생명의 관점에서 보면 이제 갓 출생한 영아도 이미 10개월을 엄마 배 속에서 성장과 발달 과정을 거친 생명체임이 분명합니다. 교육적 관점에서 볼 때, 엄마 배 속에서의 10개월의 경험이 그 아이의 내면과 인생에 미치는 영향은 지대합니다. 이러한 교육적 중요성을 인정하고 존중하기 위해 본서는 인간발달의 첫 시작을 '태내기'(intra-uterine period)로 제시합니다. 이후 에릭슨의 한평생이론 여덟 단계를 포함하여 총 아홉 단계로 인간발달 시기를 구분하였습니다. 이렇게 아홉 단계에 걸친 영-혼-육의 유기적 복합체로서의 인간 실존 및 공동체와의 상호작용 속에서 이루어지는 '인간발달'을 기독교교육적 관점에서 심도 있게 성찰하고 있습니다.

이 책은 한국기독교교육학회 전문연구도서 시리즈 마지막 책으로 출간되었습니다. 진즉 학회로부터 "인간발달과 기독교교육" 전문도서를 집필해달라는 요청을 받았지만, 기독교교육학회, 기독교공동학회, 가정문화협회 등 다양하고 과한 직무에 쫓기다 보니 출간이 지체되었습니다. 인간 및 인간발달에 대한 연구는 보다 포괄적이고 균형 잡힌 관점을 필요로 하기에 단독 저서보다는 공동 집필이 저서의 특성에 부합하다는 판단 하에 김난예, 김재우, 김희영 교수님과 함께 학회 전문연구도서 마지막 권을 공동저서로 출간하게 되었습니다. 이러한 공동 연구 및 공동 집필을 통해 성별, 세대, 문화를 아우르는 포괄적 관점과 통찰을 담아낼 수 있었습니다.

깊이와 함께 넓이를 겸한 전문연구도서를 위해 함께 노고해 주신 소중한 분들께 감사드립니다. 본 저서 출간을 위해 지속적 관심과 성원으로 도와주신 김현숙 39대 회장님, 장신근 40대 회장님, 임창호 출판위원장님, 임원 여러분 제위께 감사드립니다. 기쁨으로 출판을 맡아주신 도서출판 동연 대표 김영호 장로님께도 감사드립니다. 인간 및 인간발달에 대한 기독교교육적 성찰과 실천에 소중한 도움과 통찰을 주는 도서가 되길 기도하고 기대하며 머리말에 갈음합니다.

2023년 12월
공동 저자를 대표하여
이규민

차 례

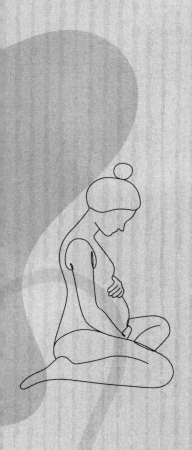

제1장

태내기

시 〈만남〉에서 정채봉 시인은 가장 잘못된 만남, 가장 조심해야할 만남, 가장 비천한 만남, 가장 시간이 아까운 만남을 말하였다. 그리고 가장 아름다운 만남은 손수건과 같은 만남이라 했는데 힘이 들때는 땀을 닦아주고 슬플 때는 눈물을 닦아주기 때문이라 한다. 그렇다면 나는 어떤 만남 속에서 태어났을까?

하나님은 그분의 형상대로 사람(남자)을 만드시고, 혼자 있는 것이 보기 좋지 않아 여자를 만드셨다. 남자가 어떤 여자를 볼 때 마음이 설레고 좋은 감정이 일어나며 자신의 갈비뼈임을 느끼게 되고, 여자도 어떤 남자를 만날 때 끌리는 마음과 좋은 감정을 느끼면 사랑은이미 시작된 것이다. 사랑은 조건들의 맞춤이 아니라 느낌들의 화합이며 영혼의 끌림으로 시작된다. 결혼은 남녀가 사랑의 관계를 통해친밀함과 영적 교감을 더 깊고 풍부하게 만들어 주며, 진실한 사랑은하나님이 인간에게 준 위대한 선물이다.

결혼 언약은 서로 간의 동의와 성실과 신뢰를 요구하며, 인생이라는 길고 험한 통로를 함께 걸어가고자 하는 서약이며 즐거움과 기쁨과 슬픔을 함께 나누는 존재에 대한 약속이다. 결혼을 통한 가정은사랑이 열매 맺는 곳이다. 남자와 여자의 사랑은 결혼 언약으로 하나님의 백성이라는 결혼 관계 안에서 아름다운 성을 이루어 가며, 부도덕한 관계에 자신을 내어 맡기지 않겠다는 약속이다.

사랑과 성(性)은 하나님으로부터 주어진 선물이다. 성이라는 경이로운 선물을 주신 분은 하나님이다. 하나님의 말씀에 있는 원리와 원칙을 따라 하나님의 법에 순종할 때, 성이라는 선물을 통해 하나님께서 기뻐하시고 기대하시는 그 모든 것이 온전히 이루어질 수 있다. 하나님은 결혼이라는 집과 아름다운 사랑의 성을 통하여 출산이라는 선물과 위로와 기쁨을 누릴 수 있게 하셨다.

I. 태아 발달

1. 배종기(germinal period)

성경은 이 세상이 만들어지기 전에 이미 우리의 생명이 계획된 것이라고 말한다. 18세기 말 스위스 동물학자 볼프(Caspar F. Wolff)는 인간의 생명은 남성의 정자와 여성의 난자가 수정되어 만들어진 단세포에서 출발하며 남자의 성염색체에 따라 남아와 여아가 결정된다고 하였다. 여자의 둥근 모양 난자는 인체 내에서 가장 큰 세포이고 정자의 약 40배이다. 여아는 출생 시부터 약 500만 개의 미성숙한 난자를 가지고 있는데 성장하면서 그 수가 감소하여 월경이 시작되면 약 3만 개 정도가 남고, 성숙한 난자는 두 개의 난소에서 번갈아 가며 한 달에 한 개씩 배출된다. 배출된 난자는 난관 속의 융모가 건강하고 수축운동이 활발해야 자궁까지 이동한다. 남자에게는 긴

꼬리를 가진 올챙이 모양의 정자가 있고, 1회 사정되는 정액의 양은 약 3~5ml이다. 이 속에 들어 있는 정자의 수는 3~5억 개이며 48~72시간 정도 생존한다. 여성의 질 내에 사출된 정자는 꼬리운동과 근육수축, 호르몬의 영향으로 자궁을 거쳐 난관까지 헤엄쳐 간다. 난관의 난자에까지 제일 먼저 가는 정자는 건강하고 활동성이 강하며, 힘든 조건을 이겨내고 수정할 수 있다. 대부분의 정자는 질 밖으로 흘러나오거나 도중에 길을 잃고 파괴된다. 1분에 0.5cm 정도 헤엄쳐 간 많은 정자가 난자와 만나게 되면 그중 하나가 난자의 막을 뚫고 들어가며 꼬리는 떨어져 없어지는데 이때부터 수정아가 된다.[1] 정자와 난자가 만나 생명체가 된 수정아는 1~2일을 떠돌다가 자궁벽에 착상한다. 수정 후 착상하기까지는 약 10~14일 정도 걸리며 착상과 동시에 배종기(germinal period)는 끝난다. 수정 후 3일까지 16~32개의 세포로 분열하고 1주일 후 약 100~150개로 세포 분열한다. 그러나 자궁 내에 성공적으로 착상되었어도 모두 임신으로 이어지는 것은 아니다. 이 중 25%는 유전자 결함으로 수정 후 2~3일 내에 소실되고, 나머지 25%는 임신 중 자연유산 된다.

2. 배아기(embryonic period)

수정아가 자궁벽에 착상하면 그때부터 어머니와 의존적인 관계가 형성되고 약 8주까지를 배아기라 한다. 배아기에는 급격한 변화를 일으켜 하나의 개체로 발달하며 신체 계통(호흡기, 소화기, 신경)과

---

1 생물학에서는 정자와 난자가 만나면 이를 수정란이라 하였다. 그러나 인간은 존엄한 존재이기에 이를 새나 조류의 알의 일종인 '란'으로 말할 수 없다. 따라서 이를 '수정아'로 명명함이 옳다.

각 주요 기관과 조직이 형성되고 분화된다. 머리 부분이 가장 먼저 발달하여 배아기 때에는 전체 길이의 절반 정도가 된다. 수정아 3주에는 심장이 뛰고, 4주 말에는 소화기관의 분화도 이루어진다. 8주 말 배아의 길이는 약 2.5cm 무게는 약 14g이다. 배아기는 신체의 여러 기관이 형성되는 시기이므로 태내 환경에 각별한 주의가 필요하다.[2] 사실상 모든 출생 시의 결함이나 기형(구순구개열, 사지 기형, 맹아, 농아 등)은 임신 기간 중에서 결정적 시기인 첫 3개월 동안에 일어난다. 두통, 구토, 특정한 음식에 대한 욕구나 피로감을 보이며 감정적으로 예민해진다. 이러한 변화를 통해 자신의 신체에 대한 지각이 증가하며 태아와 일체감이 형성된다.

〈표 1-1〉 배아의 성장과 발달

기간	특징
1~2주 전	착상된 수정란은 외배엽, 중배엽, 내배엽으로 분리
2주	태반 발달 시작
3주	심장 형성과 3주 말경 심장이 뛴다
4주	손발이 될 부분이 보인다. 눈, 귀 및 소화기관 형성. 정맥과 동맥 완성, 척추와 신경계 형성
5주	배꼽 형성. 허파가 될 기관지 부분 생성
6주	머리가 가장 큼
7주	얼굴과 목, 눈꺼풀 형성. 위가 완전한 형태와 위치를 잡음. 근육이 빠르게 분화. 신경이 매우 빠른 속도로 발달
8주	명확한 손가락과 발가락이 보이고 귀, 턱의 형성으로 인간의 모습. 머리가 전체의 절반. 8주 말경 태아는 움직이며 입 주위 자극에 반응. 성별 분별 가능

---

2 조복희, 『아동발달』 (서울: 교육과학사, 2008), 114-117.

3. 태아기(fetal period)

배아기 이후 출생까지를 태아기라고 한다. 인간발달에서 출생 이전인 태아기의 중요성이 학문적·임상적으로 밝혀지면서 종전의 아동발달단계에 첨가되었다. 태아기에는 배아기에 형성된 기관들의 성장이 가속화되고 여러 신체 조직이 급격히 발달하고 기능하기 시작한다. 태아기의 태아는 촉각적 자극에 반응하며, 운동기능이 점차 분화되고 복잡해진다. 또한 태아는 신생아와 유사한 수면주기를 가지며, 큰 소리나 음악에 따라 움직임이 달라진다.

12주경에는 인간의 형체를 갖추고 태아의 성별을 확실하게 구분할 수 있으며 팔과 다리의 움직임이 나타난다.[3] 16주경에는 어머니가 태동을 느낄 수 있고, 20주 태아의 크기는 25cm, 몸무게는 400~450g이며 태아의 움직임이 더욱 활발해진다. 모체가 태동을 느끼는 것은 임신 경험에 따라 차이가 있다. 일반적으로 태동은 8개월경부터 심하다가 출산일이 가까우면 조용해진다. 23주가 되면 신생아처럼 잠을 자고 깨며 편안한 수면 자세도 취한다. 24주가 되면 눈을 감고 뜨며 엄지손가락을 입으로 빨기도 한다.

마지막 3개월 동안 태아는 피하 지방층 발달로 체중이 급격히 증가하고 자궁 내에서 더 많은 자리를 차지하여 움직임의 공간이 줄어든다. 36주경 대부분의 태아는 머리를 아래로 향하여 자궁 내에서 가장 많은 공간을 확보하고 출산을 쉽게 한다.

한편 임신 24주 이전은 태아의 신경계와 호흡기 및 기타 신체 조

---

3 정옥분, 『발달심리학 — 전생애 인간발달』(서울: 학지사, 2014), 169.

절 기능이 성숙하지 않아 출산하면 생존할 가능성이 희박하다. 임신 29~38주에 조산할 경우는 태아의 신체적 기능이 충분히 발달하여 출산하더라도 생존할 가능성이 높다.[4]

엄마의 몸속에 있는 태아도 모든 감각을 가졌으며 감각기관은 뇌를 통하여 느낀다. 태아의 뇌세포가 조직화되는 임신 5~6개월(24~26주)부터 태아는 직접 혹은 엄마를 통하여 간접적으로 감각을 느끼고 배운다. 일반적으로 임신 6개월에는 시각과 청각, 임신 7개월에는 미각과 후각이 발달한다. 촉각은 엄마를 통해 간접적으로 느낀다.

1) 시각

시각은 감각기관 중에서 가장 늦게 발달한다. 8개월 된 태아는 엄마가 화려한 조명이 번쩍이는 곳에 가면 반응하며 움직인다. 이것은 태아도 빛을 감지할 뿐 아니라 빛을 느끼고 기억한다는 증거이다.

2) 청각

태아의 청각은 임신 7주부터 발달하여 24주에는 산모 배 속의 소리와 주변 소리를 듣는다. 산모의 음성은 양수를 통해 태아에게 전달된다. 24주부터 대뇌피질에 주름이 생기면서 지각 능력이 발달하기 시작하여 기억할 수 있는 능력이 생긴다. 아기 뇌의 지각 인식 사고와 창조적 능력은 출생 후에 발달하지만 미각, 청각, 판단, 기억 능력은 태아기에 발달한다. 엄마가 조용한 음악을 들을 때는 태아의 심박동 수가 일정한 움직임을 보이지만, 시끄러운 음악을 들을 때는 심박

---

4 황희숙, 『아동발달과 교육』(서울: 학지사, 2008), 37.

동 수가 증가하면서 움직임이 줄어든다. 이것은 태아에게 청각 능력이 있다는 것이다.

3) 후각

태아는 엄마 양수의 냄새를 기억한다는 것을 증명하는 실험이 있었다. 유럽에서 신생아를 대상으로 처음 젖을 빨릴 때 엄마 젖 한쪽에 양수를 바르고 아이를 가슴 중앙으로 천천히 끌어당겼을 때 30명 중 27명이 양수를 바른 젖꼭지를 선택해 빨았다. 또 엄마가 호흡하는 공기의 질도 중요하다. 공기 오염이 저체중아 출산이나 조산, 사산, 영아 사망과도 관계가 있다. 엄마가 오염물질이 섞인 공기를 들이마시면 태아에게 그대로 전달되므로 공기가 신선한 곳에 머무르는 것이 좋다. 콧속에 있는 취모로부터 신호를 받아들이는 작용을 관장하는 뇌 발달은 태내 20주 정도부터 시작한다.

4) 미각

태아의 혀는 3개월부터 7개월까지 꾸준히 발달하여 출생 전에 완성된다. 동물 실험 결과 어미의 배 속에 있는 새끼들이 입에 쓴 물질이 들어오면 내뱉고, 단것이 들어오면 입맛을 다신다는 사실을 증명하였다. 태아 시절에 이미 미각을 가지고 있다는 증거이다. 태아는 양수의 맛을 기억하며 분만 후에도 엄마의 양수 냄새를 구별해 내는 능력을 가지고 태어난다.

5) 촉각

촉각은 태아의 감각기관 중 가장 먼저 발달하며 엄마를 통해 간접적으로 느낀다. 엄마가 배를 부드럽게 문지르면서 아기와 대화를 하던 도중에 초음파 검사를 받으면 태아가 손가락을 빨고 있는 경우가 많았다는 실험 결과가 있다. 과학자들은 아기가 심리적 안정을 느끼면서 손가락을 빨았을 것이라고 추측한다.

II. 태아 발달에 영향을 주는 요인

태내 환경은 출생 이후 환경보다 태아에게 더 큰 영향을 미친다. 생의 가장 초기 단계의 특성이 인생 전체의 성격, 지능, 기질, 건강 등에 큰 영향을 준다. 임신 기간 중 아버지와 어머니는 자신의 건강과 태아를 위한 최적의 태내 환경을 만들어 주기 위해 충분한 영양 섭취, 휴식과 적절한 운동을 하고, 흡연이나 음주, 약물복용 등은 자제해야 한다. 과체중 또는 비만인 산모가 임신을 하거나 산모가 임신 중에 체중이 과다하게 증가하면 아이가 비만으로 자라날 가능성이 크다. 비만을 치료한 후 착상된 아기는 비만일 때 착상된 아기보다 생후 비만이 될 확률이 52% 낮다.[5]

미국 정신과 의사인 버니(Thomas Barney)는 '모체와 태아의 연결 회로'를 3가지로 소개한다. 심리적 방법은 어머니와 아버지의 감정 변화에 따라 태아의 성장 곡선이 영향을 받으며 안정 상태에서 가장 성장이 좋다. 생리적 방법은 어머니의 영양, 환경, 스트레스로 인한 태아의 영향이다. 행동적 방법은 어머니의 행동과 습관이 태아의 일

---

5 Annie Murphy Paul/박인균 역, 『오리진: 엄마 뱃속 9개월에 관한 모든 오해와 진실』 (서울: 추수밭, 2011), 1.

생에 걸쳐 영향을 준다.6

1. 어머니 요인

1) 건강과 약물복용

어머니의 질병은 태내 감염과 기형을 유발하는 요인이다. 어머니에게 안전한 약물도 태반을 통해 태아에게 전달되어 치명적 영향을 주므로 임신 전과 임신 초기 3개월은 특히 더 조심해야 한다. 건강상 문제가 있는 여성은 임신 전부터 주기적인 의학적 검진을 받는 것이 바람직하다. 인간면역결핍바이러스 HIV는 태반과 모유 수유를 통해 감염되며 태아의 비정상적인 작은 두개골과 얼굴 기형을 보이고 보균자는 출생 후 1년 이내 발병한다. 어머니의 후천성면역결핍 AIDS도 태아의 머리가 작고 신경 발달이 지체되는 현상을 보인다.7 임신 중 임산부의 당뇨병에 노출된 태아는 당뇨병 발병 위험이 높아진다. 당뇨 임산부의 혈당치를 임신 기간 동안 집중적으로 관리한다면 아이의 당뇨 발병률을 현저하게 감소시킬 수 있다.

임신 초기 약물복용, 음주, 흡연 등은 인지, 언어, 사회성, 정서 발달 등에 심각한 결과를 초래한다. 신경안정제(탈리도마이드) 복용은 구개파열, 작은 귀, 골반 탈구, 소화기, 심장, 비뇨기 기형, 사지 결함을 가져올 수 있고, 피임약 복용은 염색체 이상과 유산, 항생제 복용은 청각 결함, 아스피린은 태아 혈관장애를 가져올 수 있다. 또

---

6 Thomas Verny/김수용 역, 『태아는 알고 있다』 (서울: 샘터사, 2005), 1.

7 D. E. Papalia, S. W. Olds and R. D. Feldman, *Human Development* (New York: McGraw-Hill, 2009), 11.

코카인은 성장 지체, 사산, 태반 조기 박리 등, 뇌 손상과 생식기 이상, 갑상선 이상, 뇌출혈, 급성 심장발작을 가져온다. 커피, 녹차, 콜라, 초콜릿, 코코아 등에 함유된 카페인을 지속적으로 마시는 것은 체중미달, 불규칙 심박동, 호흡장애 등의 결함을 가져올 수 있으므로 자제하는 것이 바람직하다.

2) 영양상태

〈표 1-2〉 임신 중 영양의 영향

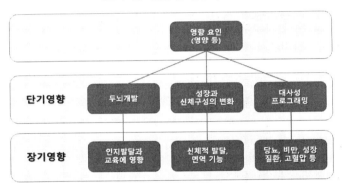

임신 초기에 건강을 유지하고 적절한 음식을 섭취함으로써 태아의 건강에 긍정적인 영향을 미칠 수 있다. 임신 중 먹는 음식은 태아에게 정보를 주어 생후 살아갈 환경에 맞게 신체와 조직을 조절하게 만든다. 임산부는 평소보다 300~500칼로리 정도 더 충분한 영양분을 섭취하고, 철분, 칼슘, 단백질, 엽산, 비타민이 풍부한 질 좋은 식품을 섭취해야 한다. 임신한 엄마가 영양이 불균형하거나 부족하면 사산, 유산, 조산, 미숙아 출산 등은 물론 태어나서도 장·단기적 영향을 미친다. 임신한 엄마의 비만 상태는 아이의 비만과 관계가 있다.

3) 정서

임신하면 여성은 감정적으로 대비할 수 있다. 이것은 예비 부모로서의 역할에 대한 대비뿐 아니라 가족이나 지원 시스템을 구축하는 데도 도움이 된다. 엄마의 감정변화와 정서는 자율신경계통을 활동시켜 아드레날린을 분비하고, 이러한 분비물이나 화학물질이 태반을 통해 태아의 순환계에 영향을 준다. 임산부가 불안하거나 계속적인 흥분상태에 놓이면 태아의 운동은 활발해지며, 성급한 성격적 특성은 출생하여 과잉 활동적이고 잘 보채며 잠을 안 자고 잘 먹지도 않는 등의 문제를 보일 뿐만 아니라 정서 상태에도 영향을 미친다.

나치 박해를 직접 경험한 유대인 2세대의 대다수가 부모와 똑같은 악몽과 공황 상태에 시달린다는 연구 결과는 엄마의 외상 후 스트레스가 자녀에게 나타날 수 있음을 보여준다. 1918년 9월부터 5개월 동안 미 대륙을 휩쓴 유행성 독감 속에서 태아기를 보낸 사람들의 고등학교 졸업률은 15% 낮았고, 평균 연봉이 5~9% 적었으며, 심장병 환자나 장애인이 된 비율도 다른 해에 태어난 아이들에 비해 20% 이상 높았다. 1986년 체르노빌 원전 사고, 1991년 동독의 무너진 경제, 1995년 일본 고베 대지진, 2001년 9.11 사건 때도 몇 개월 후 해당 지역 남자아이의 출생률이 낮았다. 베트남전이나 9.11 때 태아들은 태어나서 외상 후 스트레스 장애(PTSD) 증상 경향이 더 높았다.[8] 우리나라도 1980년 광주민주화운동 당시 광주에서 태아기를

---

8 Annie Murphy Paul, 『오리진』 10.

보낸 여성들의 출산 기록을 바탕으로 임신부들이 겪은 스트레스가 자녀 세대를 거쳐 손자 세대에 어떤 영향을 미치는지 분석하였다. 그 결과 광주민주화운동 시기에 광주에서 태아기를 보낸 여성들에게서 태어난 신생아들이 그렇지 않은 신생아들에 비해 저체중(2.5kg 미만) 출산과 조산(37주 미만 출산)이 많았다. 특히 임신 중기에 태아가 스트레스에 노출되면 이 태아가 성장해 낳은 자녀의 출생 결과에 가장 부정적 영향을 미친다.[9]

4) 연령 및 출산 횟수

어머니의 연령과 출산 횟수는 태아 발달에 중요한 요인이다. 10대 초산은 자궁 미성숙과 호르몬 관계로 조산과 다운증후군 아이를 출산할 가능성이 더 높다. 초산이 35세가 넘으면 자연유산, 임신중독증, 난산, 미숙아 출산이나 다운증후군 비율이 증가한다. 그러나 초산 나이가 늦어지면 엄마가 되기 위해 임신을 계획했을 때부터 사전 의학적 지식과 먹는 것과 행동을 조심하고 육아에 관한 책도 읽으며 사전 관리를 하고 있기에 결함 있는 아기의 출생 비율이 감소하고 있는 추세다.[10] 일반적으로 여성은 23~28세가 최적의 나이이다.

5) 음주와 흡연

임신 중 과도한 음주는 태반을 통해 빠른 속도로 태아에게 전달된

---

9 이철희, "1980년 광주항쟁으로 인한 태아기 스트레스가 후속세대의 건강에 미친 효과," 아시아 태평양 경제사 학술대회 논문 1 (2013), 1-10.

10 2022년 OECD는 한국의 첫아이를 낳은 산모의 평균 연령이 33세로 27년 만에 6년이 높아졌다고 발표하였다.

다. 태아는 알코올 분해 능력이 성인의 절반 수준이므로 태아알코올증후군을 일으켜 비정상적 두개골 모양의 소두증, 얼굴 기형, 사지와 관절 결함, 정신지체, 주의력 결핍, 과잉행동 등 출생 전후 성장 지체 현상을 보인다. 어머니의 흡연은 담배 연기 속의 니코틴이 태아에게 전달되어 지체, 저체중아, 뇌 결함, 소두증, 구개파열, 조산아 등 질병 확률이 증가한다. 특히 흡연모의 아기는 비흡연모의 아기보다 저체중아를 출산할 확률이 두 배나 높다. 직접적 흡연뿐 아니라 간접적 흡연도 태아에게 영향을 주며 흡연모의 심리 상태가 태아에게 영향을 주어 스트레스나 불안을 야기할 수 있다.

6) 적절한 운동

임신 중 적절한 운동은 임신으로 인한 긴장감과 불편함을 감소시키고 출산 과정을 용이하게 한다. 또한 태아의 체중 증진에도 도움이 된다.

2. 아버지 요인

아버지도 태내 환경에 많은 영향을 준다. 제2차 세계대전 이후 핀란드에서 진행된 한 연구에서는 태아 시절 아버지가 전사한 아이들이 생후 12개월 이내에 아버지를 잃은 아이들보다 정신분열증과 행동장애를 보이는 비율이 더 높았다.[11] 아버지의 음주, 흡연, 화학약품에 대한 노출 정도, 연령 등이 태아에게 영향을 미친다. 남성의 흡

---

11 Annie Murphy Paul, 『오리진』, 30.

연은 여성에게 간접적 영향을 미칠 뿐 아니라 흡연 남성의 정자에 기형이 많이 발생할 수 있으며, 정자 수가 감소하여 생산능력을 떨어뜨린다. 수정 전 남성의 심한 음주는 불임의 원인이 될 수도 있고, 태아의 저체중 유발이나 태아 건강에 문제를 초래할 수 있다.

특히 특정 화학약품이나 독극물에 대한 노출은 정자의 염색체에 이상을 가져와 태아의 사산과 조산은 물론 유전적 결함과 기형아를 출산할 비율이 높다. 아버지의 연령이 20세 이하이거나 55세 이상인 경우 염색체의 결함으로 다운증후군의 위험이 증가할 수 있다. 아기 출산은 남성에게도 책임이 있으므로 흡연, 음주, 약물복용을 중단한 후 일정 기간이 지나서 아기를 갖는 것이 바람직하다.

태내 환경은 인간발달에서 매우 중요한 요소이다. 유전으로 알고 있었던 것이 태내 환경의 영향으로 밝혀지는 연구들에 의해 태내 발달의 중요성이 더 커지고 있다. 미국 피츠버그대 연구팀이 선천성을 주장하는 212개 논문을 다시 메타 분석한 결과 유전자 비율은 48%이고 태내 환경이 52%였다. 이것은 하버드대 연구팀이 5만 명의 어린이를 대상으로 했던 유전자가 지능 결정요인 중 80%를 차지한다는 주장과는 상충된다. 하버드대 헤른슈타인(Richard Julius Herrnstein)과 정신분석가 머레이(Charles Murray)는 사람들의 IQ는 80%까지 유전된다고 주장하여, 유전적 요인과 환경적 요인이 절반씩 작용한다는 통설을 뒤집어 논란을 일으켰었다. 그러나 피츠버그대 연구팀은 충분한 영양 공급과 편안한 마음, 유해 물질 차단 등 지금까지 의학 전문가들이 강조해 왔던 전통적 요인들이 유전적 요소와 동일하거나 이제는 더 큰 영향을 미친다고 밝혔다.[12]

III. 태아 교육

1. 태아 교육

태아 교육은 임신 중 예비 부모들이 태아의 발달과 임신 중 어떤 변화가 일어나는지 이해하고, 건강한 임신을 유지하고, 태아의 안전을 위한 도움을 주기 위해 중요하다. 따라서 태아 교육은 다음과 같이 요약할 수 있다.

① 태아 발달: 임신 기간 동안 태아의 신체 기관, 장기, 신경계의 형성, 성장, 발달에 대한 이해

② 임신 중 건강관리: 올바른 영양, 적절한 운동, 스트레스 관리, 안전한 환경에서의 활동 등을 통한 건강한 임신을 위한 교육

③ 태아 감지 및 모니터링: 태아에게 어떠한 합병증이나 문제가 발생할 수 있는가.

④ 임신 중 감정적 지원: 임신 중에 부모가 겪을 수 있는 감정적 변화에 대한 이해와 지원

⑤ 출산 및 분만에 대한 이해: 분만 프로세스, 출산 방법, 태아를 안전하게 낳기 위한 준비

⑥ 육아와 돌봄: 태어난 후 수유, 기저귀 교체, 수면 등 돌봄과 관련된 기본적 지식과 방법

---

12 B. Devlin, Michael Daniel and Kathlyn Roeder, "The Heritability of IQ," *Nature* 388, no. 31 (1997): 468-471.

태아 교육은 산부인과 의사, 산후조리사, 간호사, 온라인 리소스 등을 통해 제공 받을 수 있고 예비 부모들은 임신과 출산 과정을 더 잘 이해하고, 건강하고 안전한 환경을 조성할 수 있다.

2. 예비 부모의 태교

1) 태교

첨단과학 발달로 태아에 관한 연구와 뇌과학에 근거한 태아의 인지능력에 대한 연구가 활발해졌다. 또 동양에서 중요시했던 전통적 태교에 대한 과학적 증거들이 제시되면서 태내 교육에 대한 중요성이 부각되었다. 태내기 교육(胎內期 敎育)은 태중 교육(胎中 敎育)으로, 태교로 일컬어지며 태아를 인격체로 인정하고 존중하는 인식에서 출발한다.

태교는 엄마 배 속에 있는 태중의 아이를 교육하는 것이다. 어머니가 임신하여 출산할 때까지 몸과 마음가짐을 조심하여 나쁜 생각이나 거친 행동을 삼가며 편안한 마음으로 말하고 행동하여 태아에게 정서적, 심리적, 신체적으로 좋은 영향을 주고자 하는 것이다. 즉, 태교란 육체적, 정서적으로 좋은 환경을 제공하여 태아에 대한 부모의 사랑을 보여주는 것이며 태아를 가족 구성원의 하나로 받아들이는 것이다. 새 생명에 대한 존엄성과 책임감을 깊이 인식하고 어머니의 몸속에서 한 인간으로 형성되어 가는 아기의 존재를 신체적, 심리적, 정신적으로 느끼는 것이 태교이다.

임신한 엄마의 심리적, 신체적 건강과 행복은 태아의 건강과 행복이며 인격 형성의 터가 된다. 임산부가 좋은 환경에서 안정적인 몸과 마음으로 기분 좋은 생활을 한다면 호르몬의 분비가 원활하여 태아가 기분 좋게 자라며, 임신 중인 어머니의 시각적·청각적·촉각적 감성들이 태아에게 전해지면 태아가 태어나면서 그 소질을 갖추게 된다. 현대 태교에는 일상에서 겪는 소소한 사건과 느낌 등을 태아에게 대화하듯이 말하는 태담 태교, 감수성과 뇌 발달을 위한 음악 태교, 임산부와 태아의 건강과 순산을 위한 운동 태교 등 여러 종류가 있다.

2) 동양의 태교

한국을 비롯한 동양에서 태아는 엄연한 생명으로 여기고 태어나자마자 한 살이라 하였다. 태아는 수태된 직후 265일가량을 엄마 배 속에서 생활하고, 아기가 태어난 100일을 축하하는 백일잔치는 태내 265~280일과 생후 100일을 합산하여 1년의 날수인 365일이 되는 것을 축하하는 과학적인 계산법에 근거한다. 태교에 대한 기록은 3천 년 전 중국의 고전 의학서 『황제내경』을 비롯하여 『사기』, 『열려전』에서 찾을 수 있다. 세계 최초 태교에 관한 서적은 『태교신기』이며, 1796년 정조 2년 사주당 이씨가 자신이 네 아이를 임신하여 태교하고 낳은 경험들을 기록한 것이다. 태아의 인성을 강조하고, 아버지 태교 언급은 물론 가족 태교의 중요성과 음악 태교, 음식 태교 등 우리 고유의 태교에 관한 내용으로 우리 태교 문화가 얼마나 발달되었는지를 보여준다. 『태교신기』의 핵심은 마음에 따라 행동이 조절 가능하기에 어떻게 마음을 먹고 태교를 해야 하는가를 구체적으로 가르쳐준다.

『태교신기』는 "아버지가 낳고, 어머니는 기르고, 스승이 가르치는 것은 모두 하나의 일이며, 태어나서 받은 스승의 10년 가르침보다 어머니의 뱃속에서 열 달 동안의 기름이 낫고, 어머니의 열 달 가르침보다 아버지의 낳음 하루가 더욱 중요하다"고 하였다.[13] 이는 수태 시 남편의 신체적, 정신적, 심리적 상태가 임산부에게 미치는 영향과 태아의 관계를 고려해 볼 때 어머니 태교는 물론 아버지 태교의 중요성까지도 일찍이 간파하고 있음을 보여준다. 또한 임산부의 의식주와 동작을 상세히 제시하고 있다. "임부와 태아는 혈맥이 붙어 있어 어미가 숨 쉼에 따라 아기가 움직여 어미의 기쁘고 성내는 것이 태아의 성품이 되고, 보고 듣는 것이 태아의 기가 되며, 마시고 먹는 것이 태아의 살이 되나니 어미 된 이가 어찌 삼가지 아니하리오. 임부는 이 오묘한 진리를 잘 알아 태교를 중히 하라"고 하였다.[14]

우리나라 남도 지방에서 유래되고 구전으로 전해지는 태교는 3태도와 7태도가 있다. 가문이 높은 집안에서는 7태도까지 엄격히 지켰으나, 대부분의 가정에서는 임신부가 가사를 담당해서 3태도까지 지키는 것이 일반적이었다. 7태도의 내용은 다음과 같다.

제1도는 임신 중 금기사항, 제2도는 감정 절제, 제3도는 태아에게 좋지 않은 장소를 피하여 임신부와 태아의 안전을 생각할 것, 제4도는 태아의 심성을 바르게 하는 지침, 제5도는 임신부의 바른 자세를 통해 태아와 임신부의 안정을 돕고, 바른 마음가짐이 깃들게 할 것, 제6도는 임신 3개월부터는 아이의 성품이 형성되므로 기품 있고 귀한 물건을 곁에 두고 감상할 것, 제7도는 남편의 태교 참여로서 금욕을 통해 남편이 임신과 출산에 더욱 관심을 갖고 함께 태교에 참여

---

13 최삼섭·박찬국, 『태교신기』 (서울: 성보사, 1991), 33-50.
14 「신동아」 통권 610호 (2010. 7.): 172-181.

할 수 있도록 한 가르침이다.

전통적인 7태도 안에는 자궁 속 태아를 엄연한 인간으로 인정한다는 개념이 깔려 있다. 그래서 임신부가 보고 듣고 느끼는 모든 것이 태아에게 전달된다는 것을 늘 염두에 두고 모든 행동을 조심하라고 가르치고 있다. 우리 조상들은 전통 태교를 통해 엄마 배 속의 열 달을 한 살로 쳐주었을 만큼 임신한 기간 내내 눈에 보이지 않는 태아를 인격체로 보고 배려했으며, 임산부와 남편이 태중 아기에 대해 관심을 가지고 정성으로 돌보며 심성이 곱고 바르게 자랄 수 있도록 하는 데 초점을 두었다. 구체적인 실천 방법은 현실에 맞게 적절한 방법을 취하되 조상들의 지혜로운 마음을 본받아 임신 중 바른 몸가짐과 마음가짐으로 지낼 수 있도록 하는 것은 지금도 여전히 유효한 가르침이다. 전통적으로 내려오는 태교 내용과 방법 등 일부는 비과학적인 면도 있으니 그 근본 의미는 현대인들에게 시사하는 바가 크다.

3) 서양의 태교

동양에서 태교는 '정신'을 중시하여 눈에 보이지 않는 배 속의 아기에게도 인격을 부여하여 다양한 태교를 실천했으나, '과학'을 절대시한 서양 문화는 과학으로 뒷받침된 사실들을 받아들였다. 태아 교육의 학문적 접근은 20세기 프로이드의 『출생 전 심리학』부터이다. 이후 1960년대 중반에 의료 기술 발달로 태아는 '듣고, 이해하고, 느끼는 존재'이며 태아가 자궁 안에서 있었던 일을 기억하고, 이를 토대로 태어난 후의 삶을 계획한다는 태아 프로그래밍을 말한다. 태아는 배 속 환경이 어려우면 바깥세상도 힘들 것으로 예측해서 그에 맞게 뇌와 신체를 적응시키고, 임신부가 먹는 음식, 숨 쉬는 공기, 느끼는 감정까지 태아와 공유한다는 것이다. 야노브(Arthur Janov)는 태중의 경험이 후일 노이로제 발생의 원인이 된다고 보았으며 임신 중 태교의 중요성을 강조하였다.[15] 임산부의 마음을 감동시키는 심리적 안정 상태는 태아에게 영향을 주며 임신을 기뻐하는 임산부가 그렇지 않은 임산부보다 입덧이나 구토가 심하지 않다.

최근에는 태아의 인지능력에 대한 연구가 급증하면서 태아의 인지 발달과 정서 발달 등 교육, 심리학적인 접근이 이루어지고 있다. 서양에서는 주로 산모의 신체적인 건강을 강조하여 신체적으로 건강한 태아에게 주의를 기울이지만, 동양에서는 주로 임산부의 정서와 태도를 통하여 태아가 건강한 아이로 자랄 수 있도록 하였다. 따라서 동양 태교는 정적인 눈에 보이지 않는 결과를 추구하고, 서양 태교는 주로 동적인 눈에 보이는 결과를 추구하지만 태교의 본질은 같다고 할 수 있다.

4) 낙태(abortion)

생명은 신비로운 것이며 그 자체가 신비이고 선물이다. 아직 태어나지 않은 수정도 엄연한 생명이다. 그런데 낙태는 자연 분만 시기 이전에 인위적으로 태아를 모체에서 분리하여 태아가 달이 차기 전에 죽어서 나오는 것이다. 태어나기도 전에 죽임을 당한 어린이들의 비명이 하나님의 귀에까지 들린다고 마더 테레사는 말했다. 그녀는 아직 태어나지 않은 아이를 죽이지 말고 그 생명들을 돌보겠으니 아기를 낳아서 고아원으로 보내라고 했다. 그래서 테레사 수녀가 살

---

15 Arthur Janov, *The Feeling Child* (New York: Simon and Schuster, 1973), 11.

고 있던 콜카타에 "테레사 수녀님은 자연 피임을 강조하시는데도 그 주위에는 점점 어린이들이 늘어나고 있어요"라는 농담이 유행했다고 한다. 그녀는 밤에도 캘커타의 거리를 돌아다니다가 버려진 아이들을 집에 데려오곤 하였다. 생명에 대한 존중이었다.

낙태를 합법화하는 나라는 물질적으로 풍부하다 해도 가장 가난한 나라라고 할 수 있다. 자신의 몸에 임신된 태아가 자신의 것인 양 마음대로 취급하여 삶을 멈추게 해서는 안 된다. 한국기독교생명윤리협회는 "생명주일 제정에 즈음한 기독교 생명선언문"을 통해 인간 생명은 수정과 동시에 시작됨을 말하고 있다.[16]

가톨릭에서는 2011년 5월 생명주일을 제정하였고, 제2회 생명주일 담화문에서는 정부가 일반 의약품으로 판매하고 있는 응급피임약은 낙태약이므로 이를 막아야 한다고 하였다. 주교회의 생명윤리위원회는 응급피임약을 의사의 처방이 필요 없는 일반 의약품으로 전환을 중지하고, 이 약이 더 이상 확산되지 않도록 책임과 의무를 다해야 한다고 지적했다. 또 응급피임약은 사실상 낙태로 가는 지름길로서 '조기 낙태' 또는 '화학적 낙태'를 초래한다고 비난했다.

기독교에서도 2012년 2월 24일 생명운동 단체들이 모여 '한국기독교생명윤리단체협의회'를 창립하고 3월 29일 기독교 생명윤리 포럼을 열었다. "기독교와 생명-천하보다 귀한 생명"의 주제 포럼을

---

16 우리는 인간 생명이 하나님의 형상을 따라 창조되었음을 인정하며, 생명은 수정과 동시에 시작되며, 삶과 죽음의 모든 권한은 생명의 주인이신 하나님께 있음을 고백한다.
　우리는… 삶과 죽음의 다양한 생명윤리의 문제에 대하여 성경적인 생명관에 근거하여 판단하고 결정할 것이며 이 사회에 생명을 존중하는 법과 정책이 시행되도록 최선을 다할 것을 다짐한다.
　우리는… 주님의 자비와 사랑으로 생명을 지키는 선한 청지기의 역할을 하기로 다짐한다.
　_ 2001년 3월 29일 발표한 선언문에서

통하여 인간 복제에 관한 의료적, 법적, 신학적 문제를 논했고, "생명주일 제정에 즈음한 기독교 생명선언문"을 발표하였다.

예수님의 어머니 마리아는 천사를 통해 그녀가 남자와 부부관계를 통하지 않은 임신을 할 것이라는 꿈에도 상상할 수 없고, 생각지도 못했던 소식을 들었을 때 그 충격을 감히 어떻게 이겨낼 수 있었을까? 천사의 말을 들은 마리아는 '왜 나에게 이런 일이 일어나야만 하는가? 이 일을 어떻게 해야 할 것인가?' 등 수많은 생각과 고민과 앞으로 장차 일어날 수 있는 여러 가지 일들을 생각해 보고, 또 겪어야 할 모욕과 수치심에 휩싸였을 것이다. 그럼에도 불구하고 그녀는 많은 말을 하지 않았기에 성서는 아주 간략히 묘사하고 있다. "나는 주의 여종입니다. 천사님의 말씀대로 나에게서 이루어지기를 바랍니다." 그리고 오히려 마리아는 하나님께 감사드리기 위해 찬송을 불렀다(눅 1:46-55).

하나님은 예레미야에게 "내가 너를 복중에 짓기 전에 알았고 네가 태에서 나오기 전에 너를 구별하였고 너를 열방의 선지자로 세웠노라"(렘 1:15)고 말씀하셨다. 어린 태아도 하나님의 계획에 따라 완전한 인간의 모습으로 출산하게 하신다. 뱃배 속의 태아도 하나님의 특별한 창조 목적에 의해 부모에게 주어진다. 태아도 한 인간적 존재로서 보고 듣고 생각하고 느끼면서 자라고 있다. 더 나아가 부모의 환경으로 인한 희로애락과 스트레스를 받고 있고, 감정과 기억까지 갖고 있는 무한한 가능성을 가진 인간이다. 비록 원하지 않았던 임신으로 생명이 시작되었다 하여도 그 생명은 하나님께서 보시기에 여전히 좋으시고 가치 있는 존재이다.

문제는 낙태가 생명을 살인한다는 행위라는 죄의식도 없이 단지 피하지 못할 상황으로, 경제적 이유로, 혹은 원치 않은 강간으로, 또는 미혼 남녀의 한순간의 불타는 호기심과 육감적인 감정으로, 부부 갈등으로 너무나 쉽게 행해지고 있다.

IV. 태아 발달을 위한 기독교교육

어느 부인이 자신의 귀여운 아기를 안고 유명한 철학자를 찾아가 "이 아기를 잘 키우려면 언제부터 교육을 하는 것이 좋겠습니까?"라고 물었다. 철학자는 아기를 바라보면서 "벌써 두 달이 된듯한데 아무것도 가르치지 않았습니까? 늦었습니다. 아기를 제대로 키우려면 부인은 결혼하기 전, 즉 배우자를 선택할 때부터 키워야 합니다"라고 말했다는 일화가 있다.

17C 보헤미아의 목사와 신학자이며 교육자였던 코메니우스(Johannes Amos Comenius)는 인간의 일생을 통해 이루어지는 하나님 형상을 회복하는 교육은 마땅히 태아기에 시작되어야 한다고 했다. 인간에 대한 하나님의 교육적 관심은 이미 그 형질이 이루어지기 전부터 시작되며(시 139:16, 렘 1:5), 태아기 교육은 임신한 부모를 통해 간접적으로 이루어지며 임신한 부모가 인지하고 행해야 할 점들에 대해 말한다.[17] 태아 발달을 위한 기독교교육의 과제는 무엇일까?

---

17 박신경, "인간교육의 첫 단계로서의 태교," 「기독교교육논총」 34 (2013): 65-91.

1. 사랑의 결혼

결혼은 하나님의 계획을 이루는 일이기에 경건하고 아름답게 축복 속에서 이루어져야 한다. 남자와 여자의 결혼은 서로 간의 동의와 성실과 신뢰를 요구하며, 인생이라는 길고 험한 통로를 함께 걸어가고자 하는 서약이며, 즐거움과 기쁨과 슬픔을 함께 나누는 존재에 대한 약속이다. 행복한 결혼과 가정생활은 가족들이 성경적인 원리를 따라 살아갈 때에만 가능하다. 남자와 여자의 사랑은 두 사람의 결혼 언약으로 하나님의 백성이라는 결혼 관계 안에서 아름다운 성(性)을 이루어 가며, 부도덕한 관계에 자신을 내어 맡기지 않겠다는 약속이다. 사랑과 성(性)은 하나님으로부터 주어진 선물이다. 하나님은 결혼이라는 집과 아름다운 사랑의 성을 통하여 자녀 출산이라는 선물과 위로와 기쁨을 누릴 수 있게 하셨다. 부부는 사랑의 아름다운 시간을 가지며 희망으로 아기를 기다린다.

2. 경건 훈련

부부는 사랑과 기도로 아기를 맞이할 준비를 해야 한다. 예수님을 가장 먼저 환영하고 가장 먼저 알아본 사람은 엘리사벳의 태중에 있던 세례 요한이었다. 하나님은 당신의 아들이 오셨다는 사실을 알리기 위해 아직 태어나지 않았지만, 살아있고 생명이 있는 가장 작은 아기를 선택하셨다(눅 1:13). 요한은 태중에서 태중에 있는 예수님을 알아보고 뛰놀았다. 요한의 어머니 엘리사벳과 아버지 사가랴는 성령이 충만하였기에 요한의 삶도 성령으로 충만하여 태어나서도 자신이 해야 할 일을 알고 잘 감당할 수 있었다. 요한이 태내에 있을 때 부모는 물론 모든 주변 사람이 기뻐하였고(눅 1:14), 태어났을 때도 이웃과 친족 모두 함께 즐거워하였다(눅 1:57-58). 또한 마노아와 그의 아내는 삼손을 태중에서부터 나실인으로 키우기 위해 그의 어머니는 포도주와 독주를 마시지 않았고 부정한 것을 먹지 않았다(삿 13:4 이하). 삼손의 부모는 태아에게 어떻게 해야 하는지와 태어나서도 어떻게 양육해야 할 것인지를 하나님께 물으며 양육하였기에(삿 13:5-20) 삼손은 자신이 해야 할 일을 알았고, 블레셋 사람의 손에서 이스라엘을 구할 수 있었다.

예수님의 어머니 마리아는 자신이 임신한 것을 알게 되었을 때 경건한 엘리사벳을 찾아가 그녀와 대화를 나누고 하나님을 찬양하며 경건의 시간을 보냈다. 엘리사벳은 마리아를 격려했을 뿐 아니라 존경의 마음을 표현했으며 태중에 있는 예수님의 복된 존재를 기뻐하였다. 마리아는 몸과 마음이 정결하였고 성령이 임했으며, 요셉은 의로운 사람이었기에 예수님이 성령으로 잉태됨과 하나님의 아들임을 기뻐하였고, 예수님을 낳기까지 동침하지 않았다(마 1:18-25). 예수님은 자신의 할 일을 알고 십자가의 길을 갈 수 있었다.

태아가 잘 태어나기 위해서 이들이 보여준 것은 부모가 하나님께 끊임없이 기도하며 태중의 아기가 잘 자라도록 하나님께 지혜를 구했고, 성령의 영이 태아와 태어날 아기에게도 충만하기를 구했다(창 1:3).

3. 행복한 부부관계

인간발달에서 인생의 시작은 수정의 순간부터이며 이때부터 태아 교육이 시작된다. 태아 교육은 기본적인 것부터 생각하고 실천하는 것이 바람직하다. 그런데 태아 교육 이전에 엄마나 아빠, 즉 부모가 하나님의 형상을 지닌 인간으로서 행복해야 한다. 부모가 되기 전에 지금까지의 삶을 반성하고 성찰하면서 예수 그리스도 안에서 참행복을 느끼며 하나님의 자녀답게 자신감을 가지고 인생을 긍정적이고 적극적으로 살아가려는 마음이 중요하다. 임신한 부부들은 태아를 하나님이 주신 선물로 여기며 부모와 태아가 함께 하나로 조화로운 삶을 살면서 그리스도 예수 안에서 행복을 찾아가는 방법이 무엇인지 성경에서 그 답을 찾고 하루하루 살아가는 것이 중요하다. 하나님이 주신 선물을 위해 가장 중요한 태교는 음악도, 공부도, 창의력 증진도 아니다. 태아가 가장 좋아하는 것은 엄마 아빠가 서로를 돌보며 행복하게 바라보는 시선과 따뜻한 말, 기분 좋은 감정의 교류이다.

또 태아기 교육을 위해 다음과 같은 질문을 부부가 함께해 보며 하나님의 선물을 기다리고 양육해야 한다. 우리 부부는 축복 받은 결혼인가? 부부간의 관계가 원만한가? 성서 말씀에 근거하여 자녀 양육에 대한 예비 지식이나 경험이 있는가? 자녀 간의 터울이 적당한가? 부부가 정서적으로 안정되었으며 편안한 마음으로 아기를 기다리고 있는가? 가족 스트레스 요인은 어떻게 관리할 것인가? 임신과 출산 준비로 하나님께 기도하는가?

자녀는 하나님이 인간에게 주신 가장 크고 귀한 선물이다. 사랑하는 사람에게 받는 선물은 그 기쁨도 더 크다. 정상적인 사랑의 관계에서 부모가 아이를 가지려면 사랑하고 신뢰하는 마음을 바탕으로 경건한 마음과 몸으로 좋은 습관을 기르며, 경건에 이르는 훈련을 해야 태아가 건강하며 행복한 태내의 삶을 살 수 있을 뿐 아니라 출생 이후에도 건강하고 행복하게 살 수 있다.

4. 사랑의 수고

태아가 가장 좋아하는 것은 엄마 아빠가 서로를 행복하게 바라보는 시선과 따뜻한 말, 기분 좋은 감정의 교류이며 태내에서 이를 공유해야 한다. "100년 후 어느 날의 삽화"라는 정채봉 님의 글을 읽은 적이 있다.[18]

신혼부부는 아기를 임신해서 낳은 것보다 아기 로봇을 구입하는 게 낫지 않을까 싶어서 로봇 가게를 찾아갔다. 신혼부부에게 여점원이 다가와 아기 로봇은 속 썩이는 일도 없고, 아프지도 않고, 항상 순종하고 공부도 잘할 뿐더러 사춘기 반항도 없다고 말했다. 그때 이미 로봇 아이를 키운 부부가 로봇 아이는 자유의지도 없고 마음도 없이 그저 프로그램대로 대답하기 때문에 정이 들지 않아 반품하러 온 것을 보았다. 신혼부부는 슬그머니 로봇 가게를 나오며 힘들고 속을 썩이는 일이 있더라도 마음을 지닌 그들의 아기를 낳아 기르면 수고한 만큼의 보람도 있을 것이라고 말했다는 내용이었다.

하나님은 결혼한 부부에게 결혼 선물로 자녀를 주시고, 부부는 자녀를 통해 기쁨을 얻지만 때로는 걱정거리도 생긴다. 그러나 사람을 키우는 일이야 말로 인간이 하는 일 중에서 가장 위대한 일이다. 하나님이 우리에게 맡겨주신 가장 큰 일을 하는 것이기 때문이다. 부

---

18 정채봉, 『처음의 마음으로 돌아가라』 (서울: 샘터사, 2006), 111-113.

모의 믿음과 신앙의 유산은 태내에서부터 영향력을 미친다. 따라서 부모의 태아 교육은 경건한 삶과 행복한 부부생활과 거룩한 삶의 방식을 통해 자신을 돌보는 것에서 시작되며, 이것이 태아에게 전달되고 태아는 또 성인이 되고 성인이 된 그들은 또 태아를 돌보고 교육하며 인간교육의 역사는 이루어진다.

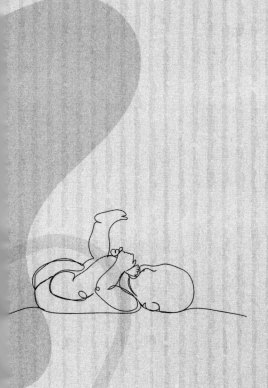

제2장

영아기

태아가 약 280일 동안 엄마 배 속에서 성장한 후 세상으로 나오게 되는 출생 과정은 단순한 생물학적 사건이 아닌, 심리적으로 중요한 순간이다. 출생 시 아기의 울음은 새로운 환경에 대한 반응이며, 이 과정에서 아기는 다양한 신체적, 정서적 충격을 경험하게 된다. 하지만 이러한 출산 과정이 아기에게 심리적 상처를 남길 수 있기 때문에 이를 완화하기 위해 프레드릭 르바이어는 부드러운 불빛, 조용한 소리, 탯줄을 늦게 자르는 등의 조치를 제안하고 있다.

신생아의 신체적 특성은 평균적으로 3.2~3.3kg의 체중과 49.1~49.9cm의 신장을 가지며, 프로이드는 이 시기에 나타나는 리비도(생명 에너지)와 데스트루도(죽음 에너지)의 역동을 중요하게 다루고 있다. 정서적 특성에서 영아는 양육자의 진실된 사랑과 돌봄을 통해 기본 신뢰를 형성하게 되는데 에릭슨은 이 기본 신뢰가 아이의 정신건강 발달에 중요하다고 강조한다. 또한 영아의 정서 발달은 기본 신뢰와 불신, 사회적 참조 과정, 애착 형성 등에 영향을 받는 것으로 나타났다.

언어 발달에서는 영아가 울음, 쿠잉(초기 옹알이), 옹알이 등 다양한 단계를 거치며 언어 습득 능력을 발달시킨다. 자아 형성의 역동성에서는 영아가 3개월 동안은 입을 중심으로, 이후 36개월은 얼굴을 중심으로 자아를 형성하며, 6~14개월은 얼굴의 부재에 대한 불안, 14~24개월은 억압과 자아의 갈등을 경험하게 된다.

또한 영아의 사회적 발달은 또래 관계와 밀접하게 연결되어 있으며, 이는 영아가 양육자와의 상호작용을 통해 사회성을 발달시키는 과정이다. 생후 첫 2년 동안은 영아가 또래와의 상호작용을 통해 사회적 기술을 배우며 발달하게 된다.

엄마 배 속에 있던 태아는 280여 일간의 배 속에서의 삶이 다 차고 나면 드디어 양막이 터지고, 고고의 성과 함께 세상 속으로 나오게 된다. 아기는 울음소리를 내지만 부모, 가족, 친지, 주위 사람들에게 새 생명 탄생의 기쁨을 안겨다 준다. 아기의 울음소리는 이 세상 도착을 알리는 신호음과도 같다. 아기가 웃지 않고 울 수밖에 없는 이유는 출생은 새로운 생명의 사활이 걸린 사투의 역동적 과정을 거치기 때문이다.

출생은 아기의 생존을 위한 생명의 움직임이라 할 수 있다. 한 아기가 태어나기 위해선 먼저 산모의 몸과 자궁 속의 움직임이 수반된다. 한 아기가 태어나기 위해서는 죽음의 고비를 넘겨야만 한다. 좁은 공간을 빙글빙글 돌면서 쥐어짜듯 빠져나오게 되고 갑자기 밝은 빛과 큰 소음들, 피부에 와 닿는 선뜻한 느낌과 코와 폐 속으로 들어오는 공기 등은 아이에게 놀라움과 고통을 가져다준다. 게다가 탯줄이 잘리고 묶이는 과정 역시 아이에겐 일종의 충격일 수밖에 없다. 이처럼 출생의 과정들은 아이에게 일종의 심리적 상처(birth trauma)를 안겨주게 되며, 이러한 출산 외상이 주는 영향력은 평생 동안 지속될 수 있다.[1]

아이가 태어나게 되면 부모와 양육자들은 아이에게 충격과 놀라움을 주지 않기 위해 최선을 다한다. 하지만 정작 출생 과정 속에서는 산모의 안정에 대한 주의는 만전을 기울이는 반면, 말 못하는 아기에 대한 배려와 주의가 부족하기에 출산 때 입은 외상이 평생 남을 수 있다는 것이다. 이러한 출산 외상을 줄이기 위해 프레드릭 르바이어(Frederick Leboyer)는 아기에게 친화적이고 세심한 환경을 제공할 필요가 있음을 역설한다.[2] 보다 부드러운 불빛, 작고 조용한 소리, 출생 후 바로 탯줄을 끊어내지 않고 엄마 가슴 위에 아이를 올려놓아 주는 배려를 통해 아이에게 주는 충격과 상처를 최소화할 필요가 있다는 것이다. 출산의 과정은 가능한 한 엄마 배 속에 있을 때와 유사한 환경을 마련해 줌으로써 서서히 새로운 변화에 적응할 수 있도록 해주어야 한다.

르네 스핏츠(Rene Spitz)는 아기가 탄생 과정을 통해 경험한 모든 것은 일생 동안 사라지지 않고 시상하부에 저장되며, 그동안 태아를 보호해 주던 양막이 터지고 엄마와 분리되는 경험들은 일종의 '상실과 거절의 느낌'으로 남게 된다고 주장한다.[3] 아기는 비록 언어화시키지는 못하더라도 상실과 거절의 느낌을 통해 제임스 로더가 주장하는 허무(void)와 부정(negation)을 이미 출생과 함께 경험하며, 이렇게 시작된 허무와 부정은 한평생을 통해 충만과 긍정, 성장과 진보와 함께 일종의 그림자로서 자라나고 축적된다.[4]

---

1 Arthur Janov, *Imprints* (New York: Coward-McCann, 1983), 47.
2 Catherine Milinaire, *Birthe: Facts and Legends* (New York: Crown, 1979), 205 이하.
3 Rene Spitz, *The First Year of Life* (New York: International Univ. Press, 1965).
4 이규민·김은주, 『삶을 변화시키는 변형화 기독교교육』 (서울: 대한기독교서회, 2023), 100-102.

영아기의 신체적, 정서적, 지적 특성을 보다 분명히 이해할 뿐 아니라 한평생이론의 관점에서 발달론적 이해를 돕기 위해 프로이드 (Sigmund Freud), 에릭슨(Erik Erikson), 피아제(Jean Piaget)의 관점에서 영아기의 특성을 조망해 보도록 하자.

I. 신체적 특성

신생아는 보통 3.2~3.3kg의 체중과 49.1~49.9 cm의 신장으로 태어난다.[5] 신생아의 몸은 먹고, 잠자고, 배설하는 몸의 모든 필요와 욕구를 충족시켜 주는 것이 무엇보다 중요하다. 이러한 몸의 필요와 욕구의 중심 에너지를 가리켜 프로이드는 '리비도'(libido)라고 부른다. 리비도는 생명체가 존속하기 위해 필요한 생명 에너지, 즉 성(性) 에너지라 할 수 있다. 이때의 성은 좁은 의미가 아닌 광의의 성을 뜻한다. 즉, 모든 생명체가 존속과 성장을 위해 필요로 하는 식욕, 수면 욕, 애정 욕구 등을 포함할 뿐 아니라 즐거움, 쾌적함, 상쾌함과 만족을 추구하는 모든 자기 충족적 성향을 포함한다. 프로이드는 시간의 흐름과 성장에 따라 리비도가 집중되는 신체의 특정 부분이 옮겨 가는 것을 관찰하게 되었다. 영아기의 리비도는 입술 주위에 집중되어 있기에 영아기를 곧 '구강기 단계'(oral stage)라고 부른다.

한편 생명 에너지 '리비도'와 상반되는 죽음 에너지, 무화 에너지 (nullifying energy)를 가리켜 '데스트루도'(destrudo)라고 부른다. '데

---

5 질병관리본부, 『2017 소아청소년 성장도표 해설집』 (청주: 질병관리본부, 2017), 56-64.

스트루도'는 메닝거(Menninger)에 의해 개념화되었다. 신생아는 태어나는 동시에 어떻게든 살고자 하는 '리비도'적 역동과 다시 엄마의 자궁 속으로 들어가고 싶은 '데스트루도'적 역동을 함께 느끼게 된다. 리비도는 생산적, 창조적 역동을 의미하는 반면, 데스트루도는 소비적, 파괴적 역동을 의미한다. 이러한 리비도와 데스트루도는 한평생 발달 과정 속에서 역설적으로 공존하면서 인간의 전인적 성숙의 과정을 이끌어 나간다. 리비도와 데스트루도는 동전의 앞뒤 면처럼 함께 존재하고 서로를 뒷받침한다. 예를 들면 젖을 빨거나 과일을 먹을 때, 젖을 빨고 과일을 먹는 즐거움은 리비도적 역동에 해당된다면, 젖을 아프게 하거나 과일을 부서뜨리는 것은 데스트루도적 역동에 해당한다. 또한 새로운 상황이나 갑작스러운 변화에 능동적으로 대처하고 극복하고자 하는 의욕은 리비도적 역동에 가깝다면, 후퇴, 퇴행, 포기하고 싶은 마음은 데스트루도적 역동에 해당한다. 인간 자아는 이러한 리비도와 데스트루도 사이에 들어있는 긴장을 적절히 조절하고 운용하는 조절자 역할을 담당한다.

태아나 신생아는 아직 자아의식이 분화되기 이전의 '꿈꾸는 자아'의 상태에 머물러 있다. 이러한 '꿈꾸는 자아'는 몸의 욕구와 필요를 적절한 방법으로 충족시키고 조절해 나가는 과정 속에서 점점 의식화되어 가기 시작한다. 갓 태어난 신생아는 정신적 나르시시즘(narcissism)뿐 아니라 신체적 나르시시즘에 빠져 있다. 신체적 나르시시즘이란 곧 자기가 몸이고 몸이 자기인 상태를 의미한다. 자기가 몸을 가지고 있으며 몸이 곧 자기 그 자체는 아님을 깨닫는 것은 이후 의식이 분화되어 감에 따라 차차 가능해진다. 신생아기에는 몸의 욕구와 필요를 적절히 충족시킬 수 있도록 하는 시간 조절, 양적 조절,

충족 방법의 일관성이 대단히 중요하다. 신생아는 몸의 욕구와 필요를 충족시켜 나가는 과정을 통해 주위 환경과의 상호작용이 가능케 되고 따라서 건강한 자아 및 자아의식이 생겨나기 때문이다.

영아를 돌보는 양육자에게 있어 중요한 것은 양육자의 진실된 사랑과 따뜻한 돌봄이다. 영아는 아직 언어를 통한 의사소통이나 개념화가 불가능하지만 본능적으로 양육자의 진실된 사랑과 따뜻한 돌봄을 감지한다. 양육자의 표정, 특히 아기를 바라보는 그 눈을 통해 '아가야, 너는 너무나 예쁘고 사랑스럽구나. 너는 너무나 소중한 존재란다. 나는 너를 너무나 사랑한단다'라는 무언의 메시지를 포착할 때, 아기는 세상에 존재할 수 있는 기본 신뢰(basic trust)를 형성해 나가기 시작한다. 이러한 신뢰는 아기가 세상을 살아갈 수 있는 희망, 용기, 사랑의 기틀을 마련해 준다. 이러한 신뢰는 후에 교묘하게 조종하거나 어기거나 깨뜨릴 수 없는 존재의 궁극적 근거, 즉 '하나님의 언약'(divine covenant)과 같은 기본 신뢰를 가능케 해주는 원초적 신뢰(primal trust)인 것이다.

II. 정서적 특성

1. 정서 발달

영아기에 경험하는 가장 중요한 자아 덕목(virtue of ego)은 곧 기본 신뢰와 불신임을 에릭슨은 역설한다. 여기에서 말하는 기본 신뢰는 '이 세상은 살만한 곳이구나', '나는 세상에서 살아 나갈 수 있을 거야라는 무의식적 자신감을 의미한다. 위에 언급한 대로 기본 신뢰는 이후 자아가 건강하게 분화, 발전할 수 있는 심리적 토대가 된다.

출산 과정은 꿈꾸듯 잠자는 아기를 흔들어 깨우는 역할을 한다. 아기의 몸은 세상과 의사소통하는 통로인 동시에 자신을 돌보는 사람의 애정과 사랑을 확인하는 통로이다. 아기를 돌보는 사람의 애정과 사랑을 느끼지 못할 때, 아기의 생존은 위태로워진다.

아기들이 언어를 어떻게 습득하게 되는가를 알고 싶은 왕이 있었다. 인간의 언어가 후천적으로 가르쳐주지 않아도 때가 되면 스스로 습득하게 되는 생래적인 것인가, 아니면 모방과 학습을 통해 습득되는 것인가를 실험해 보고자 했던 것이다. 아기의 생존을 위한 최선의 환경과 외적 조건을 갖추게 하는 대신, 일체 아기를 안아주거나 말을 거는 행위는 금지하였다. 그 결과 아기들은 말도 배우지 못했지만, 결국 아무도 살아남지 못하게 되었다. 집단주의 체제를 고수했던 러시아에서도 아기들을 맡아 양육하는 좋은 조건의 양육시설을 운영하였지만, 부모들의 사랑을 경험하지 못한 아기들의 상당수가 사망하게 된 사례들도 꽤 많이 있다.

태어나서 18개월에 달할 때까지 양육자와의 친밀감과 함께 일관성 있고 안정감 있는 돌봄을 통해 구축되는 기본 신뢰는 이후 아이가 자라면서 구성하게 될 정신건강의 토대를 형성함을 에릭슨은 강조한다.

정신 병리학에서는 영아기에 형성되어야 하는 기본 신뢰의 부족은 이후 성장 과정 속에서 발생하는 정신분열과 관련이 있음을 밝히고 있다. 기본 신뢰의 부족은 정신분열 외에도 습관적 우울증과도 관련이 있다. 성장 이후 나타나는 분열적 성향과 습관적 우울증 치료를 위해서는 신뢰감을 새롭게 형성할 수 있도록 해주는 것이 대단히 중요하다.[6]

영아기에 아기와 엄마 사이의 몸을 통한 소통과 유대의 중요성에 대해 에릭슨은 다음과 같이 주장한다.

출생 이후 이루게 되는 자아의 첫 번째 과제는 곧 기본 신뢰와 불신 사이의 갈등을 해소할 수 있는 확고한 유형을 형성하는 것이며 이를 위해서는 엄마의 돌봄과 사랑이 무엇보다 중요하다. 신뢰는 아기가 필요로 하는 물질적, 정서적 지원의 양보다는 그 정도와 질적 특성이 더 중요하다. 엄마는 자신이 속한 문화 속에서 아이의 내면에 자신의 소중함을 느끼도록 해주는 동시에 신뢰감을 심어주어야 한다. 이러한 자아존중감과 신뢰감은 이후 [청소년기에] 형성해야 할 자아정체감(sense of identity)의 기초 작업이 된다. 양육자는 아기의 몸놀림과 움직임들에 대한 인정과 칭찬, 의미를 부여해 주어야 한다. 아이들의 정신건강 상의 문제들은 인생 초기에 경험하는 좌절 그 자체보다는 그러한 좌절들을 어떻게 다루고 극복할 수 있는가에 대한 사회적 의미부여와 의미발견을 하지 못하는 데서 온다.[7]

영아의 정서 표현은 양육자의 행동에 영향을 미치는 의사소통 기능을 한다. 예를 들어 영아가 괴로워서 우는 울음은 양육자를 가까이 오도록 부르는 신호이고, 미소를 짓거나 흥미를 표현하는 것은 아기

---

6 Erik Erikson, *Childhood and Society* (New York: W. W. Norton & Company, 1963), 249.
7 위의 책.

가 양육자와 관계를 갖고자 하는 신호로 해석된다. 이러한 영아의 정서 표현은 사회적 접촉을 촉진시키고, 양육자가 영아들의 욕구와 목표에 맞게 행동하도록 돕는 기능을 수행한다.8

영아기의 다양한 정서는 시간의 흐름에 따라 보다 구체적으로 나타난다. 신생아는 출생 시부터 흥미, 고통, 혐오, 만족의 정서를 드러낸다. 한편 그 외의 일차적 정서인 노여움, 슬픔, 기쁨, 놀라움과 공포 등은 생후 2.5~7개월에 나타난다. 이러한 정서는 정상 영아에게서 같은 시기에 나타날 뿐 아니라 공통적으로 일관성 있게 해석되기에 선천적인 것으로 간주된다. 이차적이고 복합적인 정서인 당황, 수치, 부러움이나 자긍심과 같은 정서는 생후 1년이 지난 후에야 나타난다. 이러한 정서는 자의식적인 정서이기에 자아의식이나 자신에 대한 긍지가 먼저 형성된 후에야 비로소 나타나게 된다.9

성인들은 정서를 표현할 만한 상황과 표현해서는 안 되는 상황을 구분하여 변별력 있게 표현한다. 모든 사회에서는 정서를 표현하는 데 규칙이 있어서 정서를 표현해야 할 상황과 그렇지 않은 상황을 구별하고 있다. 어린이들은 이러한 정서적 표현을 학습하기 위해서 자신의 정서를 스스로 통제하고 조절하는 방식을 배워나가게 된다. 영아들이 불쾌한 자극을 피하거나 다른 일에 관심을 돌림으로써 부정적인 정서 유발을 감소시키는 방법은 쉽지 않은 자기 조절 기능이라 할 수 있다. 하지만 생후 1년경이 되면 영아들은 자기의 몸을 앞뒤로 흔들거나 물건을 깨물거나 장난감으로 관심을 돌려서 탐색하는 방식으로 부정적 정서를 감소시키는 방안을 발달시킨다. 12~24개

---

8 최경숙·송하나, 『발달심리학 ─ 전생애: 아동 청소년 성인』 (파주: 교문사, 2017), 228-229.
9 위의 책, 229.

월의 영아는 노여움이나 슬픔을 억제하려고 노력할 때 눈살을 찌푸리거나 입술을 다물거나 깨물기 시작한다.[10]

2. 사회적 참조 과정

사회적 참조 과정이란 타인의 정서를 자기 행동의 길잡이로 삼는 것을 말한다. 이에 대한 연구 중에 '시각벼랑' 실험이 있다. 이는 1세 된 영아와 그 어머니를 대상으로 시행하는 것인데, 유리 바닥 아래에 깊이를 다르게 보이게 하고, 영아는 얕은 쪽에 놓고, 어머니는 반대편에 서게 한다. 이런 상황에서 영아는 어찌할 바를 몰라 어머니를 바라보게 된다. 이때 어머니는 연구자들로부터 공포, 행복, 분노, 호기심, 슬픔과 같은 표정을 짓도록 미리 교육받게 된다. 연구자들의 관심은 어머니의 얼굴 표정이 이 실험에서 영아의 행동을 통제할 수 있는가의 여부를 측정하는 것이었다. 깊은 쪽에 있는 어머니가 기쁨이나 호기심을 표현했을 때 대부분의 영아들은 어머니 쪽으로 기어갔다. 반면에 어머니가 분노나 공포를 표현했을 때는 대부분의 영아들은 어머니 쪽으로 건너가지 않았다. 연구 결과 1세 된 영아는 환경을 이해하고, 환경에 적응하는 데에 상대방의 얼굴 표정을 문제 해결을 위한 단서로 이용하는 능력이 있음을 보여주었다.[11]

또 다른 실험이 있다. 이 실험에서 영아는 이상하게 생긴 장난감(방을 돌아다니는 초록색 봉제 공룡)을 보고, 어머니가 미소를 짓고 있으면 그 장난감에 가까이 갔지만, 어머니가 두려워하는 표정을 짓고 있

---

10 위의 책, 229.
11 정옥분, 『아동 발달의 이해』 (서울: 학지사, 2003), 315.

으면 장난감에 가까이 가지 않았다. 일상생활에서도 영아는 낯선 사람을 보면, 어머니를 쳐다본 후 어머니의 표정이 낯선 사람을 반기는지 아니면 두려워하는지에 따라 다른 행동을 하는 것을 볼 수 있다.[12]

영아는 생후 7개월경부터 타인의 표정을 읽는 등 다른 사람의 정서 반응을 살피기 시작한다. 이러한 행동은 영아에게 사회적 정보를 처리할 수 있는 능력이 있음을 보여준다. 생후 9~10개월 영아는 다른 사람이 특정 사물 혹은 사건에 주의를 기울일 때 더욱 그 사람의 반응에 집중하고 그 상황을 해석하려 한다. 예를 들어 스트리아노(Tricia Striano)와 로샤(Philippe Rochat)는 생후 7개월, 생후 10개월 영아에게 강아지 인형을 보여주었다. 이때 강아지 인형이 갑자기 소리를 내게 되고, 실험자는 인형을 쳐다보기도, 쳐다보지 않기도 하면서 영아가 어떻게 행동하는지 살펴보았다. 그 결과, 생후 7개월 영아는 실험자가 강아지 인형에 주의를 기울이든지, 기울이지 않든지 강아지가 갑자기 소리를 냈을 때 실험자를 쳐다보았다. 반면, 생후 10개월 영아는 실험자가 강아지 인형에 주의를 기울일 경우에만 인형이 소리를 낼 때 실험자를 더 오랫동안 응시했다. 즉, 생후 7개월 영아는 자신이 어떻게 반응해야 할지 모르는 상황에서 단순히 다른 사람의 반응을 관찰하였지만, 생후 10개월 영아는 상대방이 자신과 같은 사물에 주의를 기울이는지를 고려하여 사회적 참조를 한 것을 볼 수 있다.[13]

영아는 생후 12개월부터 몸짓과 언어를 이해하게 되어 더욱 정교한 사회적 의사소통 기술을 익히기 시작한다. 이때부터 타인의 정

---

12 정옥분, 『아동 발달의 이해』 315.
13 곽금주, 『발달심리학 ― 아동기를 중심으로』 (서울: 학지사, 2016), 334.

서적 신호를 이해하고 다양한 상황에서 사회적 참조가 자주 일어난다. 생후 18~24개월 영아는 주어진 상황에 알맞게 사회적 참조를 수행한다. 그런데 이 시기의 영아는 양육자에게만 의존하기보다는 다양한 상황에 대한 주관적 이해를 하고, 부모가 아닌 타인으로부터 정보를 얻으려고 노력하는 모습을 보였다.[14]

우리나라의 영아를 대상으로 한 사회적 참조행동 연구에서는 영아의 참조적 바라보기는 자극상황과 관계없이 어머니의 얼굴 표정에 따라 차이가 나타남을 볼 수 있다. 즉, 어머니가 두려운 표정을 보이고 있을 때는 더 빈번하게 참조적 바라보기 행동을 한 것으로 나타났다.[15] 이는 영아가 낯선 상황에서 양육자나 타인의 표정과 태도를 참조하며 수행행동을 한다는 것이다. 이러한 과정을 통해 영아가 점차 타인의 정서를 깨닫고 이해함으로써 적절한 사회적 반응을 하게 됨을 볼 수 있다.

3. 애착

영아가 생후 6개월이 되면서 점점 더 자신에게 반응적이며 친숙한 양육자에게 애착을 가지게 된다. 애착 대상이 곁에 있으면 기뻐하며 안락함을 느끼고, 낯선 환경에 놓이게 될 때, 애착 대상을 자신의 안전 기지로 여기면서 위안을 얻는다. 한편 아이가 애착 대상과 분리될 때는 불안함과 고통을 느끼는 분리불안이 극에 달하게 된다. 18~24개월 이후는 인지능력과 언어능력이 발달한다. 그렇기에 애

---

14 위의 책, 334-335.

15 위의 책, 315-316.

착 대상이 곁에 없어도 어딘가에 존재하며 언젠가 돌아오는 것을 알고 애착 대상을 설득하거나 협상하려 한다. 이러한 애착 대상이 영아에게 안정감을 줄 때, 영아의 울음에 일관성 있게 다가와 도움을 줄때, 자신이 보살핌과 사랑을 받을 만한 사람이라고 느끼는 내적 작동 모델을 구성하며 이것은 대인관계에 영향을 미치게 된다.16

보통 영아가 애착을 형성한다고 하면, 당연히 애착 상대로서 엄마를 떠올린다. 그러나 영아는 엄마뿐 아니라 아빠와도 애착을 형성한다. 이러한 애착은 흔히 엄마의 돌봄을 통해 그리고 아빠와의 놀이를 통해 이루어진다. 양육자와 함께 보낸 시간이나 상호작용의 질은 영아의 안정 정도를 예측할 수 있다.17

직장생활을 하는 부모는 영아를 하루 종일 돌볼 수 없기에 어린이집 혹은 다른 가족에게 맡기게 된다. 이로 인해 영아는 엄마 외에도 다양한 사람을 접하게 되고, 다른 이들과도 애착을 형성하게 된다. 예를 들어 등원은 엄마와 하고 하원은 할머니와 하곤 한다. 이후 엄마를 기다리는 동안 할머니와 저녁 시간을 보낸다. 이 영아는 엄마뿐 아니라 어린이집 교사, 할머니와 함께 정서적 유대 관계를 맺게 된다. 이처럼 엄마를 포함해서 여러 사람과 정서적 유대 관계를 맺는 것을 복합 애착이라고 한다.

슈와르츠(J. Schwartz)는 복합 애착이 불안정 애착으로 이어질 수 있다고 주장하고, 휴스턴(A. Huston), 로젠크란츠(B. Rosenkrantz)와 애런슨(N. Aronson)은 상호작용의 질이 애착 형성에 더 중요하다는 의견을 제기하기도 했다. 그러나 엄마와 어떤 애착을 형성했느냐와

---

16 송현주 외 9인, 『최신 발달심리학』 (서울: 사회평론아카데미, 2021), 284-289.
17 곽금주, 『발달심리학 ― 아동기를 중심으로』, 376-377.

상관없이 보육 교사와 안정 애착을 형성한 아동은 사회 적응력뿐 아니라 향상된 사회 정서 발달을 보였다. 오언(R. Owen)과 콕스(W. Cox)는 엄마의 취업 자체가 아동에게 부정적인 영향을 미치는 것이 아니라 자녀와 함께 시간을 보내지 못한다는 엄마의 죄의식과 불안 등의 부정적 정서가 자녀와의 애착 형성을 방해한다고 한다. 따라서 엄마들도 마음에 부담을 갖기보다는 퇴근 후 아동과 더 효율적으로 질 높은 상호작용을 하여 안정 애착을 형성할 수 있도록 노력할 필요가 있다.[18]

III. 언어 발달

대부분의 영아는 동일한 발달단계를 통해 언어를 획득한다. 영아는 처음으로 단어를 사용하여 의사 표현을 하기 전, 다양한 형태로 의사 표현을 한다. 언어 습득 이전 영아는 울음, 표정, 몸짓 등의 비언어적 의사소통을 하는데, 이러한 능력은 생득적이다. 이후 분화된 울음, 쿠잉, 옹알이의 형태로 나타난다. 언어 발달의 첫 단계는 울음이다. 영아의 초기 울음은 미분화된 울음으로 왜 우는지 이유를 구분할 수 없다. 생후 2개월부터는 의사전달이 가능한 분화된 울음을 울게 된다.[19]

생후 1개월의 신생아기에게 '아아아아', '우우우우'와 같은 소리, 울음이 아닌 발성이 나타나는데 이는 특별한 의미나 의사소통의 의

18 위의 책, 377-379.
19 홍순옥 · 김인순 · 박순호, 『영유아 발달』 (파주: 양서원, 2017), 217.

58 | 인간발달과 기독교교육

미를 가지지 않는다. 이와 같은 발성은 울음과 비슷하지만, 울음과는 구별된 음성화, 즉 쿠잉(cooing)이라고 한다. 이는 양육자의 발성을 영아가 쿠잉으로 반응하는 형태이다. 이러한 반응은 이미 이 시기에 영아와 양육자 간에 상호 교환적 의사소통이 이루어지고 있음을 보여주는 것이다. 쿠잉은 차츰 사라져 옹알이로 발달하게 된다. 벨과 에인즈워스(S. M. Bell & M. D. Ainsworth)는 울음에 대한 어머니의 반응을 연구한 결과, 생후 초기에 양육자가 울음에 대해 무시하고 무반응을 보이면 영아가 더 많이 운다는 것을 알게 되었다. 그리고 적게 우는 영아는 빨리 의사소통 기술이 발달하게 되고, 언어 기능이 증가하면서 울음이 감소되는 것으로 나타났다. 이러한 사실은 영아가 언어의 기능으로 듣고 말하는 의사소통 능력이 발달되기 전에는 울음이라는 수단에 거의 의존하고 있음을 알게 해 준다.[20]

옹알이는 생후 2개월부터 12개월경까지 나타나는데 생후 4~5개월에 나타나는 옹알이는 언어와 유사한 최초의 말소리이다. 대개 옹알이를 가장 많이 하는 시기는 생후 6~8개월이다. 이 시기는 옹알이를 하면서 부모와의 애착을 형성하는 사회적 접촉 시기이기도 하다. 옹알이는 신체적 성숙으로 인해 나타나는 근육 활동의 결과로서 자음과 모음의 반복적 연결로 이루어진 소리인 음절 혼합의 음성적 행동의 결과로 나타난다.[21]

생후 6개월 동안 영아들이 내는 옹알이 소리는 다른 나라 영아들의 소리와 거의 비슷하다. 이는 옹알이가 뇌의 성숙과 언어적 발성과 관련된 근육의 성숙에 영향을 받는 것을 깨닫게 한다. 레너버그(E.

---

20 위의 책, 218.
21 위의 책, 218.

Lenneberg)에 따르면 소리나 말을 결코 들어본 적 없는 농아 영아의 쿠잉과 옹알이도 정상 영아들의 쿠잉과 옹알이와 똑같은 형태를 취한다. 이는 초기의 쿠잉과 옹알이의 과정이 생득적인 기제 때문이라는 것을 시사해 준다. 그러나 곧 경험이 작용하기 시작하여 생후 8개월경이 되면 영아들의 옹알이 억양이 모국어의 억양과 비슷해지기 시작한다.[22]

영아들이 생후 10~12개월쯤이 되면 자신이 듣고 있는 구체적인 언어에서 더 많은 소리들을 취하면서 옹알거린다. 이때 영아들은 '다다다다' 혹은 '마마마마'와 같은 특정한 음절을 되풀이하는 자기 소리 모방, 반향어의 형태를 많이 보인다. 이후 점차 성인 발화의 억양 패턴의 일부를 따라하는 타인 소리 모방의 형태를 보인다. 의미 없는 소리임에도 불구하고 이 시기에는 일련의 소리 끝에 억양이 생긴다.[23]

영아는 옹알이를 통해서 소리 놀이를 하고 음성을 연습하며, 발성 기관과 구음 기관을 조절하는 능력을 발달시킨다. 양육자가 영아들의 옹알이에 반응하고 소리 내어 말을 건네주는 것은 영아의 언어 발달에 중요한 자극적 요소가 된다. 발성 행동은 성숙 기제에 의해 나타나고 적절한 환경적 자극이 주어질 때 원만한 발달이 이루어지기 때문이다. 또한 옹알이는 사회적 소통의 가치를 지닌다. 즉, 옹알이를 통해 영아는 어머니와 주변 사람들과 긍정적인 관계를 맺는다.[24]

---

22 위의 책, 218-219.

23 위의 책, 218-219.

24 위의 책, 219.

영아는 말을 할 수 있기 전 단계에서 다양한 몸짓을 이용하여 자신의 욕구를 표현한다. 발달 초기 단계에서는 몸짓으로 언어를 대신하지만, 점차 몸짓과 말을 함께 사용한다. 이때 부모는 먼저 영아의 욕구 상태를 빨리 알아차리고 적절한 반응을 보이는 것이 중요하다.[25]

영아는 생후 1년을 전후하여 사람이나 사물 또는 사건을 표현하기 위해 단어를 쓰게 되고, 단어의 사용에 있어서도 다양한 억양 패턴과 강세가 나타나게 된다. 이처럼 의사소통을 위해 단어를 사용하기 시작하는 시기를 '언어기'라고 하며, 그 이전을 '전 언어기'라고 한다. 언어기의 영아들은 처음에 한 단어를 사용하여 의사소통을 시작하다가 차츰 두세 단어를 사용하여 의사소통을 한다.[26]

영아는 생후 10~13개월 사이에 명사나 형용사를 사용하여 한 단어의 말을 시작한다. 영아는 이 시기부터 분명하게 이해할 수 있는 단어를 사용할 수 있는데 이때부터 18개월까지를 '한 단어 시기'라고 한다. 이 시기에 영아들이 사용하는 단어는 하나의 단어이지만, 성인의 문장과 같은 내용을 표현하는 것으로 자신의 생각을 표현하는 주요한 수단이 된다. 동시에 영아들은 다른 사람들이 자신이 사용하는 단어를 이해하도록 돕기 위해 얼굴 표정이나 몸짓을 함께 사용한다.[27]

영아가 발달 초기 단계에서 여러 의미를 포함하는 한 단어를 사용하는 이유는 음성언어의 능력이 부족하고 문법을 습득하지 못했

---

25 위의 책, 220.
26 위의 책, 220.
27 위의 책, 220.

으며, 문장 전체를 표현할 만큼의 기억력이 부족하기에 그렇다. 그렇기에 영아의 한 단어는 여러 가지 의미를 포함할 수 있다. '엄마'라는 한 단어는 '엄마의 것', '엄마 가지마!', '엄마 물 줘' 등의 의미를 가질 수 있는 것이다.[28]

IV. 자아 형성의 역동성

1. 0~3개월: 입

출생 후 3개월까지 영아기 자아의 중심은 입과 관련되어 있다. 입을 통해 필요한 양분과 수분, 정서적 안정과 사랑, 수용을 경험하게 된다. 입은 아이의 생존을 위한 대단히 중요한 중심적 기관이요 에너지가 집중되는 기관이기에 신생아의 자아 구축을 위한 중심이라 할 수 있다. 또한 이 시기는 자아와 타자 사이에 전혀 구별이 없는 상태이기에 이 시기의 자아는 일종의 '꿈꾸는 자아'라 할 수 있다.

2. 3~6개월: 얼굴

양육자(엄마)의 얼굴은 자신을 바라보아 주고, 인정해 주고, 응답해 주며, 반영해 주는 얼굴로서 아기의 자아 존재감을 느끼게 해 주는 중요한 실재이다. 이 시기의 아이는 자신을 바라보고 웃어주는 양

---

28 의의 책, 221.

육자의 얼굴을 통해 자신이 다른 생물체가 아닌 '사람'임을 무의식중에 '각인'(imprinting)하게 된다.[29] 자기를 향해 웃어주는 얼굴, 자신의 존재를 인정하고 기뻐하며 수용해 주는 얼굴, 이 얼굴이야말로 아직 깨어나지 못하고, 무기력하고, 혼자서는 살 수 없는 나약한 존재이지만, 그 아기를 살게 해주고 인정해 주며, 격려하고 힘을 불어넣어 주는 존재이다. 이 얼굴을 바라봄으로써 또한 이 얼굴을 통해 아기는 기쁨을 얻고 희망을 얻고 활력을 얻는다. 이 시기의 아기는 아직 인지능력이 분화되지 않은 상태여서 자기를 보고 웃어주는 엄마, 아빠와 비슷한 모습을 한 대상, 즉 모든 사람을 보면 먼저 방긋 웃고 환한 미소를 던짐으로써 아기에게 미소로 응답하도록 만드는 특유의 사랑스러움과 천진난만함을 지니고 있다. 이 시기는 심리적으로 아직 선과 악을 알기 이전의 시기, 마치 에덴동산 속에 머무는 듯한 시기라 할 수 있다.

3. 6~14개월: 얼굴의 부재(absence)에 대한 불안

이때가 되면 아이는 엄마의 얼굴과 타인의 얼굴을 구분하기 시작한다. 아이에게 인지능력(cognitive ability)과 분별력이 생겨나면서 엄마와 타인을 구별할 수 있게 되기 때문이다. 아이는 자기를 지켜주고 인정해 주고 사랑해 주는 엄마가 자기 곁에 늘 함께 있지 않음을 경험한다. 엄마가 자기 옆에 없을 때 아이는 불안해하며 엄마를 찾게 된다. 자기에게 꼭 필요한 존재의 '부재'를 경험하는 것이다. 이것을

---

29 Konrad Lorenz, *Evolution and Modification of Behavior* (Chicago: Univ. of Chicago Press, 1965).

가리켜 파울러는 '자의식이 생겨남에 따른 최초의 타락(primal Fall)'이라고 부른다. 에덴동산 속에 머물던 행복함이 사라지는 시기라는 것이다. 아이가 14개월 정도 되면 엄마의 부재로 인한 일종의 불안, 공허, 두려움을 경험케 된다. 이러한 내적 불안은 아이로 하여금 일종의 심리적 상처를 입히게 된다. 이러한 심리적 상처로 인해 결국 아이는 무의식적 억압(repression)30의 역동을 겪게 된다.

4. 14~24개월: 억압

아이가 2세 전후가 되면 짜증을 부리고, 화도 내는 것을 볼 수 있다. 이것은 일종의 자기 고집, 자기주장을 표현하는 것이다. 그래서 생겨난 말이 '미운 세 살'이다. 지금까지 그저 재롱만 떨고, 의존만을 해오던 아이가 이제는 자기 고집과 주장을 펴면서 일종의 반항을 하게 되기 때문이다. 자아가 점점 분화되고 자기의식이 생겨남에 따라 일종의 자기 영역, 자기 개념의 울타리가 형성되는 것이다.

이때 아이가 많이 쓰는 말은 '아니야'(no)라는 거부와 부정의 표현이다. 비록 어린아이라 하더라도 자기 나름대로 자기 영역, 자기 세계를 조금씩 구축해 나가는 것이다. 자기 뜻과 부합되지 않는 상황, 요구, 명령에 대해 '아니'라고 말하고 표현함으로써 자아가 점점 분화되고, 자아가 분화될수록 자기의 뜻과 의사 표현을 보다 분명하

---

30 '억압'(repression)은 특정한 생각, 충동, 고통스런 기억이 의식의 표면 위로 올라오지 않도록 의식의 표면 밑, 즉 잠재의식이나 무의식 속에 눌러 놓는 것을 의미한다. '억압'이 '억제'(suppression)와 다른 것은 억제는 '의식적'인 누름인 반면 억압은 '무의식적'인 누름이라는 것이다.

게 하기 시작한다. 이러한 거부와 부정의 표현의 내면에는 일종의 반동형성(reaction formation)31적 역동이 들어 있다.

자기를 절대적으로 인정, 긍정, 수용해 주던 엄마의 얼굴, 엄마의 존재가 자기 옆에 늘 함께해 줄 수 없음을 의식할 뿐 아니라 훈육을 위해서라도 엄마와 아빠가 더 이상 자기에게 무조건적 인정, 긍정, 수용해 주지 않음을 경험함으로써 아이는 의식적, 무의식적으로 자아의 세계를 구축해 나가게 된다는 것이다. 물론 차차 아이가 성장해 나가고 성숙해지기 위해선 자아 형성과 분화, 독립은 반드시 필요하다. 하지만 자아의 형성이 일종의 자기방어, 자기주장을 위해 생겨난 것이기에 자아는 나름대로의 분명한 한계를 지닐 수밖에 없다. 그것은 자아가 아무리 강인하다 하더라도 질병, 사고, 죽음 앞에서 자아는 스스로가 소멸되어 감에 대해 그것을 극복할 수 있는 어떤 대안도 제시할 수 없는 근본적 한계를 가진다.

이처럼 자아는 한 개인의 삶을 가능케 하고, 한 개인의 삶을 구축하는 실존적 중심을 형성한다. 하지만 자아는 자아의 분화와 인생의 전개에 따라 함께 점증하는 '부정'(negation)과 '허무'(void)의 차원을 스스로는 어찌할 수 없는 한계를 지니고 있다. 또한 자아(ego)는 의식적 차원만을 뜻하는 반면, 무의식의 세계까지 포함하는 보다 포괄적인 실존개념은 자아가 아닌 '자기'(self)이다. 자아는 의식적 부분에 불과하기에 무의식의 영역에서 솟구치는 역동, 충동, 본능 등의 엄청난 에너지를 관리, 제어, 통제해 나가기 위해 전력하게 된다.32

---

31 '반동형성'(reaction formation)은 마치 '신포도 기제'처럼 사실은 그것을 소유하기 원하지만 소유할 수 없을 때, "나는 그것이 필요 없어. 그것 없이도 잘 지낼 수 있어"라는 식으로 마음에 원하는 것을 오히려 부정하고 반대로 행동하는 심리적 역동을 의미한다.

로더(James Loder)는 인간의 자아는 일종의 방어적 기제와 부정 (negation)에 기인하여 생성되고 있는 것임을 분명히 지적한다. 자아가 방어적 기제와 부정에 기초하게 된 이유는 영아기 시절 자기를 무조건적으로 인정하고 수용해 주는 엄마의 얼굴이 늘 가능한 것이 아님을 경험하면서 생겨난 '반동형성' 때문임을 밝힌다. 즉, 자기 존재를 언제나 수용해 주고 용납해 주는 엄마의 얼굴이 자신과 항상 함께할 수 있는 것이 아님을 경험하면서 일종의 반동형성이 이루어진다는 것이다. 그것은 곧 '엄마는 왜 항상 함께해 주지 않는 거지. 나를 늘 사랑해 주고 인정해 주는 대상은 없는 건가. 그래, 나 스스로 견뎌내야 해. 나 혼자도 잘 견딜 수 있어'와 같은 심리적 역동이 의식적, 무의식적으로 자리 잡게 된다는 것이다. 결국 자기를 인정, 수용해 주는 '절대적 얼굴' 없이도 스스로 살아갈 수 있다고 스스로 적응하는 과정을 경험한다는 것이다.[33]

어떤 의미에서 인간 속에 내재한 죄성은 하나님의 절대적 은총과 용서, 용납을 거부하고 자아의 힘과 의지, 덕에 의지해서 스스로 살아가려 하거나 스스로 의로워지려는 자기 정당화의 경향성과 결부되어 있다고 할 수 있다. 그렇다면 인간의 발달 과정 속에 나타나는 반동형성과 부정(否定)에 기초한 자아 형성은 인간 타락과 원죄를 한 평생이론 속에서 발달심리학적으로 반영하고 있다고 볼 수 있다.

---

32 소년, 청년이라도 피곤하고 곤비해져서 쉽게 지치는 것은 육체적 에너지 못지않게 정신적 억압, 조절, 통제를 위해 자아가 엄청난 에너지를 소모하기에 지칠 수밖에 없고 잠을 많이 자는데도 여전히 피곤하고 몽롱해질 수 있다.

33 James Loder/이규민 역, 『통전적 구원을 위한 기독교교육론: 변형과 해방을 위한 교육과 예배의 만남』 (서울: 대한기독교서회, 2020), 212-219.

V. 지적 특성

키건(Robert Kegan)은 피아제의 연구에 대해 다음과 같이 언급한다.

피아제 연구는 주로 분화되어 가는 인간 자아와 자아를 둘러싼 세계 사이
의 끊임없는 상호작용에 관한 것이다. 인간 자아는 자아를 둘러싼 세계와
의 상호작용을 통해 끊임없이 변화되어 가는 내적, 외적 상황에 대해 '적
응'(adaptation)해 나간다. 이러한 적응은 외부의 새로운 환경을 자신의
내적 구조에 맞추는 '동화'(assimilation)와 자신의 내적 구조를 새로운
외부 환경에 맞추는 '조절'(accomodation)을 통해 이루어진다. ··· 이러
한 적응과정은 인간뿐 아니라 모든 생명체에 공히 나타난다. 지속적이고
도 끝없는 적응과정은 모든 생명체가 변화하는 환경과 나누는 영원한 대
화(eternal conversation)와도 같다. 어떤 평형상태는 지속되지 않는다.
모든 평형상태는 반드시 깨뜨려진다. 이렇게 생겨난 불균형과 갈등은 또
다른 새로운 평형과 안정을 향해 나아간다.[34]

피아제가 제시한 '적응'의 개념은 '동화'와 '조절'을 통해 인간의
인지구조가 점점 더 분화되고 정교화되어 가는 방향으로 나아가는
것을 의미한다. '동화'는 새로운 변화와 갈등 상황을 자신이 가진 구
조 속에 통합함으로써 자기화시키는 것을 의미한다. '조절'은 새로운
변화와 갈등 상황에 자신이 스스로 적응할 수 있도록 자기가 기존에
가지고 있던 내적 구조를 변화시키는 것을 의미한다. 이처럼 지적 발

---

34 Robert Kegan, *The Evolving Self* (Cambridge: Harvard Univ. Press, 1982), 43-44.

달에 있어 '동화'는 일종의 '놀이'(play)와 유사한 반면, '조절'은 일종의 '모방'(imitation)의 측면을 지닌다고 할 수 있다. 이러한 놀이와 모방을 통해 지적 구조가 발달되면 발달될수록, 자기중심성에서 벗어나게 될 뿐 아니라 객관성을 유지할 수 있는 능력이 향상된다.

피아제는 인지구조의 발달을 크게 네 단계로 나누어 제시하고 있다.[35] 영아기는 그 중 첫 번째 단계에 해당하는 것으로서 영아기의 단계를 곧 '감각운동기'(sensori-motor stage)라고 부른다. 영아는 아직 두뇌로 사고하기보다는 온몸으로 사고한다. 빨기, 쥐기, 때리기, 차기 등 몸으로 하는 동작을 통해 주위 세계와 상호작용하며 신체의 오감을 통해 감각적 의식이 점차 분화되어 나간다. 이 감각운동기는 또한 6단계로 세분화해서 살펴볼 수 있다.

1. 0~1개월: 반사사용(reflex) 단계

이 시기의 아이는 타고난 본능적 반사를 통해 주위 환경과 상호작용을 하는 단계이다. 예를 들면 빨기, 쥐기, 때리기, 차기 등과 같은 것이다. 이러한 반사작용과 행동 등은 시간이 지남에 따라 점점 정교해지고 다양해진다.

2. 1~4개월: 1차 순환반응 단계

다양한 반사사용을 하는 중에 예기치 않았던 새로운 경험을 하게

---

35 Jean Piaget, *The Origins of Intelligence in Children*, trans. by M. Cook (New York: International Univ. Press, 1936).

될 때, 아이는 그러한 경험을 체득하고 자기 것으로 만들고자 노력하게 된다. 예를 들면 엄지손가락을 빠는 행위를 들 수 있다. 우연히 손가락이 입에 닿게 되면 아이는 반사적으로 손가락을 빨게 된다. 빠는 중에 손이 입에서 빠져나가면 아이는 손을 다시 입으로 가져오려 노력한다. 하지만 처음엔 이것이 쉽지 않다. 손이 얼굴엔 닿지만, 입으로는 잘 들어오지 않기 때문이다. 아이는 손을 입으로 가져오려고 손을 이리저리 돌리게 된다. 또한 입을 손에 가까이 가져가려고 고개를 들어 올리게 된다. 하지만 고개를 들어 올리면 손도 함께 들어 올려지기 때문에 쉽사리 되지 않는다. 많은 시도와 노력을 되풀이하는 가운데 드디어 손은 입으로, 입은 손으로 옮겨가는 것이 가능해진다. 이것은 일종의 '조절'이 이루어짐을 의미하며 필요 상황에 자신을 맞추어 나가는 첫 시작을 의미한다.

3. 4~10개월: 2차 순환반응 단계

1차 순환반응은 아이가 자신의 몸의 다른 부분(즉, 손과 입)을 서로 협응시키는 단계였다면, 2차 순환반응 단계는 아이가 자신의 몸 외부에서의 일어나는 움직임을 주시하고 그러한 움직임을 일으키는 단계이다. 예를 들면 아이의 발에 줄을 묶어서 아이가 발을 움직일 때마다 아이 머리 위에 매달아 놓은 인형이 움직이게 해 놓는다. 이렇게 하면, 아이는 여러 번의 반복적 동작을 통해 자기의 발과 인형의 움직임 사이에 상관관계가 있음을 인식하게 된다. 언제든지 자기가 발을 차면 위에 있는 인형이 움직이는 걸 보고 재미있어하고 까르르 웃으며 이 동작을 되풀이하게 된다.

4. 10~12개월: 2차 도식의 협응 단계

2차 순환반응 단계에서는 아이가 발을 차는 동작을 통해 인형을 움직이게 했다면, 이제 2차 도식의 협응 단계에서는 이러한 동작이 보다 세분화된다. 즉, 두 가지 서로 다른 도식을 통합시켜서 하나의 목적을 이루어 내게 된다는 것이다. 예를 들면 아이가 성냥갑을 잡으려 할 때 잡지 못하게 성냥갑 앞에 손을 갖다 놓으면 이리저리 시도해 보다가 결국 마지막에는 손을 치우고 성냥갑을 집게 된다. 즉, '치우는 동작'과 '집는 동작'을 서로 협응시킬 수 있게 되는 것이다.

5. 12~18개월: 3차 순환반응 단계

2차 도식의 협응 단계에서는 한 가지 목적을 이루기 위해 두 가지 서로 다른 도식을 협응시켰다면, 3차 순환반응 단계에서는 서로 다른 목적을 이루기 위해 다양한 다른 동작을 취하는 단계이다. 예를 들면 12개월 된 아이가 목욕탕에 틀어놓은 수도꼭지에서 물이 나오는 것을 보고 그 꼭지를 손으로 이리저리 다른 방향으로 막을 때, 각각 다른 방향, 다른 모습으로 물이 튀는 것을 보고 좋아하는 단계이다.

여기에서 특기할 만한 것은 아이들이 외부 도움이나 가르침 없이도 아이들 스스로 자발적 호기심에 의해 다양한 동작들을 시도해 보고 다양한 도식들을 개발시켜 나간다는 것이다. 이런 동작과 도식들을 통해 아이들은 세상과 자신에 대해 점점 더 많은 것을 알아 나가고 탐험해 나가게 된다.

6. 18~24개월: 사고의 시작

3차 순환반응 단계에 있는 아이들은 마치 과학자들이 실험하는 것처럼 다양한 호기심과 자발적 참여를 통해 이런저런 시도들을 끊임없이 하고 있음을 볼 수 있다. 하지만 그들의 실험은 거의 전적으로 몸과 행동을 통해 이루어지는 것이다. 이제 제6단계, 사고의 시작 단계에 들어오면서부터는 행동하기 전에 먼저 나름대로의 생각을 해보는 것을 관찰할 수 있다. 이러한 예는 바로 피아제의 딸 루시엔느(Lucienne)가 18개월이 지났을 때 피아제가 시행했던 '루시엔느와 성냥갑' 실험에서 찾아 볼 수 있다.

피아제는 성냥갑 속에 예쁜 사슬을 넣고 성냥갑을 닫았다. 그러자 루시엔느는 그 사슬을 꺼내려고 성냥갑을 뒤집고 성냥갑 틈 속에 손가락을 집어넣곤 하였다. 하지만 이런 동작으로는 사슬을 꺼낼 수 없었다. 그러자 루시엔느는 잠시 동작을 멈추고 성냥갑의 틈을 한참 주의 깊게 바라보았다. 그러더니 그녀의 입을 크게 벌렸다 닫았다 하는 동작을 되풀이하였다. 그러기를 몇 차례 하더니 드디어 성냥갑을 열고 사슬을 꺼낼 수 있었다.

똑같은 상황 하에서 5단계에 있는 아이는 계속해서 이런저런 시도와 동작을 통해 우연히 성냥갑을 열 수도 있다. 하지만 6단계에 있는 아이는 잠시 자신의 시도와 동작을 멈추고, 문제를 해결할 수 있는 실마리를 찾기 위해 '생각'을 하기 시작한다는 데 차이가 있다. 해결되지 않는 시도와 동작을 계속 되풀이하는 것보다는 잠시 멈추고 실마리를 찾기 위해 생각하는 시간을 갖는 것은 문제 해결을 위해 대단히 중요하다.

루시엔느의 경우, 비록 문제 해결을 위한 아이디어를 언어화시킬 수 있는 능력은 없다 하더라도 입을 열고 닫는 동작을 통해 그러한 아이디어를 형상화할 수 있는 능력을 발달시켜 나가고 있음을 볼 수 있다. 이러한 단계는 아이가 비로소 감각-운동기로부터 전조작적 사고(pre-operational thinking)의 단계로 점진적으로 옮겨가고 있음을 보여준다.

VI. 또래 관계

영아들은 출생 후 첫 달부터 다른 아기들에 대한 관심을 보이나 약 6개월이 되기 전까지는 진정한 상호작용이 나타나지 않는다. 영아들이 이때쯤 되었을 때 또래에게 웃고 옹알이를 하며 장난감을 주면서 몸짓으로 상호작용을 한다. 처음에는 이러한 우호적이고 친절한 몸짓이 상대에게는 무시된 채 상호작용으로 이어지지 않고 지나가 버린다.[36]

영아들이 12~18개월경이 되면 상대방의 행동에 좀 더 적절하게 반응하기 시작한다. 그러나 12~18개월 된 영아들은 또래들을 자신들이 통제할 수 있으며, 반응이 있는 장난감 정도로 생각하는 것 같다. 18개월경이 되면 거의 모든 영아가 또래들과 분명한 협응과 상호작용을 보이기 시작한다. 서로 모방하며 즐거워하고 모방을 사회적 게임화하면서 상대방을 자주 쳐다보고 웃는다.[37]

36 최경숙, 『발달심리학 — 전생애: 아동 · 청소년 · 성인』 361.
37 위의 책, 316.

생후 첫 2년 동안 영아의 사회적 발달과 인지 발달이 또래 관계 발달에 기여를 한다. 일반적으로 양육자에게 안정 애착이 된 유아들은 불안정으로 애착된 유아들보다 더 사교적이고 또래들 사이에서 인기가 있다. 이것은 안정 애착된 영아들이 받아온 민감하면서 반응적인 양육이 사회성 발달에 긍정적으로 작용한다는 것을 의미한다.[38]

---

38 위의 책, 362.

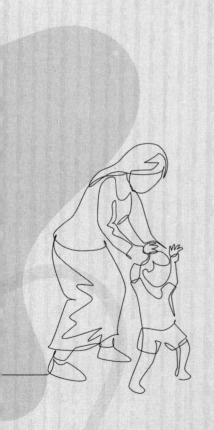

제3장

유아기

유아기(1.5세~3세)는 영아기에서 유아기로의 전환기로 이 시기 아이들은 기어다니기, 걸음마 등을 시작하며, 자신의 주변 세계를 적극적으로 탐험한다. 유아기의 아이들은 놀라운 활동성을 보이고, 2세경에 나타나는 부정적이고 반항적인 행동은 자기 표현과 독립성을 나타내는 중요한 단계이다. 이 시기의 두드러진 신체적 변화는 더 안정된 걸음걸이와 이동 능력의 발달이다. 유아들은 걷기, 뛰기, 계단 오르내리기 등을 배우며, 세발자전거와 같은 활동을 통해 새로운 기술을 습득한다. 이는 유아들이 자신과 부모가 별개의 존재임을 인식하게 되는 시기와 맞물려 부모로부터 독립을 시도하는 행동을 촉진한다.

유아기의 사회적 발달은 놀이를 통해 이루어진다. 또래와의 상호작용, 놀이를 통해 사회성이 발달하며, 이는 유아들의 인지 발달에도 중요한 역할을 한다. 유아들은 또래와의 상호작용을 통해 다양한 사회적 기술을 배우고, 자신의 행동을 조절하는 방법을 학습한다.

유아기의 도덕성 발달은 부모나 양육자의 권위에 의존하며, 옳고 그름의 판단은 부모의 지시와 명령에 따라 결정된다. 이는 유아들이 부모의 규칙을 내면화하고, 자신의 행동에 대해 책임을 지기 시작하는 시기이다.

언어 발달은 이 시기의 중요한 특징으로 유아들은 두 단어 문장을 사용하기 시작하며, 점차적으로 언어능력이 발달한다. 이를 통해 유아들은 복잡한 의사소통 능력을 개발하고, 자신의 생각과 감정을 표현하는 방법을 배운다.

심리-성적 발달에서는 프로이드의 이론에 따라 구순기에서 항문기로의 전환을 경험한다. 이는 유아가 자신의 몸과 자율성에 대해 더 많은 관심을 가지게 되는 시기이며, 자신의 몸과 행동에 대한 통제를 배우기 시작한다.

양육자는 유아의 자율성을 존중하고 격려하며, 사회적 규범과 기대에 맞는 행동을 가르치는 것이 중요하다. 유아들에게는 안전하고 지지적인 환경이 필요하며, 이는 유아기의 건강한 발달을 위한 기초가 된다.

1.5세~3세 시기를 유아기 또는 걸음마기라고도 부른다. 1세에서 1.5세 전후가 되면 아이들은 기어다니기, 일어서기, 걸음마 등을 시작한다. 영아기의 세계는 주로 아기 요와 아기 침대, 유모차, 양육자의 품속에서 수동적으로 머물러 있었다면, 유아기가 되면 팔과 다리에 힘이 붙기 시작하여 보금자리에서 빠져나와 주변 세상을 탐험하기 시작한다. 이 시기 아동의 걸음걸이는 배를 내밀고 다소 뒤뚱거리며 귀여운 모습으로 걷기에 '걸음마기'라는 이미지와 잘 어울린다.

걸음마기의 두드러진 특징은 활동성이다. 이 시기의 아이들은 부산하게 끊임없이 움직인다. 자기를 주장하고 무언가를 표출하고 표현하려 끊임없이 소리내고 움직이고 활동한다. 2세경에 나타나는 부정과 반항의 행동은 자기 자신을 나타내고 정의하려는 강력한 욕구

의 표시이기도 하다.1

I. 신체 발달

　바로 전 단계인 영아기는 일생 중에서 신체 발달이 가장 빠르게 이루어지는 시기로서 제1 성장 급등기(the first growth spurt)라고 부른다. 출생 시 3.2~3.3kg 정도이던 체중이 1세가 되면 8.9~9.6kg, 2세가 되면 11.5~12.2kg, 3세가 되면 14.2~14.7kg 정도가 된다.2 영아기의 급속한 체중 증가와 성장 속도는 유아기에 들어와 다소 늦어지게 된다. 2세경에는 출생 시 신장의 약 1.7배 정도의 키가 되지만 2세 이후에는 신장 발달 역시 속도를 늦추게 된다. 영아기의 빠른 성장 비율은 2세 이후부터 감소하기 시작하여 사춘기 이전까지 비교적 안정된다.3

　유아기 동안 아이의 불안정한 걸음걸이는 점점 안정되기 시작한다. 기저귀를 뗄 수 있게 됨으로써 아이의 걸음마는 훨씬 능숙하게 된다. 보다 안정된 걸음으로 인해 유아들은 새로운 몸동작들을 습득할 수 있게 된다. 예를 들면 걷기에서 차차 뛰기, 계단 오르내리기, 세발자전거 타기 등이 가능해진다. 세발자전거는 그 자체가 가진 속도, 회전 능력, 경적(신호음) 등으로 인해 아이에게 스릴을 느끼게 해

---

1 김태련·장휘숙, 『발달심리학』 (서울: 박영사, 2004), 123.
2 질병관리본부, 『2017 소아청소년 성장도표 해설집』 (청주: 질병관리본부, 2017), 56-64. 여아 백분위수 50번째와 남아 백분위수 50번째를 기준으로 기록하였다.
3 유안진, 『아동 발달의 이해』 (서울: 문음사, 2000), 259.

주며 기쁨을 제공해 준다.

2세경에 이르면 유아들은 자신과 부모는 서로 분리되어 있는 별개의 존재임을 인식하기 시작한다. 이 시기의 유아들은 부모에게 대단히 많은 것을 요구하며 그들 자신의 방식으로 그것을 해 줄 것을 고집한다. 그들은 차차 부모로부터 벗어나기 시작하며, 부모가 일방적으로 제공해 주는 것을 거부하기 시작한다. 이러한 거부는 반항의 모습으로 나타나기에 이 시기를 '제1 반항기' 또는 '무서운 두살'(terrible twos)이라고 부르게 된다.[4]

이처럼 자기주장을 내세우는 반항적 행동은 에릭슨의 심리-사회적 위기를 긍정적으로 해결해 나가는 자발적 시도이기도 하다. 유아기의 아이들은 자기 스스로 자율적으로 상황을 처리하고 자기 욕구를 스스로 만족시킬 수 있는 독립체로서 자신에 대한 이미지를 만들어 나가고 있는 것이다. 그 결과 스스로 수행한 일이 긍정적 결과를 가져오게 되면 아이의 자율성이 신장된다. 자율성 획득을 위한 유아의 활동 에너지는 쉬지 않고 뿜어 나온다. 유아들은 자율성을 획득하기 위해 지속적으로 활동한다. 그들은 혼자서 처리하는 것이 불가능하다고 여길 때만 도움을 청한다. 그들은 끊임없이 움직이고, 걷기보다는 달리려 하며, 속삭이기보다는 소리친다.

하지만 모든 유아가 자율성을 최고조로 발달시키게 되는 것은 아니다. 어떤 아이들은 자율적인 활동의 실패와 부모로부터 받은 비평과 비난 때문에 심리적 좌절을 겪게 되고 그 결과 수치감과 회의에 빠지게 된다. 이러한 유아들은 자기 능력에 대한 신뢰가 부족하고 그

---

4 위의 책, 146.

들이 시도하는 것은 실패할 것이라고 생각되기에 새로운 활동을 회피하고 자기가 익숙한 상황과 활동에만 집착하는 경향을 보인다. 이처럼 자율성의 고취는 유아의 자발적 노력뿐 아니라 양육자의 인내와 격려, 지원과 칭찬이 반드시 필요하다. 부모는 유아가 스스로 원하는 것을 해낼 수 있도록 허용하고 기다려 주어야 한다. 끊임없는 칭찬, 격려, 용기를 불어넣어 주는 일을 통해 새로운 활동과 기술들을 익혀 나갈 수 있도록 도와주어야 한다.

아이는 태어남과 동시에 감각과 신체활동을 통해 주변 환경을 탐색하고 자신의 경험을 통해 자신과 환경 사이의 관계와 의미를 형성해 나간다. 신생아기에 비해 유아기는 훨씬 능동적이 될 뿐 아니라 기어다니고 걸어 다니면서 다양한 경험을 하게 됨으로써 주변 환경과 자신의 경험을 통합해 나가는 과정을 통해 자아와 성격을 형성해 나가게 된다. 특히 유아기 특유의 왕성한 호기심은 주변에 일어나는 모든 현상과 사물들을 보고, 만지고, 맛보고, 냄새 맡고 하는 과정을 지칠 줄 모르고 쉼 없이 계속함으로써 자기가 태어난 세계와 자신의 의미를 형성해 나가는 것이다.

아이의 안전을 위해 아이가 위험하거나 해로운 것들을 만지지 못하도록 돌볼 책임이 양육자에게 있음은 말할 나위가 없다. 하지만 정상적 발달을 이루지 못하고 새로운 어떤 물건이나 상황에도 겁을 내고 움츠러드는 한 소녀(Babara)에 관한 연구보고서는 아이의 호기심과 자율성을 보장해 주는 것이 얼마나 중요한가를 잘 보여준다.5 바바라(Babara)는 유난히 엄격한 할머니 밑에서 자라게 되는데, 할머

---

5 Sueann Ambron & David Brodzinsky ed., *Lifespan Human Development* (New York: Holt, Rinehart and Winston, 1979), 146.

니는 자기 집에서 바바라를 키우면서 몇 가지 물건 외에는 절대 손을 못 대게 함으로써 대단히 엄격한 분위기에서 손녀를 양육하였다. 그로 인해 바바라는 심하게 위축되고 두려움이 많을 뿐 아니라 다른 아이들에 비해 정상적인 인지 발달과 원만한 대인관계를 형성하는 데 어려움을 겪게 된다. 네 살이 되었을 때 바바라는 심리치료를 받게 되는데, 심리치료사는 바바라에게 온전한 사랑과 자유, 따뜻함과 신뢰를 느낄 수 있게 하고, 그녀가 관심을 가지는 것들을 충분히 탐구할 수 있는 환경을 제공함으로써 상당한 치료 효과를 보게 된 것이다.

II. 사회적 발달

1. 놀이 발달

유아기, 걸음마기에 들어오게 되면 나름대로 또래들과의 놀이가 시작된다. 이러한 놀이는 유아들의 인지적, 사회적, 성격적 발달을 촉진시킨다. 유아들은 또래들의 행동을 관찰함으로써 여러 유형의 모방적 지식과 모델 행동 등을 습득하게 된다. 또래 그룹은 유아들의 상호비교를 가능케 하는 준거집단(reference group)을 형성해 준다. 유아의 행동, 흥미, 기술, 능력 등이 또래 아이들과의 어울림, 놀이, 협동 작업을 통해 이루어지게 된다.

2세경의 유아의 상호작용은 서로를 응시하고, 서로 만지고 잡고 밀고 장난감을 가지고 함께 노는 모습으로 나타난다. 나름대로 간단한 대화를 나누기도 하지만 처음에는 한, 두 단어나 짧은 의사소통만 가능하기에 대화는 매우 제한된다. 차차 유아의 언어가 발달됨에 따라 유아들 사이의 상호작용의 양은 증가되며 더 많은 의사소통이 이루어지게 된다. 이 시기에 다른 아이들과 잘 어울리는 아이들이 이후에도 사회성이 더 활발하게 나타난다. 2.5세경에 사교적이었던 아동은 7세가 되어서도 여전히 사교적이라는 종단적 연구가 이를 뒷받침해 준다.6 2세에서 4세까지의 유아들은 주된 접촉 대상에 있어서도 차이를 나타낸다. 2세의 유아들은 주로 부모, 친척 등 성인들과 사회적 접촉을 하게 되는 반면, 4세의 아동들은 성인보다 또래 아이들과 더 많은 시간을 보내기 시작한다. 이후 또래집단과의 사회적 접촉은 계속해서 증가하게 된다.

유아들의 놀이는 아동의 인지 발달은 물론, 사회적 발달을 도와주는 중요한 행위이다. 2세부터 4세까지의 유아의 놀이를 집중적으로 관찰한 파텐(Mildred Parten)의 연구를 통해 아동의 놀이를 4가지 유형으로 나누어 볼 수 있다.7

1) 혼자만의 놀이(solitary play)

다른 아이들이 옆에 있지만 아이들끼리 상호작용하지 않고 혼자서 노는 것을 의미한다. 옆에 있는 다른 아이를 전혀 의식하지 않고, 자기 자신만의 세계에 빠져 있는 상태이다.

---

6 김태련 · 장휘숙, 『발달심리학』, 154.
7 위의 책, 154-155.

2) 병행 놀이(parallel play)

서로가 서로를 의식하고 곁에서 논다. 비슷한 행동, 유사한 장난감을 가지고 또래를 의식하며 놀지만, 아직은 서로 직접적인 상호작용은 하지 않는다.

3) 연합 놀이(associate play)

드디어 장난감을 서로 나누어 갖기도 하고 교환하기도 한다. 상호작용을 하긴 하지만 상대방의 기분이나 욕구를 거의 고려하지 않는다.

4) 협동 놀이(cooperative play)

서로 공통의 놀이 목표를 가지고 함께 공감대를 형성하며 상호작용을 하는 놀이이다.

〈그림 3-1〉은 유아의 나이에 따른 놀이 유형의 평균 횟수를 나타낸다. 유아가 성장할수록 혼자만의 놀이나 평행 놀이는 감소하고, 연합 놀이와 협동 놀이가 증가하는 통계를 볼 수 있다. 또래 아이들과 많이 접촉할수록 사회성 개발을 위한 학습의 기회가 증대된다. 모든 유형의 놀이는 유아의 사회적 의사소통 능력을 넓혀 나가는 중요한 역할을 수행한다.

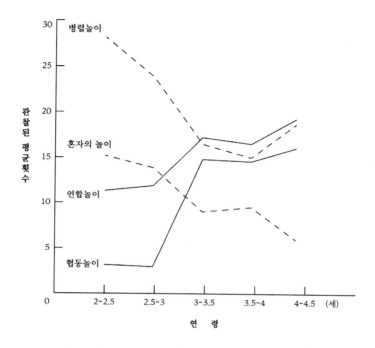

〈그림 3-1〉 "놀이유형의 발달적 변화"(Parten 1932~1933)[8]

2. 기질과 부모의 양육 태도

기질은 매우 어린 시기에 나타나며 성인이 되어서도 지속된다. 아이의 다섯 가지 기질 특성(강도, 기분, 활동성, 접근성, 적응력)은 1세부터 3세까지 지속되는 것으로 나타났다. 이러한 이유로 많은 연구자들은 기질이 유전적으로 정해지는 것이라고 주장한다. 사우디노(M. Saudino)의 연구에 따르면 이란성 쌍둥이의 기질보다 일란성 쌍

---

8 위의 책.

둥이의 기질이 더 유사하다고 하였다. 기질은 성인이 되어도 크게 변하지 않으며, 유전에 의해 크게 영향을 받는다는 것을 알 수 있다.[9]

기질을 형성하는 데 있어 유전적인 영향이 크다 하더라도 부모의 양육방식과 같은 환경적 영향을 고려하지 않을 수 없다. 아동의 기질은 부모의 양육 행동과 상호작용에 의해서 변할 수 있다. 벨스키(J. Belsky), 피쉬(M. Fish), 이사벨라(R. Isabella)는 생후 3개월에 관찰된 아이의 기질이 생후 9개월이 되었을 때에도 지속적으로 유지되는지와 부모의 양육방식이 기질의 변화에 어떠한 영향을 미치는지 알아보았다. 이들은 아이의 긍정적인 기질(잘 웃고, 긍정적 정서를 보이며, 적극적으로 상호작용하는 기질)과 부정적인 기질(쉽게 짜증을 내고, 울음을 터뜨리는 까다로운 기질)을 측정하였고, 부모와 아이가 상호작용할 때 부모가 어떻게 행동하는지 관찰하였다. 연구 결과, 부모가 아이에게 민감하게 반응해 주며 영아와 함께 적극적으로 상호작용을 했을 때, 생후 3개월에 부정적이고 까다로웠던 아이의 기질이 생후 9개월에 조금 덜 부정적으로 바뀐 것을 볼 수 있었다.[10]

국내에서도 아이의 기질과 엄마의 온정적 양육 태도가 아동의 생활 만족도에 미치는 효과를 연구하였다. 온정적 양육 태도가 낮은 조건에서 신경증적 기질 특성이 높은 아이와 낮은 아이의 생활 만족도 차이가 컸으나 풍부한 애정과 관심을 주는 온정적 양육 태도가 높을 때에는 신경증적 기질 특성이 높은 아이와 낮은 아이의 생활 만족도 차이가 상대적으로 적은 것을 볼 수 있었다. 즉, 아이의 신경증적 기질이 강하더라도 엄마가 온정적 양육 태도를 보인다면 아이의 기질

9 곽금주, 『발달심리학 ― 아동기를 중심으로』 (서울: 학지사, 2016), 345.
10 위의 책, 345-346.

에 따른 부정적 효과를 낮출 수 있는 것으로 나타났다.[11]

　　부모의 양육 태도가 아이의 기질에 영향을 미치는 만큼 아이의 기질도 부모의 양육 태도에 영향을 미치기에 아이의 기질이 까다롭고 양육이 힘들다 하여 부모가 지나치게 죄책감을 가질 필요는 없다. 다만 기질은 선천적인 것이기에 아이의 기질을 바꾸기가 어렵다는 것을 인정하면서 긍정적 발달을 위해서 기질에 맞는 양육 환경을 제공해 주어야 한다. 작은 자극에도 민감하게 반응하는 아이에게는 주변의 소음과 산만함을 줄여 주고 새로운 자극과 환경에 서서히 노출시킨다. 느린 기질의 아이가 새로운 상황에 적응하는 데 시간이 오래 걸리면 다그치지 말고 믿고 기다려 준다. 더불어 아이가 일과를 예측할 수 있도록 해줌으로써 바뀐 일과에 적응해야 하는 수고를 덜어줄 수 있다. 한편 순하고 환경에 적응을 잘하는 아이의 경우에는 오히려 부모나 교사의 관심에서 멀어질 수 있기에 이러한 순응적 기질의 아이에게도 지속적인 관심이 필요하다. 부모나 교사의 요구에 순응하기만 하는 아이는 자칫 자율성이 낮아질 수 있기에 아이의 요구를 수시로 점검하고 이를 표현할 수 있도록 독려한다.[12]

　　부모는 자녀의 성격 형성에 강렬하고 심오한 영향을 미친다. 부모는 아이에게 유전자를 통해 성격적 기질을 전달할 뿐 아니라 양육 행동을 통해서 자녀의 성격 형성에 기여한다. 그렇기에 선천적, 후천적인 영향을 모두 미친다. 부모-자녀의 상호작용은 아이의 요구에 반응하는 부모의 민감성 정도와 아이의 기본적 욕구 충족과 돌보는 양육방식이 주를 이룬다.[13]

---

11 위의 책, 346.
12 송현주 외 9인, 『최신 발달심리학』, 305-306.

부모가 자녀와 상호작용하는 방식은 매우 다양한데, 두 가지 중요한 차원은 애정과 통제다. 아이에게 애정이 있는 부모는 아이의 여러 욕구에 민감하게 포착하며 반응해 주고, 아이는 자신이 부모에게 수용되고 인정받고 있다는 안정감을 느끼게 된다. 아이는 부모의 애정을 잃지 않기 위해 스스로 노력하게 됨으로써 강력한 훈육을 하지 않아도 쉽게 사회화할 수 있다. 그러나 때로 자녀에 대한 부모의 애정이 지나쳐서 아동의 욕구를 과도하게 만족시킴으로 아이가 자신의 욕구를 조절하는 자기 통제력 발달이 저해될 수 있다. 반면, 자녀에게 애정 없는 부모는 자녀 양육을 부담스럽게 여기고 자녀에게 분노와 적개심을 느끼며 거부적인 행동을 할 수 있다. 아이가 부모로부터 수용되지 못한다고 느낄 때 자아존중감이 낮고 불안 수준이 높은 성인으로 성장하게 된다.[14]

자녀에 대한 부모의 통제 역시 자녀의 성격발달에 중요한 영향을 미친다. 부모가 아이에게 부과하는 적절한 통제는 애정 못지않게 아이의 바람직한 성장과 발달에 중요한 영향을 미친다. 부모가 자녀에게 바람직한 행동을 하도록 지시하거나 바람직하지 못한 행동을 할 때 지적하고 제재를 가하는 통제적 양육을 훈육이라고 한다. 적절한 훈육을 통해서 아이가 스스로 자신의 욕구를 조절하는 유연한 자기 통제력과 자기조절 능력을 발달시키는 것은 건강한 성격을 형성하는 데 매우 중요하다. 아이를 거의 통제하지 않고 지나치게 허용하거나 심한 통제를 가하게 되면 자녀의 건강한 성격발달을 저해할 수 있다.[15]

---

13 권석만, 『인간 이해를 위한 성격심리학』 (서울: 학지사, 2017), 191-192.
14 위의 책, 192.

3. 사회적 모방

반두라(Albert Bandura)는 아이가 수행하는 학습의 많은 부분이 사회적 상황에서 '모방'을 통해 일어난다고 생각하면서 모방 학습에 관심을 가졌다. 반두라는 전통적인 학습이론의 자극과 반응, 강화 등의 개념에 대한 인간의 능동적이고 인지적인 능력에 무게를 두었다. 인간은 동물들처럼 직접적인 강화나 벌이 없이 새로운 학습이 가능하다고 보았다. 즉, 인간은 사회적 존재로서 동물과는 달리 사고하며 예측할 수 있는 인지능력을 가지고 있고, 환경과 능동적으로 상호작용하며 인지적인 사고 과정을 거치기에 영유아의 발달적 변화는 주로 관찰학습에 의해 이뤄진다고 보았다.[16]

유아가 형제자매의 행동이 칭찬이나 꾸중을 받는 것을 본 후, 자신은 직접적인 강화나 벌을 받지 않아도 형제자매의 행동이나 강화받는 모습을 관찰하며 학습하는 것을 '대리학습' 혹은 '관찰학습'이라고 한다. 관찰학습은 '모방'과 '모델링'의 두 가지 형태를 취한다. '모방'이 아이가 타인의 행동을 그대로 따라 배우는 것이라면, '모델링'은 아이가 부모 및 다른 모델의 행동을 관찰하며 다양한 강화를 통해서 그들의 행동과 특성을 내면화시키고 자신이 마치 그 사람인 것처럼 행동하는 '동일시'의 개념을 포함한다.[17]

동일시의 모델이 아이에게 얼마나 영향을 줄 것인지는 그 모델이 되는 대상과 영유아와의 관계, 모델의 특성, 아이의 모델에 대한 지

---

15 권석만,『인간 이해를 위한 성격심리학』, 192.

16 홍순옥 · 김인순 · 박순호,『영유아 발달』(파주: 양서원, 2017), 73.

17 위의 책, 73-74.

각 등에 달려 있다. 사회학습 과정에서 아이의 인지 발달 수준이 모델의 행동을 관찰할 수 있는 능력, 기억 능력, 관찰한 후에 모델처럼 행동하는 방식에까지 영향을 미친다.[18]

　　이러한 관찰학습은 주의집중 과정, 파지 과정, 운동 재생 과정, 동기적 과정의 순으로 이루어진다. 주의집중 과정은 학습의 첫 단계로 아이가 모델의 행동에 주의를 기울여야 한다. 파지 과정은 관찰한 내용을 기억하는 단계인데 반두라에 의하면 모방을 할 때 그 행동을 말로 바꾸어 표현한다든가 영상이나 이미지로 그려보는 경우에 더 학습이 잘 이뤄진다고 한다. 운동 재생 과정은 관찰을 통해 기억하게 된 새로운 내용을 직접 수행하면서 시연하는 과정을 통해 모델의 행동과 일치되도록 자신의 수정을 행동하면서 이뤄진다. 동기적 과정은 새로운 행동을 학습했더라도 그 행동을 하느냐의 유무는 강화 요인에 달려 있다는 것이다. 아이가 모델의 행동을 모방함으로써 직접 강화를 받거나 받을 수 있을 것을 예측한다면 그 행동이 실제 일어날 수 있다는 것이다.[19]

　　반두라의 이론에서 강화의 기능이 중요하다. 첫 번째는 모델과 같은 행동을 하면 자신도 강화 받을 것이라는 기대를 가지게 해주기에 그렇다. 두 번째는 관찰을 통해 익힌 행동을 수행으로 이끌어 주기에 그렇다. 즉, 모델이 강화를 받는 행동을 관찰함으로써 자신이 직접 강화를 받지 못하여도 학습한 행동에 대한 강화 여부의 정보에 의해 동기부여가 되는 것이다. 그리고 자신의 수행 수준과 자기 효율성을 판단하여서 수행 여부를 결정하는 것이다. 이것은 외적 강화,

---

18 위의 책, 74.
19 위의 책, 74-75.

대리 강화, 자기강화에도 영향을 주는 것을 알 수 있다. 반두라의 사회학습이론은 인간의 인지적, 사회적, 정서적(동기적) 측면을 고려하여 관찰학습의 과정을 구체적으로 보여주었다. 사회학습이론은 다른 학습이론과는 달리 학습 수행에 있어서 인간의 능동적 역할을 강조하고 있다.[20]

4. 자기와 대상에 대한 정신적 표상

유아는 자기 자신에 대하여 주변 환경 속의 대상이나 주변의 중요하고 의미 있는 사람들과 관계를 맺으며 경험한다. 이를 통해 자기에 대해 갖게 되는 정신적 표상이 바로 자기표상이다.[21]

자기 및 대상에 대한 정신적 표상들은 보통 감정적 에너지를 그들 자체에 포함하고 있다. 이 감정적 에너지는 발달 초기에는 유아의 쾌, 불쾌의 감각과 일치한다. 유아의 내면에 불쾌감을 일으키는 것은 유아의 내부로 받아들여져 나쁜 대상으로 내면화된다. 즉, 유아는 정신적으로 아직 미성숙하기 때문에 그 세계를 '나한테 좋다' 혹은 '나에게 고통을 준다'라는 식의 주관적 측면으로만 경험한다. 아이가 만일 쾌감을 느끼면, 자기를 만족시키는 대상으로 인해 욕구가 충족되었기 때문에 '좋다'라고 느끼는 것이다. 만일 불쾌감을 느낀다면 아이는 '나쁜' 표상을 가지게 되고 그 욕구는 채워지지 않은 채로 있을 것이다.[22]

---

20 위의 책, 75.

21 Michael St Clair/안석모 역,『대상관계이론과 자기심리학』(서울: 센게이지러닝코리아
　(주), 2010), 11-12.

유아가 형성하는 최초의 대상 표상은 부분 대상들이기에 그렇다. 유아는 지각적인 면과 감정적인 면에서 아직 성숙하지 못하였기에 제한적인 지각만을 가질 수밖에 없고, 한순간에 그 실제 대상의 한 특징만을 지각할 능력이 있을 뿐이다. 모유 수유에서 유아에게 만족감이 오면 그것은 '좋은 것'이고, 좌절감이 오면 그것은 '나쁜 것'이다. 유아는 이 두 가지 관념이나 생각을 동시에 갖는 것이 불가능하다. 따라서 자기의 엄마가 '좋기도' 하고 '나쁘기도' 한 것을 생각할 수 없다. 유아는 성장과 발달을 거치면서 점차적으로 엄마를 전체 대상으로, 즉 만족시키기도 하고 동시에 좌절시키기도 하는 사람으로 볼 수 있는 능력을 갖게 된다.[23]

한 사람의 자기표상은 그가 타인과 세상과 어떻게 관계를 맺을지에 영향을 미친다. 예를 들어 한 남자가 생애 초기에는 가난하게 살다가 나중에 부자가 되었다고 가정해 보자. 그러나 그의 '자기 이미지'는 변하지 않고 그대로일 수도 있는데 이렇게 되면 그는 여전히 옷을 남루하게 입을지 모른다. 왜냐하면 그는 아직도 자신을, 돈을 아껴 저축을 해야 하며, 옷 같은 것에 돈을 '낭비'해서는 안 되는 사람으로 보기에 그렇다. 객관적으로 그 사람이 부자인 것을 알 수 있다. 그러나 그 부자가 어떻게 돈을 쓸지 영향을 미칠 내면적 자기 이미지에 대해서는 관찰자도 단지 추측만 할 수 있을 뿐이다.[24]

---

22 위의 책, 12.
23 위의 책, 14.
24 위의 책, 12-13.

III. 인지 발달

아이가 1.5세 전후가 되면 아이의 시각, 청각, 후각, 촉각, 미각 등 감각기관들의 기능이 급속히 발달하기 시작한다. 걸음마기의 유아는 활동량이 증가됨에 따라 인지능력도 함께 증가된다. 유아기는 감각운동기 후기에 해당하기 때문에 이 시기의 인지 발달은 아이의 신체 활용 능력과 연결되어 있다. 예를 들면 18개월 전후의 아이는 구슬을 집어서 박스 속에 넣을 수 있게 되고, 22개월 전후의 아이는 플라스틱이나 고무로 만든 육면체를 여섯 개 정도 쓰러뜨리지 않고 쌓아 올릴 수 있게 된다.[25]

걸음마기는 감각운동기로부터 전조작적 사고로의 전환이 서서히 이루어지는 시기이다. 몸으로 행동하기 전에 먼저 나름대로 생각을 하기 시작한다는 것이다. 이러한 예는 바로 피아제의 딸 루시엔느 (Lucienne)가 18개월이 지났을 때 피아제가 시행했던 '루시엔느와 성냥갑' 실험에서 찾아 볼 수 있다.[26]

피아제는 성냥갑 속에 예쁜 사슬을 넣고 성냥갑을 닫았다. 그러자 루시엔느는 그 사슬을 꺼내려고 성냥갑을 뒤집고 성냥갑 틈 속에 손가락을 집어넣곤 하였다. 하지만 이런 동작으로는 사슬을 꺼낼 수 없었다. 그러자 루시엔느는 잠시 동작을 멈추고 성냥갑의 틈을 한참

---

25 유아의 신체활동 능력과 나이의 상관관계는 "캐텔 유아 테스트"(Cattel Baby Test)나 "베일리 유아 발달 검사"(Bayley Scale of Infant Development)를 보면 자세한 설명이 나와 있다. Sueann Ambron & David Brodzinsky ed., *Lifespan Human Development* (New York: Holt, Rinehart and Winston, 1979), 145.

26 William Crain, *Theories of Development* (Englewood Cliffs, NJ: Prentice-Hall, 1980), 80-81.

주의 깊게 바라보았다. 그러더니 그녀의 입을 크게 벌렸다 닫았다 하는 동작을 되풀이하였다. 그러기를 몇 차례 하더니 드디어 성냥갑을 열고 사슬을 꺼낼 수 있었다.

똑같은 상황 하에서 감각운동기에 있는 아이는 계속해서 이런저런 시도와 동작을 통해 우연히 성냥갑을 열 수도 있다. 하지만 전조작적 사고로의 전환기에 있는 아이는 잠시 자신의 시도와 동작을 멈추고, 문제를 해결할 수 있는 실마리를 찾기 위해 '생각'을 하기 시작한다는 데에 차이가 있다. 해결되지 않는 시도와 동작을 계속 되풀이하는 것보다는 잠시 멈추고 실마리를 찾기 위해 생각하는 시간을 갖는 것은 문제 해결을 위해 대단히 중요하다.

루시엔느의 경우, 비록 문제 해결을 위한 아이디어를 언어화시킬 수 있는 능력은 없다 하더라도 입을 열고 닫는 동작을 통해 그러한 아이디어를 형상화할 수 있는 능력을 발달시켜 나가고 있음을 볼 수 있다. 이러한 단계는 아이가 비로소 감각운동기로부터 전조작적 사고(pre-operational thinking)의 단계로 점진적으로 옮겨가고 있음을 보여준다.[27]

아이의 인지 발달이 정상적으로 이루어지려면 아이의 신체적 활동과 심리적 활동을 적절히 자극할 뿐 아니라 그 필요를 채워줄 수 있는 환경이 무엇보다 중요하다. 신체적, 심리적 환경이 아이의 신체적, 심리적 건강에 미치는 영향력은 대단히 크다. 성인이 된 후에도 사업의 실패, 소외, 단절, 투옥 등 환경의 변화가 성격 및 건강에 많은 영향을 미치는 것을 생각해 볼 필요가 있다. 성인에게도 환경이 중요

---

27 위의 책, 81.

하다면, 아직 온전한 자아 형성이 이루어지기 이전의 시기, 즉 자아와 성격이 형성되어 가는 유아에게 신체적, 심리적 환경의 중요성은 아무리 강조해도 지나치지 않다.

IV. 언어 발달

걸음마기에 이르게 되면 유아들은 말을 하기 시작한다. 생후 24개월경 유아는 문장을 만들기 위해 2개 이상의 단어가 결합된 형태의 언어를 사용하게 된다. 초기의 결합 형태는 명사와 동사의 결합으로 이루어지는 전보문장식이며, 자기중심적인 특성을 갖는다. 두 단어 문장은 한 단어 문장에 비해 보다 정교하고 명료하며, 두 단어 가운데 강세의 위치에 따라 자신이 원하는 바를 강조하게 된다. 두 단어기의 특징은 기능어는 생략되고 내용어로 구성된 문장을 사용한다는 것이다. 또한 이 시기부터는 언어 발달의 속도가 빨라져서 곧 세 단어나 네 단어의 조합이 나타난다.[28]

이때 아이들은 자기가 할 수 있는 말보다 훨씬 더 많은 단어들을 들을 수 있고 이해할 수 있다. 2세가 되면 보통 200여 어휘를 이해할 수 있게 된다.[29] 말을 할 수 있고 들을 수 있는 능력이 생겨남에 따라 아이의 인지능력과 의사소통 능력은 현저하게 증가하기 시작한다. 아이가 처음에는 그 의미를 잘 이해하지 못하면서도 말을 따라 할 수 있다. 예를 들면 크레용을 손에 들고 벽으로 걸어가서 낙서를 하

---

28 홍순옥 · 김인순 · 박순호, 『영유아 발달』, 221.
29 Sueann Ambron & David Brodzinsky ed., *Lifespan Human Development*, 166.

면서 동시에 엄마, 아빠나 양육자 흉내를 내어 "안돼, 안돼" 소리를 내면서도 여전히 그림을 그리고 낙서를 할 수 있다. 그러다가 어느 정도 더 나이가 들게 되면 크레용을 들고 벽에 다가갔다가 "안돼, 안돼"하면서 머뭇거리다가 낙서를 하는 대신 뒤로 돌아서게 된다. 비로소 '안 돼'라는 말이 뜻하는 바를, 입으로만이 아니라 머리와 몸으로 이해하고 그에 따라 행동할 수 있게 되었음을 보여주는 것이다.[30]

말을 할 수 있다는 사실은 아이의 생활에 커다란 변화를 가져오게 된다. 특정한 행동과 상황을 말로 표현할 수 있게 됨으로써 그러한 행동과 상황에 대한 명확한 이해를 가능케 할 뿐 아니라 그러한 행동과 상황을 재현할 수 있는 능력을 습득하게 되기 때문이다. 유아들은 주로 단순한 명사와 동사를 사용한다. 그리고 자기 자신에 관해서나 다른 사람과의 관계성에 대해 말하기보다는 주로 자기 자신에게 말을 하거나 자기의 요구를 말로 표현하게 된다.

V. 도덕성 발달

도덕성의 단계는 전적으로 타율적이고 의존적인 가장 초보적인 단계에 머무른다. 옳고 그름의 판단의 기준은 철저히 부모나 양육자의 권위에 의해 설정되기 때문에 자신은 그러한 권위에 복종하는가, 거역하는가에 따라 옳고 그름의 여부가 결정된다.

걸음마기의 아이는 "테이블 위에 올라가지 말아라" 하는 엄마의

---

30 위의 책, 166-167.

금지명령과 테이블 위에 올라가고 싶은 자신의 욕구 사이에 일종의 갈등을 느끼게 된다. 아이는 엄마의 명령과 자신의 욕구를 함께 충족시킬 수 있는 방안을 찾고 싶어 한다. 그래서 "테이블 위에 올라가지 말아라" 하는 말을 되풀이하면서도 여전히 테이블 위에 올라가곤 하다가 어느 때부터는 테이블 위에 올라가는 행동을 그만두게 된다. 그것은 "테이블 위에 올라가지 말아라" 하는 엄마의 말을 자기 자신의 내적 지침으로 변환시킴으로써 자기 자신이 자기에게 "테이블 위에 올라가지 말아라" 하는 지시를 하는 것으로 내재화시키는 과정을 거치게 되는 것이다. 이것은 곧 "내가 원해서 올라가지 않는 것이다"라는 제3의 방안을 향해 나아감으로써 엄마의 명령도 충족시키고, 자신의 자율적 요구도 충족시키게 된다는 것이다.[31]

걸음마기가 되면 아이들은 나름대로의 최초의 상징물을 지니게 된다. 그것은 곰 인형, 베개, 담요 등 자기에게 친숙하고 자기가 좋아하는 그리고 자신을 편안하게 해주는 대상인 것이다. 아이에게 과도기적 대상물은 일종의 '신성한 특성'(sacred quality)을 지닌 것으로 여겨진다. 그것은 남이 가져서도 안 되고, 그것을 세탁하거나 변형시켜서도 안 된다.[32] 자신만의 익숙하고 친숙한 냄새, 모양, 색깔, 감촉을 지니고 있는 것이어서 그것이 마음을 편안하게 해주고 편안한 잠을 잘 수 있도록 도와주는 것이기 때문이다. 발달심리학자들은 과도기적 대상물들은 아이에게 대단히 중요한 의미를 지닌다고 지적한다. 부모나 가족과 떨어져 있거나 할 때도 부모, 가족과 연결시켜 주는

---

31 James Loder, *The Logic of the Spirit: Human Development in Theological Perspective* (San Francisco: Jossey-Bass Pub., 1998), 132-133.
32 위의 책, 133.

역할을 하기 때문이다. 비록 어린아이라 하더라도 공허감, 단절감, 두려움, 불안을 극복하기 위해서는 무엇인가 자신을 지탱해 줄 수 있는 대상이 필요함을 느끼는 것이다. 부모로부터 조금씩 분리되어 스스로 자신의 세계를 구축해 나가는 데 도움과 지지를 주는 과도기적 대상물이 아이에게 필요한 것이다.33 유아에게 과도기적 대상물이 인형이나 베개라면 차차 시간이 지남에 따라 동성 친구, 이성 친구, 배우자, 신념, 신앙 등이 자신을 생존과 성숙을 위한 과도기적 대상물로 나타날 수 있다. 신학적 인간학의 관점에서 볼 때, 유한하고 가변적이고 일시적인 이 세상의 삶으로부터 무한하고 불변하고 영원한 하늘나라로 우리를 인도해 줄 '과도기적 절대 대상'(the Absolute Transitional Object)이 인간에게 있어 절대적으로 중요함을 시사해 준다.

아이들은 시간이 지나면서 양심이 발달하기 시작한다. 2세가 되면 유아는 도덕적 기준과 규칙을 인식하기 시작하고 자신이 잘못했을 때 죄책감의 징후를 보인다. 이 두 가지 양심 요인, 즉 규칙을 따르려는 바람과 그렇게 하지 못할 때 느끼는 죄책감에서 개인차는 22~45개월의 초기 발달 동안 매우 안정적이다. 점점 커지는 타인의 감정과 목표에 대해 유아가 이해하는 것과 공감적으로 관심을 갖는 것은 양심 발달에 기여하는 요인일 것이다.34

아동의 기질이 다르면 양심이 발달하는 방식도 다르다. 어린 연령에서 친숙하지 않은 사람이나 상황들에 대해 겁이 많은 유아들은

---

33 위의 책, 133-134.

34 Robert S. Siegler et al./송길연 외 3인 역, 『발달심리학』 (서울: 시그마프레스, 2019), 545.

겁이 없는 유아들보다 더 많은 죄책감을 보이는 경향이 있다. 겁이 많은 아이들은 어머니가 함께 추론하고 순종에 대해서 비물질적 유인가를 제공하며 부드러운 훈육을 할 때 양심의 발달이 촉진되는 듯하다. 겁이 많은 아이에게 부드러운 훈육은 어머니의 말에 주의하고 기억하기에 충분할 정도로 각성시킨다.[35]

대조적으로 겁이 없는 어린아이들에게 부드러운 훈육은 양심의 발달과 관련이 없는 듯하다. 아마 부드러운 훈육이 그들의 주의를 각성하기에 충분하지 않기 때문으로 보인다. 겁이 없는 아이들의 양심 발달을 육성하는 것은 안전 애착과 상호 협동이 특징인 부모-자녀 관계이다. 겁이 없는 아이들은 어머니에 대한 두려움보다 어머니를 기쁘게 하려는 바람에서 동기부여를 받는 듯하다.[36]

양심의 초기 발달은 유아가 부모나 사회의 도덕적 가치를 수용할 것인지의 여부에 기여한다. 실제로 아이가 느끼는 죄책감의 행동적 및 정서적 표현에 대한 종단적 평가에서 22개월과 45개월 아이의 죄책감 수준은 54개월의 도덕성을 예측했다. 2~4세에 부모의 규칙에 대한 아동의 내면화는 67개월의 도덕적 자기지각을 예측했다. 이렇게 초기 부모-자녀 간 훈육적 상호작용의 성질은 아동의 이후 도덕적 발달을 위한 토대가 되는 것을 알 수 있다.[37]

---

35 위의 책, 546.
36 위의 책, 546.
37 위의 책, 546.

VI. 심리-성적 발달

1. 프로이드의 구순기와 항문기

1.5세에서 3세에 이르는 유아기는 구순기(oral stage)에서 항문기
(anal stage)에로의 전환이 일어나는 시기이다. 이 시기에는 젖을 빠
는 즐거움과 관심 못지않게 자기 몸에서 나오는 배설의 즐거움과 관
심이 고조되는 시기이다. 유아들은 괄약근 조절 능력이 생겨남에 따
라 더 이상 참을 수 없을 때까지 소변이나 대변을 참았다가 갑자기
방출하는 행동을 하기도 한다. 이런 행동들이 방출의 재미와 즐거움
을 주기도 하고, 자기가 대소변의 보유와 방출을 마음대로 조절할 수
있는 자율적 능력을 스스로 즐기기도 한다. 또한 유아들 중 상당수는
자기 몸에서 자기가 만들어 낸 배설물을 호기심을 가지고 장난치기
도 한다.[38]

아이가 처음으로 부모로부터 강력한 제지를 받게 되는 것은 바로
이러한 행동을 하게 될 때이다. 유아기에 이르러 처음으로 배변훈련
이라는 사회적응 훈련을 받게 되는 것이다. 그들의 자유가 억압되고
외적 압력에 의해 훈련이 시작될 때, 유아들은 다양한 방식의 저항을
보일 수 있다. 아이들은 일부러 대소변을 아무 데나 흘리기도 하고,
대소변 대신 자기 주변이나 물건들을 엉망으로 만들어 버리기도 한
다. 이러한 행동은 '항문 폭발형' 성격으로 고착되어 성장한 후에도
자기 방, 사무실, 주변 등 매사가 어수선하고 정리가 안 된 상태로

---

38 William Crain, *Theories of Development*, 128.

벌려 놓는 성격으로 나타날 수 있다.

반대로 유아들이 대소변을 끝까지 참아서 일종의 변비에 시달리기도 한다. 이러한 행동은 '항문 강박적' 성격으로 고착되어 성장 후에는 결벽증적으로 지나치게 청결에 집착하거나 꼼꼼하거나 인색한 형태로 나타나기도 한다. 이런 아이들은 부모나 양육자의 지시에 거역하는 것은 위험하다고 판단하고 그 지시에 철저하게 복종하고 따르는 태도를 취한 것이다. 이처럼 '항문 강박적' 성격을 지닌 아이들 역시 내면에는 지시와 권위에 대한 일종의 분노와 적개심을 가지고 있으면서도 공공연하게 드러내어 보이지 못하고 있다고 프로이드는 진단한다. 이런 유형의 아이들은 자신이 세운 규율에 철저한 나머지 다른 사람들의 입장을 잘 인식하지 못하는 경향이 있다. 이런 유형의 아이들은 마치 자기의 배설물을 가지고 마음대로 놀지 못하도록 금지당한 대신 성장 이후에 주어지는 규율, 지위, 권력, 돈 등 자신의 소유를 남들이 빼앗아 가지 못하도록 방어하고 집착하는 경향을 보인다는 것이다.[39]

아이가 자신의 몸에서 나온 묘한 생산물을 신기해하고 재미있어하는 반면, 주위 어른들이 그것을 더러워하고 불쾌해하는 것을 경험하는 아이는 자기 자신에 대한 회의와 수치심이라는 일종의 부정성을 체험한다. 자신의 몸에서 자연적으로 발생되는 것들을 거부하고 불결하게 여기는 거부와 부정의 경험은 아이의 내면에 자리 잡게 되고 이러한 거부와 부정, 수치와 회의는 이후 세상을 향해 재투영 된다. 이러한 거부와 부정으로부터 자신의 존재와 생존을 지키기 위해

---

39 위의 책, 129.

아이의 자아는 일종의 방어적 태도와 함께 공격적 태도를 동시에 취하기 시작한다.

2. 에릭슨의 자율성 대 수치/회의 단계

이러한 대소변 훈련은 아이가 자신의 의지를 드러내고 행사하는 시기와 맞물린다. 에릭슨에 의하면 이 시기는 자율성 대 수치/회의의 자아 덕목이 형성되는 시기이다. 자율성은 일종의 자기 통제감 내지 통제 능력을 처음으로 습득하게 되는 것을 의미한다. 지혜롭고 따뜻한 애정을 지닌 양육자를 통해 이러한 자율성을 자연스럽게 습득하게 될 때, 아이는 후에 자신에 대한 긍정적 이미지를 형성하고 건강한 자아존중감을 가지게 된다. 하지만 이러한 건강한 자율성을 습득하지 못하게 되면 자신에 대한 긍정적 이미지를 형성하지 못할 뿐 아니라 자신에 대한 과도한 수치심과 회의감을 지니게 된다. 따라서 유아기의 적절한 배변훈련과 함께 건강한 자율감을 갖게 되는 것은 아이의 원만한 성격 형성을 위해 대단히 중요하다. 아이의 소변과 대변은 자신의 몸에서 나온, 어떤 의미에서는 자신이 만든 일종의 신기한 생산물이다. 이것에 대해 부모가 어떻게 반응하는가 하는 것은 아이의 자기 이해에 중요한 영향을 미치게 마련이다. 냄새나고 더럽고 몹쓸 것이라는 지나치게 부정적인 반응을 하게 되면 아이는 의식적, 무의식적으로 자신이 무가치하거나 불결한 존재로 여기게 된다. 한국의 전통 육아법 중에 "우리 애기 똥 예쁘게 쌌네"라는 표현은 아이로 하여금 긍정적 자아상을 지니도록 도와주는 선조의 지혜가 담긴 말이라 할 수 있다.

3. 유아기 자아개념

자아개념은 한 개인의 자신에 대한 견해로서 개인이 처해 있는 삶의 장에서 자기 자신을 어떻게 느끼고 지각하느냐로 정의된다. 자아개념은 자신의 특성, 즉 성, 외모, 성격, 능력, 흥미 등에 대해 지각하는 생각, 관념, 태도, 신념을 포함하여 자신의 전체에 대해 갖게 되는 상세하고 개인적인 평가라 할 수 있다. 자아개념과 유사한 관련 용어로 자신감, 자기수용, 자아상, 자기 평가, 자아존중감, 자기 효율성, 자아 효능감 등이 혼용되기도 한다. 자아 인식은 자아개념의 가장 기초적 수준으로 자신과 타인이 별개의 존재임을 알고 서로 구분할 수 있는 능력이다. 유아는 인지 발달과 사회적 경험에 따라 타인과는 분리되어 존재하는 개인으로서의 자신을 인식하게 되고 점차 자신과 타인과의 비교를 통하여 자신의 특성과 능력, 태도, 성 등과 같은 신념 및 가치인 자아개념을 발달시킨다.[40]

유아기에는 중요한 자신의 범주를 토대로 자아개념을 형성하게 되는데, 이 시기에 주로 사용하는 범주는 연령과 성, 이름, 나이, 특기, 신체적 특징, 자신이 다니고 있는 교육기관, 살고 있는 곳 등 주로 외현적 특성과 자신의 소유를 중심으로 지각한다. 일반적으로 3~4세의 유아는 주위 물건이나 사람에 대해서도 '내 자동차, 내 모자, 우리 유치원' 등 소유 개념을 표현함으로써 소유물에 대한 강한 집착과 고집을 나타내게 되며 이러한 소유 개념 표현은 자아에 대한 개념이 발달하여 '나'에 속한 물건이나 사람에게까지 확대되어 간다.[41]

---

40 홍순옥 · 김인순 · 박순호, 『영유아 발달』, 363.
41 위의 책, 364.

유아가 4~5세 정도 되면 자신을 탐색하고 자기의 능력이나 한계를 확인하기 위해 종종 주변의 일을 주도하고 시도한다. 이는 자아개념의 발달로 인해 독립심과 자율에 대한 주장이 늘어나는 것이다. 이렇게 자신의 능력이나 한계를 확인해 보고자 하는 시도들로 인해 유아는 자신감과 상상력, 탐구력이 동반되고 성취감으로 발전된다.[42]

유아의 자아개념은 일상생활 적응과도 관계가 깊은데, 개인이 자신에 대해 가지는 자아개념은 자신의 행동에 많은 영향을 미칠 뿐 아니라 성격과 정신건강에 직접적인 영향을 준다. 그러므로 한 개인이 자신에 대해서 어떻게 지각하고 있는지 알 수 있다면 그 개인을 잘 이해하는 것이다. 자아개념은 인간에게 있어 매우 중요한 발달특성이 된다.[43]

유아는 나이가 들어감에 따라 자신을 다양한 차원에서 설명할 수 있고, 같은 차원 안에서 자신과 타인을 비교하는 것이 가능해지면서 자아개념도 점점 복잡해진다. 유아는 인지적 능력과 더불어 다른 사람으로부터 듣게 되는 자신에 대한 이야기를 통해 자아개념을 더 발달시켜 나가는데 이러한 자아개념에는 자아상과 자아존중감의 두 가지 요소가 포함된다.[44]

자아상이란 자신의 내적 모습으로서 자신이 어떤 특성을 어느 정도로 지니고 있는가에 대한 개인의 생각이다. 자아상에는 지각된 현실 자아와 이상 자아가 있다. 현실 자아는 자신의 실제적 특성에 대해 갖는 생각이며, 이상 자아는 자신이 되기를 원하는 자신의 모습이

---

42 위의 책, 364.
43 위의 책, 364.
44 위의 책, 364.

다. 이 두 가지 자아 사이의 적당한 불일치는 유아에게 합리적이고 도달 가능한 도전이 되기에 발달의 원동력이 될 수 있다. 그러나 이 둘의 지나친 일치는 침체를 가져오기 쉽고, 반대로 많은 불일치는 실패와 손상된 자아존중감을 일으킬 수 있다.[45]

유아의 자아개념 형성과 사회화 과정에서 중요한 영향을 미치고 있는 것은 부모의 양육 태도이다. 유아가 인생 초기에 어떤 경험을 하느냐에 따라 자아개념 형성에 지속적인 영향을 준다. 따라서 부모와 교사는 유아에게 발달에 적절한 과업을 제공하여 유아가 긍정적인 자아개념을 형성할 수 있도록 도움을 주어야 한다.[46]

VII. 양육자를 위한 지침

1. 금지명령

유아들을 돌보는 양육자들은 아이들에게 '안 돼'라는 금지와 부정을 명할 때, 보다 분별 있고 사려 깊을 필요가 있다. 무엇보다 일관성이 있어야 한다. 양육자의 기분과 상태에 따라 일관성이 없는 금지와 부정은 아이들에게 혼란과 의문을 가중시킨다. 또 그 정도가 너무 심해서 지나치게 엄격하거나 반대로 지나치게 관대한 나머지 무조건적 허용이라는 극단을 피해야 한다. 아이의 안전과 더불어 아이의 적절한 자율성이 보장될 수 있도록 적절한 경계선이 유지되어야 한

---

45 위의 책, 365.
46 위의 책, 365.

다.[47] 야단을 치거나 벌을 주는 것보다는 칭찬을 하거나 상을 주는 방식의 긍정의 방법이 더 많은 교육적 효과가 있을 뿐 아니라 아이에게 선택의 권한과 자유를 보장해 줌으로써 더 많은 자율성을 확보할 수 있게 해준다. 비록 아이가 아직 어리고 말을 잘 알아듣지 못한다 하더라도 아이가 이해할 수 있을 때까지 계속 설명해 주고 설득하고 대화해 나가는 것은 매우 중요하다. 아이와 인격적 교류와 교감이 일어날 수 있도록 함으로써 아직 어리지만 자신의 인격과 선택의 자유, 자율성을 키워주어야 하는 것이다.

2. 훈육

걸음마기 유아들은 드디어 걷기 시작하고 차차 뛰기 시작하지만, 넘어질 수도 있고 여러 가지 위험에 노출될 수 있다. 유아들은 현실 감각이 현저히 부족할 뿐 아니라 철저히 자기중심적이어서 성인들은 물론 또래 아이들, 형제, 자매들과 수시로 갈등을 일으키게 된다. 유아들의 안전을 위해서나 주위 다른 사람들과 기본적인 사회적 관계성 유지를 위해서라도 걸음마기 아이들의 자기중심적 행동에 제재를 가하기도 하고 기본적 훈육을 시도하게 된다. 이처럼 훈육은 필요한 것임에 틀림없지만, 적절한 형태와 정도를 벗어나게 될 때, 아이와 양육자의 관계 사이에 관계적 문제뿐 아니라 아이의 성격과 기질에 심각한 문제를 초래할 수 있다.

훈육은 긍정적 강화와 부정적 강화의 두 가지 범주로 나누어 볼

---

47 Erik Erikson, *Childhood and Society*, 51 이하.

수 있다. 긍정적 강화는 부모가 유아에게 하나의 모델과 모범을 보여줌으로써 아이가 부모의 행동과 태도를 따라 모방하도록 도와주는 것이다. 이렇게 함으로써 아이는 부적절한 행위를 억제하는 것뿐 아니라 어떻게 하는 것이 적절한 행동과 태도인가 하는 것을 배우게 된다. 긍정적 강화는 모범을 통한 모방을 유도하는 것이라면, 부정적 강화는 바람직한 행동을 자제하도록 하는 행동 교정의 의미를 지닌다.48

1) 물리적 훈육

아이에게 소리를 지르거나 신체적 억제나 체벌 등을 통해 물리적으로 아이를 훈육하는 방법을 뜻한다. 대체로 물리적 방법에 의해 훈육된 아이들은 낮은 도덕성 발달을 보이며 공격적인 강한 경향을 나타낸다. 버스(D. M. Buss, 1981)는 매우 활동성이 높은 유아와 부모의 관계에서 보다 갈등적인 상황이 나타난다고 주장한다.49 지나치게 활동적인 유아들의 부모는 자녀의 행동을 통제하기 위해 물리적 훈육을 시도하는 경향이 많다는 것이다.

물리적 훈육이 선호되는 이유는 우선 그 효과가 즉각적이고 손쉽다는 데 있다. 실제 유아들이 바람직하지 않은 행동을 할 때, 양육자가 물리적 훈육을 하게 될 때 그 행동이 즉시 억제된다고 한다. 하지만 전반적으로 볼 때, 물리적 훈육은 잘못된 행동이 이미 벌어진 후에야 사용되기 때문에 아이의 공격적 충동을 억제하기보다는 오히려 더 부추기는 역기능을 지니고 있다.

---

48 김태련 · 장휘숙, 『발달심리학』, 148-151.
49 D. M. Buss, "Predicting Parent-Child Interactions from Children's Activity Level," *Developmental Psychology* Vol. 17(1981): 59-65, 위의 책 149에서 재인용.

2) 애정 철회

바람직하지 못한 행동을 한 유아에게 양육자는 실망, 불인정, 무
관심 등을 나타내고 아이와의 의사소통을 거절하는 방법을 취한다.
구체적으로 양육자가 밖으로 나가거나 몸을 아이로부터 돌림으로써
일종의 거부 의사를 표현한다. 애정 철회는 유아로 하여금 양육자의
의도에 따르게 하는 효과를 가지고 있음이 분명하다. 물리적 훈육에
비해 훨씬 덜 공격적이라는 장점을 가지고 있다.

하지만 이러한 방법은 도덕적 가치를 아이에게 내면화시키기에
는 그다지 바람직한 방법이라 할 수 없다. 애정 철회 방법은 양육자
가 유아에게 바람직한 행동을 제시해 주기보다는 단지 유아의 문제
행동만을 지적하는 것에 그치고 있기 때문이다. 이러한 방법은 유아
의 승인 욕구를 자극함으로써 불안을 야기하게 된다. 이렇게 해서는
특정 행동을 왜 해서는 안 되는가에 대한 충분한 설명을 듣지 못함으
로써 납득과 동의를 할 수 있는 기회가 주어지지 않는다. 유아는 자
신의 행동 때문에 생겨나는 불안감으로 인해 단지 외적으로만 양육
자의 권위와 지시에 일치하게 된다. 여전히 내적인 문제는 해결되지
않고 납득되지 않았기에 불안감이 가라앉고 나면 언제고 같은 행동
이 반복될 수 있는 문제를 지니고 있다.

3) 유도기법

양육자는 아이의 그러한 행동이 왜 바람직하지 못한가에 대해 아
이가 납득할 수 있는 수준의 언어와 표현으로 아이에게 전달할 수
있다. 물리적 방법이나 애정 철회 방법과 달리 유도기법은 어떤 행동
을 자제하고 대신에 어떤 바람직한 행동을 해야 하는가를 제시해 준

다. 유도기법은 행위의 결과가 주위 사람들에게 어떠한 영향을 미치는가를 납득시킴으로써 유아의 감정이입이 가능하도록 도와준다.

　　유도기법으로 유아를 훈육하는 양육자는 애정적이고 수용적인 분위기를 형성하며, 의사소통이 활발히 이루어지는 민주적 분위기 형성을 가능케 한다. 유도기법으로 양육을 받은 아이들은 다른 방식으로 양육된 아이들에 비해 책임감과 사회성이 발달하고 타인의 입장을 고려하는 동시에 자신을 신뢰하는 긍정적 자아상을 갖게 될 확률이 더 높다. 유도기법은 양육자와 유아 사이의 의사소통을 강화하기 때문에 바람직한 행동을 불러일으킬 뿐 아니라 아이의 언어능력을 촉진시키는 효과도 지니고 있다.

　　유아를 위한 훈육방법을 택하는 데는 부모와 유아가 가진 기질, 부모와 자녀가 처해 있는 상황, 양육자와 아이의 심리-사회적 발달 정도 등 여러 요인이 복합적으로 작용한다. 유능하고 신뢰감을 지닌 부모는 자녀들과 온화하고 긍정적인 상호작용을 한다. 자녀들과 온화하고 긍정적인 상호작용을 위해서는 부모의 정서적, 심리-사회적 성숙을 필요로 하는 동시에 자녀를 위한 부모의 시간적, 정서적 여유를 필요로 한다.

　　부모들이 자신의 직업이나 당면 과제를 수행하느라 여유가 없을 때, 3세 된 유아와의 상호작용은 현저히 감소되었음을, 한 연구는 보여준다.[50] 또한 그러한 상황에 있는 부모는 3세 된 유아에게도 비판적이고 처벌적인 태도를 보이게 되었음을 알려준다. 유아들은 자기중심적이고 매우 활동적인 동시에 그들의 행동에 대한 부모의 반응

---

50 J. V. Zussman, "Situational Determinants of Parental Behavior: Effects of Competing Cognitive Activity," *Child Development* Vol. 51(1980): 792-880, 위의 책 151에서 재인용.

에 대해서도 민감한 반응을 보인다.

부모는 유아의 기질, 특성, 동기와 환경 등의 다양한 요소를 종합적으로 고려하여 훈육방법을 택해야 한다. 동일한 문제행동에 대해 동일한 훈육방법이 계속된다면 아마도 그러한 훈육방법이 적합하지 않음을 보여주는 반증이 될 수 있다. 이때는 훈육방식을 새롭게 바꿔 주고 아이와의 의사소통 방식을 바꿀 필요가 있다. 훈육은 아이가 속한 사회와 문화의 요구에 아이의 행동을 적응시켜 나가는 수단인 동시에, 아이 스스로 자신의 행동을 자율적으로 자제할 수 있는 학습 기회를 제공해 준다. 따라서 훈육방식과 훈육 시기에 대한 양육자의 세밀한 관심과 주의가 무엇보다 중요한 것이다.

걸음마기는 생애 최초로 훈련을 받는 시기이다. 여기에서 말하는 훈련은 배변훈련을 중심으로 한 생활 적응 훈련을 의미한다. 훈련은 곧 자신을 다른 사람의 기대, 가치, 요구에 맞게 길들이는 것을 의미한다. 배변훈련과 생활 적응 훈련은 인간 문명사회에 적응하기 위해 필요한 것임은 분명하다. 하지만 발달심리적, 인간 실존적 측면에서 볼 때, 훈련은 양육자의 뜻대로 복종함으로써 양육자의 수용과 보호를 받는 구성원으로 남아 있든지 아니면 자기 뜻대로 자기 고집을 꺾지 않음으로써 소외되고 단절되든지 하는 대립의 문제이기도 하다. 이러한 타율과 자율의 문제는 걸음마기에 시작되어 일생 동안 계속되는 문제이다. 물론 유아기에는 이러한 문제를 의식적으로 명료화시킬 능력은 없다. 하지만 심리적, 내면적으로 이러한 갈등과 문제가 나타난다는 것이다. 이러한 갈등을 에릭슨은 '자율성 대 수치/회의'의 자아 위기로 표현한다.

프로이드의 심리성적 발달의 관점에서 볼 때, 이 시기는 또한 구강기에서 항문기로의 전환이 이루어지는 시기이다. 이것은 리비도와 에너지의 중심이 얼굴에서 엉덩이로, 앞에서 뒤로, 흡입에서 방출로 옮겨감을 의미한다. 이러한 신체역동적 변화는 심리역동적 변화를 그 속에 내포한다. 영아기 동안은 무조건적 수용, 흡입, 동조가 생존을 위해 중요한 과제였다면, 걸음마기 동안은 배타, 방출, 차별, 자율이 생존을 위해 중요한 과제가 됨을 의미한다. 이는 곧 '예'에서 '아니오'로 자아의 역동이 바뀌어 감을 의미한다.

영아기의 양육자 역시 무조건적 수용과 용납의 모습에서 걸음마기의 양육자는 조건적 수용과 용납, 또는 훈련을 요구, 강요하는 모습으로 아이에게 비춰질 수 있다. 아이는 신체의 발달, 인지의 발달로 인해 자신의 뜻을 관철하려 하고, 양육자는 아이에게 사회적 규범에의 적응을 시키려 하기에 충돌과 마찰이 생겨나게 된다. 여기에서 중요한 것은 사회규범에의 적응과 더불어 아이의 자율성과 개별성을 함께 존중해 주어야 한다는 것이다.

유아의 자아의식은 '나', '내 것' 등 자신의 존재감을 느끼면서 싹트기 시작한다. 유아가 '엄마', '아빠' 다음에 배우게 되는 말이 '나', '내 것', 즉 자신의 욕구와 필요에 관한 것임을 볼 수 있다. 이 시기 유아들의 말은 아직 대화이기보다는 일종의 '자기 표현' 내지 '욕구 표현'에 가까운 일방적 전달에 가깝다. 이처럼 자기 표현, 욕구 표현에 가까운 말이라 하더라도 말은 아이가 자신의 삶을 구성해 나가기 위한 중요하고도 강력한 수단이다.

부모는 싹트기 시작하는 아이의 자율성을 존중하는 동시에 아이가 사회 문화적으로 잘 적응할 수 있도록 훈육을 병행해야 한다. 이 두 가지는 적절한 균형을 이룰 필요가 있다. 아이의 신체적 안전과 사회적응에만 집착한 나머지 아이의 자율성을 일방적으로 억압, 침해하게 되면 아이는 자신의 자율성에 대한 회의가 생겨나게 되고, 따라서 이후 사회생활을 해나감에 있어 스스로 선택하고 스스로 결정해 나갈 수 있는 힘이 위축되고 만다. 하나님이 그의 피조물인 인간을 만나 주실 때 그리고 인간을 회심, 변화시킬 때에도 인간의 인격성과 통전성을 존중하듯 어린 유아라 하더라도 그 아이가 지닌 독특성과 인격적 존엄성을 존중하는 범위에서 훈육이 이루어진다면 바람직한 유아기 돌봄이 될 수 있을 것이다.

제4장

유치기

유치기 아동의 발달은 다양한 영역에서 중요한 변화를 겪는다. 신체적으로 아이들은 몸의 균형과 비율에 변화가 생기면서 키와 몸무게가 증가하고 대근육 및 소근육 발달이 눈에 띄게 증가한다. 두뇌와 신경계의 발달은 성인 두뇌의 상당 부분까지 성장하며, 이는 아이들의 인지능력 발달에 중요한 역할을 한다.

사회적 발달에서는 아이들이 자신의 의존성을 인식하고, 부모나 양육자와의 관계 속에서 애정과 도움을 추구한다. 부모의 양육방식은 아이의 자신감, 신뢰감, 자립심에 큰 영향을 미친다. 에릭슨의 이론에 따르면 유치기의 주요 심리-사회적 발달 과업은 '주도성 대 죄책감'으로 아이들은 자신의 행동과 그에 따른 결과에 대해 인식하기 시작한다.

인지 발달에서는 피아제의 이론에 따라 아이들이 외부 세계를 내면화하고 창의적인 상상력을 발휘하며, 언어 발달이 중요한 부분을 차지한다. 아이들은 끊임없이 말을 하고, 질문을 하며, 주변 세계에 대한 탐구가 활발하며 문자적 사고와 물활론적 사고를 통해 사물을 인식한다.

도덕성 발달에서는 부모와의 상호작용을 통해 아이들은 도덕적 자아를 발달시키며, 도구적 및 적대적 공격성 등의 행동을 통해 도덕적 판단을 형성한다. 아이들은 자신의 행동에 따른 책임을 인식하기 시작하고, 이는 사회적 상호작용과 도덕적 발달에 중요한 영향을 미친다.

심리-성적 발달에서는 아이들이 자신의 성정체성에 대해 의식하게 되며, 이는 부모와의 관계에 영향을 받는다. 아이들은 자신의 성과 관련된 이미지와 행동을 연출하며, 부모와의 관계 역동성이 아이들의 성의식 형성에 중요한 역할을 한다.

마지막으로 가정환경과 교육기관에서의 부모-교사 파트너십이 아동의 발달에 긍정적인 영향을 미치는 것으로 나타난다. 부모-교사 협력이 높은 환경에서 아이들은 더욱 긍정적인 사회적 상호작용과 인지 발달을 경험한다. 이러한 다양한 발달 영역들은 유치기 아동의 전반적인 성장과 발달을 촉진하는 중요한 요소들이다.

I. 신체 발달

아이가 3세를 넘어서게 되면, 자기 의사 표현을 이전보다 분명히 할 수 있게 된다. 유치기 아이는 자기 부모나 가족들뿐 아니라 주위 사람들과도 자기 의견과 생각을 수시로 의사소통하고자 한다. 부모나 돌보는 사람의 간섭 없이도 스스로 주도성을 가지고 자기 방식대로 일상을 처리해 나가고자 하는 의욕과 능력을 보이곤 한다.

3세의 아이는 90센티미터 내외의 키, 14.2~14.7킬로그램 내외의 체중을 보인다. 물론 남녀와 개인의 차이는 상존한다. 유치기에 이르면 머리, 몸통, 팔다리와 상하체 간의 균형과 비율에 많은 변화가 생겨난다. 몸통과 다리의 길이가 눈에 띄게 성장하는 한편, 머리와 두개골의 크기는 그다지 변화하지 않는다. 아이가 6세쯤 되면, 아이의 다리 길이가 몸 전체의 약 절반 정도를 차지하게 된다. 이러한 비율은 거의 평생 동안 지속되는 것을 볼 수 있다. 따라서 6세가 되면, 아이의 외양이 성인에 가까운 체형을 갖추게 되는 것을 볼 수 있다.[1]

아이가 3세가 되면 젖니가 거의 다 나오게 된다. 또한 대근육과 소근육 발달이 눈에 띄게 증가한다. 2세 아이가 여섯 개 내지 일곱 개의 블록 쌓기나 볼 차기를 할 수 있었다면, 5세 내지 6세 아이는 가위로 오리기, 글씨 쓰기, 한 발로 뛰기 등 보다 정교한 근육 협응을 할 수 있다. 유치기 기간 중, 두뇌와 신경계도 계속 발달하게 된다. 5, 6세가 되면 성인 두뇌의 75퍼센트 정도로 두뇌 크기가 자라고 6, 7세가 되면 성인 두뇌의 거의 90퍼센트에 이르게 된다. 7세가 되어 초등학교에 들어갈 나이가 되면 척수(myelin)라고 부르는 두뇌 속에 들어있는 흰색 절연 물질이 제자리를 잡게 됨에 따라 신경세포와 두뇌의 상호작용 속도가 증가하게 된다.[2]

이외에도 유치기에는 여러 가지 생리학적 변화가 생겨난다. 예를 들면 숨을 들이쉬고 내쉬는 속도가 느려지고 숨의 깊이가 깊어진다. 심장의 박동도 점차 느려지고 규칙적이 된다. 특히 남자아이의 경우에는 혈압이 증가하게 된다. 5, 6세가 되면 이후 학령기 교육에 필요

---

1 유안진, 『아동 발달의 이해』 (서울: 문음사, 2000), 259.
2 최경숙·박영아, 『아동 발달』 (서울: 창지사, 2005), 210-212; 질병관리본부, 『2017 소아청소년 성장도표 해설집』 (청주: 질병관리본부, 2017), 56-64.

한 신체적 준비가 거의 완성된다고 볼 수 있다.

유치기의 아이는 신체가 발달함에 따라 자신이 여러 가지 다양한 기능과 행동을 할 수 있음을 발견하게 된다. 달리기, 높이뛰기, 한 발로 뛰기, 기어오르기, 높은 곳에서 균형 잡기 등 자신의 몸을 마음대로 다룰 수 있고, 다양한 기능과 행동을 할 수 있게 됨에 따라 자신감이 점점 생겨나게 된다.[3]

유치기의 아이들에게 속도는 중요한 의미를 가진다. 이 끝에서 저 끝까지 누가 더 빨리 뛰는가, 정해진 시간 안에 누가 더 많은 블록을 쌓는가, 정글짐 꼭대기에 누가 먼저 올라가는지 등 다른 아이보다 더 빨리 어떠한 목표와 과제를 성취하는 것이 이 아이들에겐 승리감, 자신감, 성취감을 안겨주게 된다. 두뇌-신경-근육-동작 간의 협응 능력과 협응 속도가 유치기 아이들에겐 매우 중요한 과제가 된다는 것이다. 세 살짜리 아이에겐 자기 몸을 스스로 조절하는 것이 가능하다. 예를 들면 뛰거나 서기, 집 모퉁이 돌기, 높이뛰기와 착지하기 등에 대해 차차 자신감을 갖게 된다. 네 살짜리 아이는 제자리에서 뛰는 것은 물론 앞으로 달려 나가면서 점프하기가 가능하다. 아직 공을 정확히 던질 수는 없더라도 몸을 뒤뚱거리지 않고 앞으로 던질 수 있다. 다섯 살 내지 여섯 살짜리 아이는 드디어 공을 비교적 정확히 던질 수 있게 되고 높은 곳에서 균형 잡기도 가능해지기 시작한다. 유치기가 진행됨에 따라 두뇌-신경-근육-동작 간의 협응 능력과 속도가 점차 증가하게 됨을 자신이 인식할 뿐 아니라 주위 사람들이 인식하기 시작한다. 이에 따라 아이의 자기 신체적 능력에 대한

---

3 강경미 · 구광현 · 백경숙,『아동 발달』(서울: 대왕사, 2005), 296-298.

자신감도 증가하는 것이다.

이러한 협응 능력과 속도의 증가와 발전은 타고난 유전인자, 주변 환경, 소속 문화에 따라 차이가 날 수 있다. 가능하면 아이가 자유자재로 마음껏 뛰어놀 수 있는 환경과 기회를 허락해 주고 적당한 기회를 제공해 주는 것은 대단히 중요하다. 이것은 아이의 신체적 능력의 성장뿐 아니라 키와 몸무게 등의 신체 발달, 대근육 발달, 자신감 성장, 협동과 경쟁을 통한 사회적 성장을 위해 많은 영향을 미치기 때문이다.

유치기의 아이들은 거의 모든 사물에 대한 호기심과 더불어 다양한 실험과 장난을 하고자 하는 충동을 보인다. 아이들은 물건을 만지고 때리고 굴리고 던진다. 또 가위로 오리고 뾰족한 것으로 찔러보고 풀로 붙이곤 한다. 유치기는 다양한 물건들을 다양한 방식으로 자신이 획득한 신체, 감각적 기능과 재능들을 활용해서 실험해 보는 시기이다. 초기에는 색연필이나 크레파스로 이리저리 흔들며 낙서와 휘갈기기를 하지만 차차 자기가 표현하고 싶고 그려보고 싶은 대상이나 물건의 모습을 그려내기 시작한다. 그러한 그림 솜씨가 점점 정교해지기 시작하여 실제 대상과 점점 흡사한 모습을 보이게 된다.

흔히 이 시기의 아이들에게 가장 많은 관심이 되고 실제 그림에 가장 많이 등장하는 대상이 엄마, 아빠, 할아버지, 할머니, 형제, 자매 등 가족과 주위 사람들이다. 이처럼 인물을 그리는 중에도 특히 얼굴에 가장 많은 주의와 관심을 기울이는 것을 볼 수 있다. 눈, 눈썹, 코, 귀, 입 등에 정성을 들여 구체적으로 그린 후, 나머지 몸통과 팔, 다리는 스케치처럼 그리곤 하는 것을 볼 때, 아이들은 자기에게 의미 있는 사람들의 얼굴과 얼굴 표정에 가장 많은 관심을 가지고 있음을 보여준다. 입고 있는 옷이라든지 인물 뒤의 배경 등에 대한 관심과 표현은 유치기 후반부에 들어서야 조금씩 나타나는 것을 볼 수 있다. 하지만 유치기 후반부에 와서도 여전히 몸에서 얼굴이 차지하는 비중이 크고, 배경에 비해 사람들의 몸이 더 크게 강조되는 것을 보면, 아이들에게 중요한 것은 역시 주변의 사람들임을 알 수 있다.

II. 사회적 발달

이 세상의 어느 누구도 혼자 철저히 독립적이거나 자율적이기만 한 사람은 없다. 성인들 역시 서로가 서로를 필요로 하고 서로에게 도움을 주고받으며, 상호의존적 삶을 살아간다. 성인은 최소한 자기가 부양해야 할 가족과 아이들을 돌볼 책임이 있고 그러한 역할을 통해 돌보는 법을 배우게 된다.

한편 유치기 아이는 자신의 생존과 성숙을 위해 부모와 성인들에게 의존되어 있긴 하지만 대체로 다른 사람을 돌보는 상황과 책임이 지워지지는 않는다. 이처럼 의존적 상황에 놓여 있는 유치기 아이는 다음과 같은 두 가지 의존 행동을 취하게 된다. 그 중 첫 번째는 '애정 추구형'이다. 애정 추구형은 "날 좀 보세요"라는 아이의 외침 속에 들어 있다. 아이의 외모, 귀여움, 특정 행동 등에 대해 관심, 찬사, 칭찬을 받게 됨으로써 자신의 가치를 인정받고자 하는 욕구를 의미한다. 한편 두 번째는 '도구적 도움 추구형'이다. 도구적 도움 추구형은 "날 좀 도와주세요"라는 아이의 외침 속에 들어있다. 예를 들면 아이가 바닷가에서 모래성을 쌓다가 모래가 무너지려 할 때 부모에게 도움을 청하게 되면 부모는 달려가서 아이를 도와준다. 이를 통해 아이는 두 가지를 얻게 된다. 하나는 모래성이 무너지지 않고 완성되는 성취감이다. 또 하나는 부모님이 자신을 기꺼이 도와주고자 하는 모습을 통해 부모님이 자신을 사랑하고 있음을 확인받는 것이다.

아이의 자신감과 신뢰감, 자립심은 유치기 시기에 아이에게 가장 중요한 의존 대상이 되는 일차적 양육자(primary caretaker)가 그 아이를 어떻게 키웠는가, 어떠한 대상관계적 역동성(subject-object relational dynamism)을 형성하였는가에 좌우된다. 일반적으로 부모들은 그들의 자녀들을 위험, 좌절, 두려움으로부터 보호하고 부모를 신뢰하고 의지할 수 있도록 하는 동시에 점차적으로 아이들이 위험, 좌절, 역경을 스스로 이겨내고 자립할 수 있도록 교육시키고자 한다. 여기에서 중요한 과제는 유치기 아이들로 하여금 부모에 대한 지나친 의존이나 지나친 독립의 양극단에 치우치지 않도록 균형을 잡아주는 것이다. 기본적으로 사랑과 따뜻한 배려, 이해의 바탕 위에서 아이의 자율성과 주도성을 존중해 주는 부모 밑에서 성장한 아이들은 자신감, 결단력, 목표와 동기가 분명한 아이로 성장한다는 보고가 있다(Diana Baumrind, 1971).

아이가 신체적, 심리적으로 성장해 감에 따라 아이는 자신이 무엇인가 스스로 할 수 있고, 어떤 일의 주동자가 될 수 있음을 감지하게 된다. 유치기의 아이는 스스로 자신의 힘으로 자기가 원하는 어떤 일들을 할 수 있음을 깨닫는 동시에 그러한 일을 하게 되면 어떤 결과를 얻게 되는지 인식하기 시작한다. 예를 들면 자기 여동생에게 화가 난 소년은 동생을 의자 위에서 밀어 떨어뜨릴 수 있음을 인식한다. 동시에 소년은 자기 동생이 심하게 다칠 수도 있고 그로 인해 자신이 부모님으로부터 크게 혼이 날 수도 있음을 인식한다. 따라서 유치기 아이는 자신이 무엇인가를 스스로 행할 수 있지만, 그 행위에 따른 책임을 감수해야 함을 깨닫게 되기에 에릭슨은 유치기의 심리-사회적 발달의 과업을 '주도성 대 죄책감'으로 명명한다. 아이의 신체적, 심리적 기능이 고조됨에 따라 아이는 자신의 행위에 수반되는 책임과 결과를 의식하게 되고, 자신의 도덕성과 양심에 거리끼는 행동을 하게 될 때, 아이는 일종의 죄책감을 느끼게 된다는 것이다.

아이가 최적, 최상의 환경에서 양육 받게 될 때, 아이는 자신의 점점 증가하는 힘과 기능들을 통합해서 생산적, 건설적인 일에 자신의 에너지를 투입하게 된다. 하지만 많은 경우, 아이들은 이러한 최적, 최상의 환경에서만 양육 받지는 못한다. 나름대로의 좌절, 분노, 수치심, 질투심 등으로 마음의 상처를 받게 된다. 따라서 유치기 아이는 흔히 다음과 같은 딜레마에 빠지게 된다. 즉, 자기가 원하는 것을 자기 방식대로 처리하고는 일종의 죄책감을 느끼거나 아니면 올바른 행동을 하려면 자신이 원하는 방식대로 해서는 안 된다는 지나친 자기부정에 빠지게 된다는 것이다.

III. 인지 발달

피아제는 유치기의 시기를 단순한 모방으로부터 시작해서 좀 더 창의적인 놀이로 발전되어 가는 과정으로 보고 있다. 아이는 외부에서 관찰되는 세계를 자신의 내면으로 끌고 들어와서 자신의 상상력을 동원해서 보다 새롭고 창의적인 세계를 구성한다. 예를 들면 장난감 자동차와 인형을 가지고 자기 나름대로의 상상력을 펼치면서 이야기를 구성하고 자신만의 공간과 세계를 만들어 나간다는 것이다.

유치기는 자신만의 놀이 친구를 필요로 하는 시기이다. 자신만의 놀이 친구는 흔히 인형, 장난감, 애완용 동물이 되곤 한다. 유치기 아이는 자신만의 놀이 친구와 끝없이 대화하고 교류하면서 자아가 구성하는 세계를 만들어 나간다. 이러한 가상적 대화와 놀이를 통해 대인관계에 필요한 언어, 감성, 교류방식을 익혀 나가게 되는 것이다. 유치기에 들어오면 자기 자신과 대화하는 내적, 주관적 대화와 함께 자기가 아닌 상대방과 대화하는 외적, 객관적 대화가 함께 나타난다. 이러한 끊임없는 대화를 통해 자신의 내면과 외면, 내부 세계와 외부 세계가 점차 명료해지는 과정을 거치게 된다.

유아기는 감각운동기에서 전조작기로의 전환이 이루어지는 초기 단계라면, 유치기는 전조작기 사고에서 구체적 조작기 사고로의 전환이 점차 이루어져 가는 시기라 할 수 있다. 아직은 비논리적이고 비과학적이지만, 그래도 신체 발달과 인지 발달이 진행되어 감에 따라 차츰 주변 환경에의 적응이 원활하게 이루어진다. 유아기에 머물러 있었던 철저한 자아중심성으로부터 조금씩 벗어나게 되는 것이다. 또한 사고의 자율성과 주도성이 점증됨에 따라 인지의 구체적 조작이 가능케 되는 일종의 '통찰적 사고'(intuitive thinking)가 가능케 된다.

유치기의 아이는 끊임없이 말을 계속한다. 이 시기의 아이는 요약과 핵심을 파악할 수 있는 능력이 없기 때문에 자기에게 일어났던 일들을 끊임없이 나열하고 늘어놓는 방식으로 이야기를 계속한다. 유치기의 아이들은 동화책이나 이야기 듣기를 매우 좋아한다. 대체로 6세가 되면 아이는 이야기의 핵심을 파악하거나 이야기를 짧게 요약할 수 있는 능력을 갖추게 된다.

이 시기의 아이들은 마술이나 환상 같은 것들을 좋아한다. 아이들이 마술이나 환상을 좋아한다는 것은 유치기 아이들의 특성에 대해 최소한 다음과 같은 것들을 이야기해 준다. 첫째, 유치기 아이들은 자기중심적 생각의 기초 위에서 사물을 바라본다. 예를 들면 산은 돌멩이가 자라서 된 것이라든가, 하나님은 사람이 점점 커져서 거인처럼 된 분이라든가 하는 것을 의미한다. 둘째, 유치기 아이들은 사물들이 살아 있다고 생각하는 '물활론'적 사고를 한다.[4] 돌을 막대기로 찌르면 돌은 아프지 않다고 생각한다. 왜냐하면 돌은 막대기보다 딱딱하기 때문이다. 하지만 돌을 불 속에 집어넣으면 돌이 뜨거울 것이라고 생각한다. 돌은 막대기 앞에서는 강하지만 불 앞에서는 어쩔 수 없다고 생각하기 때문이다. 아이들은 낙엽이 굴러다니면 그것이 살아 있다고 느낀다. 하지만 전혀 움직이지 않고 있으면 그것이 죽은 것 같다고 느낀다. 셋째, 유치기 아이들은 한 사물과 그 사물에 붙여진 이름은 결코 분리될 수 없는 것이며 결정적인 것이라고 생각한다. 예를 들면 '책상'은 책상일 뿐이지 책상 위에서 밥을 먹는다고 해서 '식탁'이라고 불러서는 절대 안 된다는 결정론적 사고를 한다는 것이다. 이것은 곧 사고의 경직성, 즉 일종의 '문자적 사고'(literal thinking)가 유치기적 사고의 한 특성임을 말해 준다.[5]

'조작'이란 '사고체계의 논리적 조작'의 축약어로서 조작기가 되

---

4 William Crain, *Theories of Development* (Englewood Cliffs, NJ: Prentice-Hall, 1980), 90 이하.

5 위의 책, 91-92.

어야 비로소 일관성 있는 사고, 체계적 사고를 할 수 있음에 비해 유아기에는 단순히 직관적, 즉흥적 사고밖에 할 수 없다. 따라서 유아기의 사고를 '전(前)조작기'라고 부른다. 전조작기가 되면 감각운동기와는 달리 본능적, 단편적 사고 외에 비로소 감각을 통해 인지된 것을 과거의 경험과 비교, 연상할 수 있는 능력이 생겨나게 된다. 이러한 능력은 '비언어적 상징'을 통해 뚜렷이 나타난다. 예를 들면 나무 막대기를 집어 들고 그것이 마치 칼인 것처럼 칼싸움을 한다든지, 목에 보자기를 두르고 자기가 수퍼맨인 것처럼 의자에서 뛰어내리는 것은 이 시기 아이들이 보이는 '상징놀이'(symbolic play)의 대표적인 모습이다.[6]

이 시기의 놀라운 변화는 드디어 말을 하기 시작한다는 것이다. 다른 동물 세계에도 독특한 울음소리와 제스처 등을 통한 일종의 기호언어(sign language)는 존재한다. 그러나 이러한 기호언어와 유아기 어린이가 사용하는 언어를 비교할 때, 유아기 아이는 기호언어가 아닌 체계 언어를 사용함으로써 그 지적 능력에 있어 침팬지 등 다른 영장류의 단계를 훨씬 능가하는 의사소통 능력을 소유하게 된다. 즉, 다른 동물들과 구별되는 인간으로서의 지적 우월성이 나타나기 시작하는 시기인 것이다.

언어의 습득으로 말미암아 아이는 드디어 주위 사람들에게 자기표현을 할 수 있게 되고 또한 언어를 통한 지식과 정보의 양 또한 폭발적으로 늘어나게 된다. 이러한 말의 힘에 도취된 나머지, 아이는 쉬지 않고 말을 이어가기도 한다. 주위 환경에 대한 끝없는 호기심으

---

6 이규민 외 13인, 『기독교교육개론』 (서울: 대한기독교서회, 2006), 197-198.

로 인해 쉴 새 없이 터져 나오는 아이들의 질문에 어른들은 당황케 된다. 예를 들면 목각인형 피노키오가 요정의 도움으로 말을 할 수 있게 되자, 자기 아빠에게 하나씩 질문을 던지기 시작한다. "피노키오야, 이제 자야 할 시간이다." "아빠 왜 자야 돼?" "자야 내일 학교에 가지." "학교엔 왜 가야 돼?" "학교에 가서 공부를 해야 되지." "공부는 왜 해야 돼?" "공부를 해야 훌륭한 사람이 되지" 작가는 이쯤에서 질문의 연쇄 고리를 풀어 준다. 하지만 현실적으로 아이는 한마디 더 물어볼 수 있다. "왜 훌륭한 사람이 되어야 돼?"

어른들은 관심도 호기심도 없는 것들에 대해 아이들은 끝없는 호기심을 가지고 묻고 또 묻는다. 어른들이 보기엔 어리석어 보이는 질문들이 역으로 어른들의 어리석음을 드러내는 것일지도 모른다. 아이들의 질문이 비록 의식적 질문은 아니라 하더라도 그 질문 속에는 모든 현상이 지향하는 궁극적 의미, 궁극적 목적에 대한 실존적 호기심(existential curiosity), 존재론적 탐구(ontological inquiry)가 깔려 있기 때문이다. 또한 생명의 궁극적 의미나 목적에 대해 전혀 관심이 없는 어른들에게 아이들은 '왜'(why?)라는 질문을 던짐으로써 '무엇?'(what?) 또는 '어떻게'(how?)에만 몰두해 있는 어른들을 일상성으로부터 궁극성에로 주의를 전환하는 결과를 낳기도 한다.

하지만 아이들은 또한 아이로서의 한계성을 뛰어넘을 수 없음 또한 사실이다. 이 시기의 아이들은 철저히 자기중심적(egocentric)인 동시에 조작기 이전의 사고를 하기 때문에 다분히 즉흥적이며 직관적이다. 따라서 다른 사람들의 이야기를 듣고 대답하는 과정도 진정한 의미에서의 대화이기보다는 주로 자기의 생각, 관심, 느낌을 일방적으로 표현하는 일종의 독백 비슷한 경우가 많다. 이처럼 대화를 나누는 것 같으면서도 대화의 실제 내용은 독백적인 형태를 가리켜 '집합적 독백'(collective monologues)이라고 한다.7

IV. 도덕성 발달

아이의 기본 기질과 성격은 날 때부터 이미 어느 정도 유전적 소인을 가지고 태어난다. 하지만 유치기에는 타고난 유전적 소인이 끊임없는 외부와의 상호작용을 통해 점점 드러나게 되고 또한 내면에 역시 보다 분화된 인지 구조(cognitive structure)가 가지고 자리 잡게 된다. 영아 및 유아기 시절의 의존성은 점차 자율성과 주도성의 형태로 바뀌게 되고 이전보다 더 적극적이고 능동적인 모습으로 변화되기 시작한다.

코찬스카(G. Kochanska)는 13, 34, 45개월 아동을 대상으로 연구를 하였는데 아동이 부모의 가치를 자신의 것으로 받아들이고 이를 준수하는 것에 전념한다면 이를 바탕으로 도덕적 자기를 발달시키게 된다고 하였다. 이러한 도덕적 자기는 규칙에 대한 순응과 내면화된 도덕적 행동의 관계를 매개하는 것이라고 하였다.8

한편 랩슬리(D. Lapsley)는 부모가 아이에게 도움을 주거나 특정한 이야기를 자주 할 경우, 이는 자서전적 기억으로 저장되어 결국 아이가 그러한 행동을 더 많이 하고 습관화하여 자동적으로 하도록

---

7 James E. Loder, *The Logic of the Spirit: Human Development in Theological Perspective* (New Jersey: Jossey-Bass, 1998), 152 이하.

8 송현주 외 9인, 『최신 발달심리학』 (서울: 사회평론아카데미, 2021), 305-306.

촉진할 것이라고 하였다. 도덕에 관한 감각은 아이의 자서전적 기억의 한 부분이 될 수 있으며, 이는 부모와의 대화 속에서 부모의 규준과 기준, 가치를 참조하게 만들어 지속적으로 접근 가능한 사회인지적 도식을 형성하는 것을 촉진하고, 결과적으로 도덕과 관련된 자신의 경험을 명료화할 것이라고 한 것이다.9 부모와 아이의 상호 관계는 아이의 도덕성 발달에 영향을 주는 것을 알게 한다.

유치기는 철저한 자기중심성에서 조금씩 벗어나기 시작하며 자기 자신의 필요와 감정 외에도 타인의 필요와 감정이 있음을 점차 느끼게 된다. 이에 따라 사회생활에 필요한 일종의 도덕성을 발달시켜 나가기 시작한다. 집에서 부모와 가족 구성원들 사이에서 경험하게 되는 신뢰와 두려움, 공감과 이기심, 일과 놀이, 진지함과 유머 등의 역동성은 가족이라는 울타리를 넘어 친구, 또래 그룹, 어린이집, 유치원 등으로 점차 확대되어 간다. 유치기가 끝나는 시기인 여섯 살 무렵이 되면 아이가 남은 인생 동안 다른 사람들과 교류하는 기본적인 내적 구조가 어느 정도 자리를 잡게 된다. 분노나 공격성 같은 부정적 에너지들은 점차 사회적으로 용인될 수 있는 형태로 표출하는 법을 교육과 훈련으로 배워 나간다.

자신의 생존과 원하는 것을 얻기 위해 인간은 때로는 적극적일 뿐 아니라 공격적일 때가 있다. 인간은 누구나 어느 정도의 공격성을 지니고 있다. 유치기 아이들 역시, 절제되지 않은 공격성을 보일 때가 있다. 아이들이 보이는 공격성은 두 가지로 나누어 살펴볼 수 있다. '도구적 공격성'과 '적대적 공격성'이 그것이다.10 먼저 도구적 공

---

9 위의 책, 375.

10 Sueann Ambron & David Brodzinsky ed., *Lifespan Human Development* (New

격성은 자기가 원하는 장난감을 빼앗기 위해 옆에 있는 아이를 밀쳐
내는 경우에 나타난다. 한편 적대적 공격성은 장난감을 빼앗은 후에
도 그 아이를 계속해서 밀쳐내고 때리고 꼬집고 하는 모습으로 나타
난다. 도구적 공격성은 사람에 대한 공격보다는 자기가 원하는 것을
성취하기 위한 공격성임에 비해, 적대적 공격성은 사람 자체에 대한
공격성을 의미한다. 도구적 공격성은 일시적으로 생겨났다 사라지
는데 비해, 적대적 공격성은 마음속에 깊게 자리 잡고 지속된다는 데
에 문제가 있다.

이러한 적대적 공격성은 왜, 어떻게 생겨나는 것일까? 먼저 적대
적 공격성은 좌절감에 기초한 분노로 인해 생겨난다. 유치기가 되면
이전에 비해 더 많은 활동을 하게 되고, 그러한 활동에 따른 욕구가
생겨나게 된다. 하지만 유치기 아이들의 욕구는 이런저런 위험과 한
계상황 때문에 차단되고 좌절될 수밖에 없다. 이러한 외적 차단 외에
도 유치기 아이의 내면에 생겨나기 시작하는 발달 과업 중 하나로서
의 죄책감으로 인해 좌절감을 경험하게 된다.11

아이는 좌절을 경험하게 될 때, 우선 그러한 좌절감을 주는 대상
을 제거하고자 하는 마음이 앞서게 된다. 그러한 좌절감 유발요인을
쉽게 제거할 수 없을 때, 그로부터 발생하는 분노를 다른 대상에게
전가함으로써 그러한 좌절감을 해소하고자 하는 경향을 띠게 된다.
이처럼 좌절감에 기초한 분노를 다른 대상에게 쏟아내는 것, 이것이
곧 적대적 공격성인 것이다. 도구적 공격성은 물론이고 유치기에 분
명한 실체를 드러내게 되는 적대적 공격성의 문제를 교육적으로 다

York: Holt, Rinehart and Winston, 1979), 282.
11 위의 책, 280-284.

루어 줄 필요가 있다.[12] 이러한 공격성은 아이들이 경험하는 분노와 좌절로 인한 것임을 생각할 때, 아이에게 분노와 좌절을 유발시키는 상황을 가능한 한 최소화시켜야 한다. 유치기 아이의 분노를 유발하는 요인은 지나친 훈련, 억제, 처벌 등이며, 부모와 교사가 아이에게 보이는 분노가 아이들의 좌절을 더 악화시킬 수 있음을 유의해야 한다. 또한 신체 활동과 스포츠 게임과 같은 것들은 아이의 좌절, 분노, 공격성을 건강한 방식으로 해소하고 분출할 수 있게 해준다.

V. 심리-성적 발달

유치기 아이는 자신이 누구인가 하는 의문을 비록 어리고 미숙한 형태이지만, 처음으로 가지게 된다. 아이가 자신에 대한 자의식과 정체성을 가지게 되는 시작은 아마도 자신의 이름과 관련된 것이라 생각된다.[13] 부모와 주위 사람들로부터 계속해서 불리게 되는 자신의 이름은 유치기 아이에게 자의식을 일깨우는 첫 번째 실마리가 된다. 다음으로 중요한 요소는 남자아이, 여자아이로서의 성의식이라 할 수 있다. 신체적으로는 아직 어린아이이지만, 다른 아이를 만나거나 어른을 만날 때에 동성 또는 이성으로서의 자신과 타인을 의식하기 시작하는 것이다. 유치기 아이들은 옷이나 머리 스타일, 신발, 장신구 등을 통해 사회적인 성에 대한 초보적 의식을 가지게 된다.[14]

---

12 위의 책, 283.
13 위의 책, 271.
14 위의 책, 273-275.

유치기 아이는 자신의 성을 의식하면서부터 의식적으로 자신의 성에 부합하는 자기 이미지와 행동, 외모를 연출하고자 한다. 이때, 남자와 여자에 대한 어느 정도의 사회적 태도와 구분을 가지게 되는 것은 자신의 성의식을 확립하기 위해 필요한 일이다. 하지만 남자와 여자의 차이만을 지나치게 강조하거나 전형적인 남자와 여자로 구분하는 것 또한 남녀 간의 평등과 조화로운 이성 관계를 왜곡하는 결과를 초래한다.

남자아이에게 있어 최초의 동성인 아빠와 최초의 이성인 엄마와의 관계 역동성이 중요한 요인이라면, 여자아이에게 있어서는 최초의 동성인 엄마와 최초의 이성인 아빠와의 관계 역동성이 성의식 형성에 중요한 역할을 하게 된다.[15] 남자아이는 최초의 동성인 아빠의 사회적 모습을 보고 배우며 따라가게 되는 반면, 최초의 이성인 엄마와의 관계 속에서 이성과의 역동성이 어느 정도 방향 지어지게 된다. 여자아이 또한 최초의 동성인 엄마의 사회적 모습을 배우게 되고 따라가는 반면, 최초의 이성인 아빠와의 관계 속에서 이성과의 역동성이 어느 정도 방향 지어지게 된다. 남자아이는 여자아이와는 달리, 영아기와 유아기에 엄마와의 긴밀한 관계성 속에서 생활해 왔기에 유치기에 들어와 남자아이로서 정체감과 행동 패턴을 확립하기가 쉽지 않다. 자신을 엄마의 여성 정체성으로부터 분리해 내야 하고 아빠 또는 남자 어른의 어떤 부분과 자신을 동일시함으로써 남자아이로서의 성정체성을 갖추어 나갈 수 있기 때문이다.

유치기 이전, 즉 3세 이전의 감각운동기적 경험들은 무의식 속으

---

15 위의 책, 274.

로 들어가 의식의 영역에서 잊히게 된다. 3세 이후 유치기의 삶은 언어적으로 지각되고 표현되는 삶이다. 따라서 언어 이전의 경험들은 언어 이후의 삶 속에서는 더 이상 유지될 수 없기에 무의식으로 가라앉게 되는 것이다.[16]

　　감각운동기적 경험이, 즉 의식의 수면 밑으로 가라앉으면서 새롭게 눈뜨게 되는 것이 곧 성의식인 것이다.[17] 프로이드에 의하면 남근기적 시기로서 리비도(libido), 즉 쾌감을 느낄 수 있는 에너지가 남자아이, 여자아이로서의 성의식을 느끼게 하는 성기 주변에 일시적으로 집중될 수 있다. 이것은 신체적이기보다는 심리적인 것으로서 남자아이는 엄마를 좋아하게 되고(오이디푸스 콤플렉스) 여자아이는 아빠를 좋아하게 되는 심리역동(엘렉트라 콤플렉스)을 경험하게 된다. 이러한 심리역동은 자신의 성정체성을 느끼게 해주는 초기 단계라 할 수 있다. 이러한 일시적 콤플렉스는 정상적인 것이지만, 이러한 과도기적 콤플렉스를 건강하게 넘길 수 있기 위해서는 동성의 부모 역할이 대단히 중요하다. 남자아이는 아빠를 경쟁상대로 여기지 않도록 아빠가 좋은 친구, 지지자, 같은 편이 되어줄 필요가 있다. 아빠와의 심리적 동일시를 통해 오이디푸스 콤플렉스를 극복할 뿐 아니라 건강한 성정체성과 성역할을 확립해 나갈 수 있기 때문이다.[18] 아빠는 아들과 함께 목욕하고 아이의 몸을 닦아주고 아이가 좋아하는 놀이를 함께 함으로써, 같은 남자로서의 연대감과 유대감을 느낄 수

---

16 William Crain, *Theories of Development*, 181.

17 위의 책, 123-124.

18 James Loder, T*he Logic of the Spirit: Human Development in Theological Perspective*, 159-161.

있도록 해주는 것이 중요하다. 엄마는 딸아이가 같은 역할, 같은 역동을 경험할 수 있도록 해줌으로써 여자아이가 자신의 성정체성은 물론이고 성장 이후, 엄마 이미지와 유사한 다른 여성, 즉 직장 상사와 선배 여성들과 원만한 대인관계를 맺을 수 있도록 도와줄 수 있다.

VI. 가정환경

1. 민주적 가정환경

가정환경 및 부모의 훈육과 관련하여 특징적인 연구가 진행되었다. 이 연구의 결과를 '민주적 가정환경'과 '통제된 가정환경'으로 나누어 살펴볼 수 있다. 민주적 가정이라 함은 부모가 일방적이거나 임의적인 결정을 하기보다는 아이가 비록 어릴지라도 아이 수준에 맞춘 눈높이 대화와 약속, 양 방향적 의사소통을 통해 관계가 형성되고 함께 생활해 나가는 가정을 뜻한다. 통제된 가정이라 함은 부모의 권위와 지시에 자녀들이 복종하고 따르도록 엄격한 질서 속에서 자녀들을 훈육하는 가정을 뜻한다. 민주적 가정에서는 더 많은 대화를 통한 공감대 형성과 서로가 지켜나가야 할 규칙 등을 상호 협력적으로 세워 나가는 반면, 통제된 가정은 부모가 세워 놓은 원칙과 규칙들에 자녀들이 일방적으로 복종할 것을 요구한다.

이러한 가정환경은 아이들의 성격 형성에 지대한 영향을 미친다. 민주적 가정환경에서 자라난 아이들은 어린이집이나 유치원에서 보다 활기 있고, 재미있고, 주도적인 활동을 하는 경향이 있다. 이렇게 활기 있고 주도적인 대신, 민주적 가정에서 자란 아이들은 호기심 많고 자기주장을 많이 하는 만큼 다소 순종하고 순응하는 면이 부족한 모습을 보인다. 반면, 통제된 가정환경에서 자란 아이들은 민주적 가정에서 자란 아이들과 대조적인 모습을 보인다. 즉, 권위와 질서에 순종하고 순응하는 반면에 주도적이고 활기 있고 논쟁적인 측면이 많이 부족한 모습을 보인다.

2. 진정성 있는 양육

다이애나 바움린드(Diana Baumrind)는 유치기 아동들을 대상으로 위에 언급한 것과 유사한 연구를 한 바 있다.[19] 여기에서 건강하고 활기찬 아이들이란 다음과 같은 영역에서 뛰어난 성과를 보인 아이들을 의미한다. 그것은 곧 자기 통제, 문제 해결을 위한 효율적이고 타당한 접근, 활력과 자기 신뢰, 또래 그룹과의 우호적 협력관계 등을 포함한다. 이러한 연구를 통해 바움린드는 유치기 아이들을 세 그룹으로 분류할 수 있게 되었다. 먼저 제1유형은 위에 언급된 영역에서 가장 높은 점수를 얻은 아이들 그룹을 의미한다. 제2유형은 중간 점수를 얻은 아이들, 제3유형은 가장 낮은 점수를 얻은 아이들 그룹을 의미한다. 바움린드는 이러한 아이들 부모의 양육방식을 크게 네 영역으로 나누어서 조사하였는데, 그 영역은 다음과 같다. 그것은 곧 자녀 통제 능력, 성취와 성숙을 향한 요구, 자녀와의 명료한 의사

---

19 Diana Baumrind, "Current Patterns of Parental Authority," *Developmental Psychology* 4 (1971), Part 2; Paul Mussen et al., *Psychological Development* (New York: Harper & Row, 1979), 232에서 재인용.

소통, 자녀에 대한 인정과 지지 등이다. 제1, 2, 3유형에 속한 아이들의 부모들이 보여준 각 영역별 점수와 도표는 〈그림 4-1〉에 나타난 바와 같다.

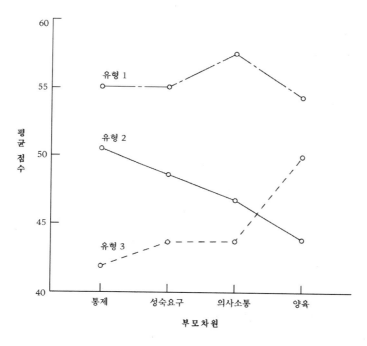

〈그림 4-1〉 "아동의 유형과 부모의 양육방법 간의 관계"[20]

제1유형의 양육방식은 진정성 있는 양육방식, 제2유형은 권위주의적 양육방식, 제3유형은 자유방임형 양육방식이라고 바움린드는 명명하고 있다. 제1유형의 방식은 자기통제, 문제 해결을 위한 효율적이고 타당한 접근방법, 활력 및 자기 신뢰, 또래 그룹과의 우호적

20 Diana Baumrind, "Current Patterns of Parental Authority," *Developmental Psychology* 4 (1971), Part 2, 김태련 · 장휘숙, 『발달심리학』, 189에서 재인용.

협력관계 유지에 대한 강조와 함께 부모 스스로 모본을 보이고 있다. 반면, 제2유형의 방식은 이러한 덕목에 대해 강조하고 지키도록 훈육에 열심을 보이는 반면, 스스로 본을 보이는 측면이 많이 부족하다. 제3유형은 이러한 덕목들에 대한 충분한 강조와 훈육이 부족할 뿐 아니라 자녀들이 원하는 것을 마음대로 할 수 있도록 허용하고 방임하는 방식을 취하고 있다.

VII. 교육기관 교사-부모 파트너십

일반적으로 3세~6세의 어린이들은 반일제, 혹은 종일제로 교육기관에서 교육과 돌봄을 받고 있다. 어린이들이 경험하는 유아교육기관의 교사와 부모 사이에 건강한 파트너십을 형성하는 것은 어린이의 발달에 매우 중요하다. 5세 어린이를 대상으로 한 연구에 따르면 부모-교사의 파트너십이 원활할수록 아이의 학교생활 준비에 긍정적 영향을 미치는 것으로 나타났다. 이는 교사와 협력하고자 하는 부모의 노력과 유아에게 더욱 질적인 상호작용을 제공해 주고자 하는 교사의 노력이 상호 시너지 효과를 발휘하여 유아의 학교 준비도에 긍정적 영향을 미친 것으로 해석된다.[21]

부모-교사 협력 수준에 따라 유아의 긍정적 또래 놀이 행동과 부정적 또래 놀이 행동에 영향을 미치는 것을 알 수 있다. 구체적으로 부모-교사 협력 수준이 낮을 때는 유아-교사 간의 상호작용 수준이

---

21 송현주 외 9인, 『최신 발달심리학』,, 453.

높더라도 유아의 긍정적 또래 놀이 행동 수준이 완만하게 증가하였으나 부모-교사 협력 수준이 높을 때는 유아-교사 간의 상호작용 수준이 높을수록 유아의 긍정적 또래 놀이 행동 수준이 크게 증가한 것을 볼 수 있다. 이러한 연구는 또래 관계와 같은 사회적 능력을 향상시키기 위해서 유아에게 제공되는 교육의 질과 양뿐만 아니라 부모-교사의 협력 수준 또한 중요함을 뜻한다.[22]

질적으로 높은 부모-교사 관계의 경우, 유아에 대해 서로 정보를 나누고 공유하고자 한다. 이러한 노력으로 부모는 아이의 건강한 발달을 위해 필요한 지원을 얻고, 결과적으로 가정에서 좋은 양육 환경을 조성할 수 있게 되어 유아의 인지 발달에 상당히 긍정적 영향을 미친다.[23]

VIII. 양육자를 위한 지침

1. 유치기 전환적 특성에 부합하는 교육

유치기는 무의식에서 의식으로의 전환적 역동이 다른 어느 때보다 중요한 시기이다. 따라서 유치기 아동의 특성과 필요에 부합하는 양육이 매우 중요하다. 이 시기 아동이 가장 민감하게 반응하는 것은 아이의 꿈과 환상을 구체화시켜 주는 동화 및 이야기이다. 아이로 하여금 이야기 속에 빠져들게 하고 그 이야기 속에 참여할 수 있게 할

---

22 위의 책, 453.
23 위의 책, 453.

때 가장 최적의 효율성을 기대할 수 있다. 부모와 교사가 이야기를 끝맺기 전에 그 이야기가 어떤 방향으로 끝나면 좋겠는가를 이야기해 보도록 격려해 줄 때 아이의 소망과 꿈을 표출할 수 있도록 해준다. 여기에서 한발 더 나아가 아이가 스스로 그 이야기의 끝맺음을 할 수 있도록 격려하고 권장한다. 이렇게 함으로써 아이의 관심, 참여를 적극적으로 이끌어 내게 된다.

2. 신뢰 및 존재가치에 기초한 인격 교육

유치기 아이들이 가장 관심 있어 하는 것은 양육자의 관심 및 대화이다. 양육자와 아이 사이에 서로를 대면하고 서로 눈을 마주치며 사랑과 인정, 신뢰와 긍정의 대화를 함으로써 아이는 자기 존재의 소중함을 느낄 수 있도록 해준다. 아이가 무의식의 세계에서 의식의 세계로의 안정적인 전환을 위해 부모의 지속적 관심과 열린 대화는 매우 중요한 역할을 하게 된다. 꿈과 환상의 무궁무진한 에너지와 가능성이 건강한 삶과 현실 속에 지속적 자양분을 주는 동시에 일상을 건강하고 밝게 살아갈 수 있는 힘을 지속적으로 공급받는 것이야말로 무엇보다 중요한 것이다. 이를 위해 엄마, 아빠의 얼굴을, 손을 뻗어 만져보게 하고 건강한 스킨십을 통해 아이는 부모와의 관계 속에서의 행복과 기쁨을 맛보며 심리 및 정서적으로 밝게 자라나게 된다. 아직은 모든 것이 서툴고 익숙치 않은 유치기 아이들은 자신이 어떤 일을 잘하든 못하든 간에 자신의 존재 자체를 기뻐해 주고 인정해 줄 때에 비로소 안심하게 되고 자기의 존재가치를 확립할 수 있게 된다. 이러한 신뢰와 자기 존재에 대한 가치감은 이 시기에 필요한 주도성을 더욱 건설적으로 키워 나갈 수 있게 해준다.

3. 성경 인물과의 동일시 역동을 활용한 신앙교육

부모의 일관성 있는 모습, 태도, 가치관을 통해 아이들은 든든한 자아정체감, 성정체감, 건강한 초자아를 일관성 있게 발달시켜 나가게 된다. 이를 위해 부모가 자신의 분명한 정체감의 기초 위에서 솔직한 모습과 진솔한 대화를 아이들과 나눔으로써 아이가 부모와의 일체감을 느낄 수 있도록 배려하는 것이 필요하다. 유치기 아이들은 자신이 어떤 일을 잘하든 못하든 간에 자신의 존재 자체를 기뻐해 주고 인정해 줄 때에 비로소 안심하게 되고 자기의 존재가치를 확립할 수 있게 된다. 이러한 신뢰와 자기 존재에 대한 가치감은 이 시기에 필요한 자율성과 주도성을 더욱 건설적으로 키워 나갈 수 있게 해준다. 또한 유치기 아이들의 주도성 신장을 위해 안전한 범위 내에서 자신이 스스로 선택할 수 있는 기회를 가능한 한 자주 마련해 준다. 이를 통해 아이는 결단력 있게 주도적으로 선택해 나가고 자기의 선택에 따르는 책임을 감당하는 법을 배워 나가게 된다. 일반교육에 비해 기독교교육이 가진 가장 중요한 자산이자 자원은 무엇보다 풍부하고 생명력 있는 이야기를 담은 성경 말씀이다. 성경 이야기를 어려서부터 듣고 그것을 머리와 가슴에 새김으로써 신앙 인물들과의 건강한 동일시의 역동적 과정을 갖도록 하는 것은 일반교육이 할 수 없는 기독교교육의 장점이자 특성인 것이다. 성경 인물을 통한 신앙교육은 아이의 건강한 주도성 교육을 위해서도 평생의 큰 자산이 된다.

아동기

6세부터 12세에 해당하는 시기인 아동기는 아이들의 전반적인 발달에 매우 중요한 단계로 신체적, 사회적, 심리적 그리고 인지적으로 의미 있는 발달이 모두 이루어진다. 이 시기에 아이들은 신체적으로 꾸준히 성장하면서 유치가 빠지고 영구치가 나타난다. 이 과정에서 아이들은 외모에 대한 관심을 늘리기 시작하지만 동시에 자신의 신체 기능과 역할에 더 많은 관심을 가지게 된다. 심리적으로는 학교 환경에 적응하면서 두려움과 불안을 많이 경험하게 되며, 이는 새로운 학습과 사회적 상황에 대한 적응 과정에서 비롯된다.

　사회적 발달에서는 또래 그룹의 영향력이 커지게 된다. 아이들은 또래 그룹과의 상호작용을 통해 협력, 경쟁, 사회적 규범과 관계를 배우게 되는데 이는 아이들이 사회적 역할을 이해하고, 다양한 사회적 관계를 형성하는 데 도움을 준다. 특히 학교 환경은 아이들의 발달에 중요한 역할을 하게 되는데 교사는 아이들의 학습과 사회적 적응을 돕는 주요 인물로 아이들이 학교생활에 잘 적응하고 학업에 몰입할 수 있도록 지원해야 한다. 교육 방식은 아이들의 개별적 특성과 필요에 맞추어 이루어져야 하며, 아이들의 자율성과 창의성을 존중하는 방향으로 진행되어야 한다.

가정에서는 아이들에게 안정적이고 수용적인 환경을 제공하는 것이 중요하다. 부모는 아이들의 감정을 이해하고 지지해 주며, 그들이 겪는 사회적, 학업적 도전에 대해 지원을 제공해야 한다. 또한 가정과 학교는 아이들의 건강한 도덕적, 사회적 발달을 위해 협력해야 한다. 이 시기는 아이들이 자신의 정체성과 자아 개념을 발달시키는 중요한 시기로 이를 통해 아이들은 자신과 타인에 대한 이해를 높이고, 사회적 상호작용 능력을 향상시킨다. 이러한 전반적인 발달 과정은 아이들이 건강한 성인으로 성장하는 데 필수적인 기초를 마련한다.

6세가 되면, 유치기는 끝나고 드디어 초등학교에 입학하게 된다. 초등학교 1학년부터 6학년까지의 시기를 가리켜 아동기 또는 학령기라 부른다. 초등학교에 입학하게 되면서부터 비로소 공식교육이 시작된다. 아동기가 심리적 발달에 따른 명칭이라면 학령기는 학교제도에 따른 명칭이라 할 수 있다.

I. 신체 발달

학령기에 접어든 아동의 신체 발달은 영유아기 때만큼 급속도로 이루어지지는 않지만 조금씩 꾸준한 성장이 이루어진다. 특히 체중에 비해 키의 성장이 완만하게 늘어난다. 학령기의 아동들은 가슴둘레가 발달하기 시작하고 팔다리가 가늘고 길어지기 시작한다. 머리가 차지하는 비율은 키의 7분의 1 내지 8분의 1 정도를 차지함으로써 어른과 비슷한 형태의 체형을 가지게 된다. 하지만 몸통보다 팔다

리의 성장이 빠르기 때문에 팔다리가 유난히 길어 보이는 신체적 특징을 보이기도 한다.[1]

우리나라 남자아이와 여자아이의 경우 6세 아동의 평균신장이 각각 115.9cm, 114.7cm이고, 12세 아동의 평균신장은 각각 151.4cm, 151.7cm로 자라게 된다. 몸무게는 6세경에 각각 21.3kg, 20.7kg이던 것이 12세경이 되면 45.4kg, 43.7kg 정도가 된다. 학령기 전기(6세~10세)에는 남자아이의 키가 여자아이보다 높게 나오지만, 학령기 후기(10세~12세)에 들어가면 여자아이들의 키가 더 높게 나온다.[2]

학령기 초기가 되면 유치 20개가 빠지기 시작하여 초등학교 5, 6학년이 되면 유치 대신 영구치 28~32개가 나오기 때문에 얼굴 밑부분이 발달하여 얼굴 모습이 바뀌게 된다. 학령기의 아동은 신체 성장 과정에서 흔히 근육이 당기는 통증을 경험하게 된다. 이를 흔히, '성장통'(growing pain)이라고 부른다. 성장통은 주로 밤에 생기고 아침이 되면 없어지게 되는데, 그 원인은 뼈를 둘러싼 골막이 늘어나 주위 신경을 자극하거나 뼈의 성장 속도에 비해 근육의 성장 속도가 느리기 때문으로 여겨진다.[3]

학령기를 잘 보내기 위해선 신체 조건이 중요한 요소가 된다. 학령기에는 다양한 신체 활동을 하게 되기 때문에 체력, 건강, 몸의 형태 등에 따라 자신감, 적응력, 인정과 칭찬 여부가 결정된다.[4] 무엇보다 자신의 몸에 대해 긍정적이고 수용적인 태도를 가지는 것은 정신

---

1 강경미·구광현·백경숙, 『아동 발달』 (서울: 대왕사, 2005), 355.

2 질병관리본부, 『2017 소아청소년 성장도표해설집』 (청주: 질병관리본부, 2017), 56-64.

3 강경미·구광현·백경숙, 『아동 발달』, 356.

4 William Crain, *Theories of Development* (Englewood Cliffs, NJ: Prentice-Hall, 1980), 174-175.

적 건강과 자신감 형성에 대단히 중요한 역할을 하게 된다. 베텔하임 (Bruno Bettelheim)은 다음과 같이 주장 한다: "몸은 인간 영혼이 거 하는 집과도 같다. 인간의 자아와 몸은 매우 밀접하게 연결되어 있기 에 자신의 몸에 대한 자신감과 긍정성을 가지고 있는 사람은 건강한 마음을 지니고 살게 된다."[5]

학령기 아이들은 사춘기 청소년들과는 달리 자신의 외모와 생김 새보다는 자기 몸이 할 수 있는 역할과 기능들에 대해 더 많은 관심 을 가진다. 학령기 아동의 신체적 발달과 신체적 기능은 아이들의 지 적 발달과도 밀접한 관련을 가진다. 학령기에 접어들면, 또래 그룹들 과의 끊임없는 놀이, 운동, 경쟁 등의 상호작용을 통해 자기 몸의 형 태, 크기, 기능에 대한 자의식이 생겨나기 시작한다. 특히 자기가 속 한 집단이 유지하는 표준과 기준에서 벗어난 아이들일수록 정신적 인 스트레스와 압박을 받게 된다. 이러한 스트레스와 압박을 어떻게 이겨낼 수 있는가 하는 것은 다음과 같은 조건들과도 관련이 있다. 그것은 곧 자존감, 일관성, 내적인 힘, 현실 적응력 등이다.[6] 이런 스 트레스와 압박 속에서 아이는 이러한 것들을 견뎌 내거나 아니면 자 신의 몸과 외모를 준거집단의 표준에 맞게 가꾸어 나가려 노력하게 된다.

소년들은 흔히 키와 체격을 좀 더 크게 하고 싶어 하고, 소녀들은

---

5 Bruno Bettelheim, *A Home for the Heart* (New York: Knopf, 1973), 100-101; James Lugo & Gerald Hershey, *Human Development: A Psyhoclogical, Biological, and Sociological Approach to the Life Span* (New York: McMillan Pub., 1979), 516에서 재인용.

6 H. Cobb, "Role-Wishes and General Wishes of Children and Adolescents," *Child Development* 25 (1954): 161-171.

좀 더 매력적인 외모를 가지고 싶어 한다. 학령기에는 유치기보다 외모에 대한 관심이 증가되기 마련이지만, 학령기 아동들이 외모보다 더 중요하게 여기는 것은 학업과 대인관계에서 주위 사람들로부터 인정과 칭찬을 받는 것이다.

II. 사회적 발달

학령기는 자신의 내적 충동과 사회적 역할, 기대, 규범 사이에 일종의 균형과 대화를 지속하는 시기이다. 학령기 아동의 주된 활동 범위는 가족과 또래 그룹이라 할 수 있다. 타고난 차이가 어떠하든지 간에 주위 환경과 문화에 따른 성 역할의 고정 관념으로부터 자유로울 수 있는 사람은 없다. 학령기 아동들은 개인적 차이는 있지만, 주위의 기대와 사회적 인정 및 관습에 따라 자기에게 주어진 성 역할을 익히기 시작하며 이에 적응하기 시작한다. 이것은 일종의 사회적 학습과도 같은 것이다.

학령기 아동들은 높은 단계의 숙련 기술을 위한 기본 능력들을 익히기 시작한다. 즉, 읽기, 쓰기, 덧셈, 뺄셈, 곱셈, 나눗셈 등을 배우게 된다. 또한 이 시기의 아이들은 학교 교육을 통해 집단생활, 팀워크, 역할 분담, 협동, 경쟁 등 사회생활의 기본 방식들을 배우게 된다. 자신이 새롭게 익힌 동작, 기술, 능력을 통해 자기 자신도 만족할 뿐 아니라 주위 사람들에게도 인정과 칭찬을 받을 수 있는 방식으로 그것들을 발휘하는 법을 익혀 나가게 된다. 에릭슨은 학령기 아동의 발달 과업의 두 축을 '근면성 대 열등감'으로 표현한다.7 근면성 대

열등감이라는 과제는 이전 단계인 유치기의 주도성 대 죄책감에 대한 학령기적 성숙과도 같은 것이라 할 수 있다. 학령기 아이들은 '근면성 대 열등감'이라는 두 축을 기초로 사회성을 발달시킨다. 그중한 축인 근면성에만 너무 빠지게 되면, 아이는 공리주의와 실용주의의 늪에 빠질 수 있다. 그렇게 되면 자신의 존재 자체로서 느끼는 존재가치는 상실한 채, 자신이 무엇을 해낼 수 있는가 하는 행위 가치에만 관심을 가지게 된다. 그렇게 되면 기능적, 실용적, 도구적 가치만을 추구하게 됨으로써 이후의 삶이 기술과 성취에만 집착하는 성취 중독적 삶이 될 가능성이 높아진다.

반면 학교와 가정에서 주어지는 과제와 기술들을 부지런히 따라 배우지 못하고 실패를 거듭하게 되면, 성취와 근면성의 또 다른 반대 축에 빠지게 된다. 그것은 곧 자신의 내면과 외면, 자신이 가진 신체적, 지적, 의지적 조건이 환경의 기대와 요구에 부응하지 못한다는 자의식을 가지게 된다는 것이다. 따라서 자신이 부적절하거나 열등하다고 느끼는 열등감의 늪에 빠지게 된다. 이러한 열등감의 늪에 빠지게 되면, 진취적이기보다는 유보적이고 뭔가 뒤로 후퇴하는 듯한 모습을 보이게 된다. 이것은 일종의 퇴행적 성향으로 연결될 수 있다.

아동이 스스로 과제를 해결하려고 할 때 아동의 현재 수행 수준에 맞추어 인지 발달을 촉진하기 위해 제공되는 지원을 비계설정이라 한다. 비계설정이란 아동이 문제를 해결하는 데 필요한 도움의 양, 방법, 내용을 적절하게 조정하여 제공하는 교수행동을 지칭한다.

---

7 Erik Erikson, *Childhood and Society* (New York: W. W. Norton & Company, 1963), 258-260.

학생들이 새로운 과제를 배우는 초기 단계에는 교사가 직접적인 가르침을 많이 제공한다. 그러나 학생들이 차츰 과제에 익숙해지면 교사는 간헐적인 도움을 주기만 해도 된다. 비고츠키(Lev Vygotsky)는 인지 발달이 사회적으로 이루어진다고 주장하며 근접 발달 영역 내에서 학습이 일어난다고 보았다. 이 영역에서 섬세한 가르침이 있는 경우 새로운 인지 성장이 발생한다.8

III. 학령기 심리적 특성

1. 심리적 특성: 두려움과 불안

학령기 아이들이 이전 단계에 비해 뚜렷이 느끼게 되는 감정은 일종의 두려움과 불안이라 할 수 있다. 두려움과 불안은 상호 연결되어 있긴 하지만 서로 구별되는 감정이다. 두려움이란 실제적인 것이든 가상적인 것이든 간에 위험을 느끼게 하는 대상에 대한 구체적 감정이라면, 불안은 분명한 대상을 지적할 수는 없지만 막연히 존재한다고 느끼는 위험에 대한 불명확한 감정이라 할 수 있다.9

학령기 아이들이 느끼는 두려움에 대해 먼저 살펴보기로 하자. 학령기 아이들에게 두려움을 느끼게 하는 대상은 무엇일까? 많은 학자들은 아이들이 느끼는 두려움이 후천적으로 학습된 것이라고 주

---

8 송현주 외 9인, 『최신 발달심리학』 (서울: 사회평론아카데미, 2021), 154-155.
9 Sueann Ambron & David Brodzinsky ed., *Lifespan Human Development* (New York: Holt, Rinehart and Winston, 1979), 322.

장한다.[10] 직접적인 부정적 경험을 통해 두려움을 습득하기도 하고 부모, 형제, 친구 등 주위 사람들의 경험이나 그들이 전달해 준 영향력 때문에 특정한 대상이나 현상에 대한 두려움을 발달시키게 된다는 것이다. 학령기 아이들은 특히 초자연적 현상, 위험한 사고, 학교 적응 실패, 조롱거리의 대상이 되는 것에 대한 많은 두려움을 가지게 된다.

한편 불안을 경험하는 아이는 자기가 무엇을 두려워하는지 자기가 두려워하는 대상에 대해 잘 알지 못한 채 이러한 감정에 휩싸이게 된다. 끊임없는 염려와 걱정으로 불안해하면서도 그것이 무엇 때문에 생겨나는 것인지 알지 못한다. 이러한 불안은 다양한 신체적 증상으로 나타나기도 한다. 막연하지만 만성적인 불안이 두통, 복통, 불면증, 틱장애 등을 가져오기도 한다. 학령기 아동은 새로운 학교생활, 학급 친구, 교과목과 과제 등, 새로운 환경에 부딪쳐 계속해서 적응해 나아가야 하기에 아이의 내적 불안은 외적 환경에 의해 가중될 수 있다.

불안을 야기하는 대표적 요소 중 하나를 들자면 갈등을 꼽을 수 있다. 갈등이란 두 가지 이상의 감정이나 욕망이 서로 상충될 때 경험되는 것이다. 갈등에도 최소한 세 가지 종류의 갈등을 살펴볼 수 있다. 그것은 곧 접근 갈등, 회피 갈등, 혼합 갈등이다.[11] 이 세 가지 갈등에 대해 살펴보기로 하자.

먼저, 접근 갈등을 살펴보자. 한 아이가 사탕도 먹고 싶고 빵도 먹고 싶은데, 둘 중 한 가지만 택할 것을 요구받을 때 아이는 갈등하

---

10 위의 책.
11 위의 책, 322-324.

게 된다. 이때 겪는 것이 곧 접근 갈등이다. 즉, 이것도 원하고 저것도 원할 때 겪는 갈등을 의미한다. 둘째, 회피 갈등에 대해 살펴보자. 회피 갈등은 과외수업에 가기는 싫지만, 가지 않으면 부모님께 꾸중을 듣게 될 것 같아 겪게 되는 갈등이다. 즉, 이것도 싫고 그렇다고 해서 저것도 싫을 때 겪게 되는 갈등을 의미한다. 셋째, 혼합갈등은 접근 갈등과 회피 갈등이 함께 혼합되어 나타나는 갈등을 뜻한다. 예를 들면 어린이 놀이공원 같은 곳에 가서 놀이기구를 타고는 싶은데 혹시 사고가 날까 봐 두려워서 선뜻 타지 못하고 갈등하는 것을 의미한다. 즉, 이것을 하고 싶은데 그것을 하게 되면 생겨날지도 모를 원치 않는 상황으로 인해 겪는 갈등을 의미한다.

높은 강도의 불안은 학령기 아동의 정신건강에 심각한 영향을 미치게 된다. 예를 들면 지나치게 억압적이고 통제하는 어머니 밑에서 자라나는 아동은 어머니에게 드러내놓고 반항을 하거나 반발을 하고 싶은 충동을 느끼게 된다. 하지만 그렇게 해보았자 문제가 해결되지 않을 것이라고 판단하거나 아니면 그러한 행동이 올바른 행동이 아니라고 자책함으로써 실제 행동에 옮기지 못하고 만다. 이러한 갈등과 불안이 축적되고 억압될수록 아이의 정신건강은 위협받게 되고, 이러한 억압은 이후 성인이 되어서 다양한 형태의 불건강하고 반사회적인 모습으로 표출될 수 있다.

2. 학령기 어린이의 자존감

학령 전기 아동들은 대부분 자존감이 아주 높다. 그러나 아동들이 학교에 들어가고, 다른 또래들과 비교하며 얼마나 잘했는지 더 많

은 피드백을 받게 되면서 자기 개념은 분화되고, 좀 더 현실적이 된다.[12]

아동들은 적어도 네 가지, 학문적 능력(언어, 예술, 수학, 다른 과목), 사회적 능력(또래 관계, 부모와의 관계), 신체/운동능력(실외 게임, 여러 가지 스포츠)과 외모에 대한 자아존중감을 형성한다. 이러한 자아존중감은 더 세부적인 자기 평가로 분화됨과 동시에 결합하여 일반적 자아존중감을 형성한다. 이 중 어떤 부분의 자기 평가는 다른 부분의 자기 평가보다 더 중요하게 여겨진다. 특별히 학령기와 청소년기에 외모에 대한 지각은 다른 어떤 요인보다도 전체 자기 가치감과 더 강한 상관을 보인다. 대중매체와 사회에서 외모를 강조하기 때문에 어린 청소년들이 자신에 대해 갖는 전체적 만족감에 중요하게 영향을 미치는 것이다.[13]

초등학교 처음 몇 년 동안 아동들의 여러 영역에 대한 자아존중감이 감소한다. 그러나 해가 될 정도로 크지는 않다. 대부분의 아동들은 자기를 존중하는 태도를 지니면서도 동시에 자신의 특징과 능력을 현실적으로 평가한다. 그런데 4학년부터는 아동들이 또래 관계와 운동능력에서 아주 뛰어나다고 느낄 때 대부분 자아존중감이 증가한다.[14]

아동기 중기부터 자아존중감의 개인차는 점점 더 안정되고 자아존중감과 여러 활동의 중요성과 그런 활동에서의 성공 사이에 정적

---

12 Laura E. Berk/이옥경 외 5인 역, 『생애 발달 I: 영유아기에서 아동기까지』 (서울: 시그마프레스, 2009), 423.

13 위의 책, 424.

14 위의 책, 424.

관계가 나타난다. 학문적 자아존중감은 아동들이 공부를 얼마나 중요하고 쓸모 있고 재미있다고 평가하는지, 얼마나 열심히 하려고 하는지와 그들의 성취를 예측한다. 학령기 아동들의 학문적 자아존중감은 청년기 이후의 교육적 성취와 관련성을 보이기도 했다. 사회적 자아존중감이 높은 아동들은 다른 또래들이 항상 더 좋아하는 경향을 보였다. 운동능력에 대한 자아존중감은 스포츠에 얼마나 투자하며 또 얼마나 잘하는지와 정적 상관을 보였다. 모든 분야에서 자아존중감이 낮으면 불안하고 우울증을 보이고 또 반사회적 행동을 많이 보였다.[15]

자기존중감은 가치, 능력, 통제의 세 가지 차원으로 구성된다. 가치는 자신을 가치 있게 여기고 좋아하는 정도 그리고 다른 사람들이 자신을 가치 있게 여기고 좋아한다고 생각하는 정도의 차원이다. 능력은 과제를 완수하고 목표를 성취할 수 있다는 신념이다.[16] 이는 자기효능감과 관련이 있다.

자기효능감이란 자기 스스로 상황을 극복할 수 있고, 자기에게 주어진 과제를 성공적으로 수행할 수 있다는 신념이나 기대를 말한다. 높은 자기효능감은 긍정적인 자아개념을 촉진하고, 지속적으로 과제 지향적인 노력을 하게 하여 높은 성취 수준에 도달하게 한다. 반면, 낮은 자기효능감은 부정적인 자아개념을 갖게 하여서 자신감이 결여되고 성취 지향적인 행동을 위축시킨다.[17]

---

15 위의 책, 424-425.

16 Marjorie J. Kostelnik et al./박경자 외 3인 역, 『영유아의 사회정서 발달과 교육』 (파주: 교문사, 2010), 129.

17 정옥분, 『아동 발달의 이해』 (서울: 학지사, 2003), 512.

이러한 자기효능감은 일반적으로 아동기에 증가한다. 특정 과제에서 성공 또는 실패한 경험에 비추어 아동은 자신이 특정 영역에서 얼마나 잘할 수 있는지를 예견할 수 있다. 예를 들면 롤러블레이드를 처음 타보고 잘 해낸 아동은 앞으로 연습하면 더욱더 잘할 수 있을 것이라고 믿는다.[18]

낮은 자기효능감은 극단적인 경우에 아동으로 하여금 자신은 아무것도 할 수 없으며 실패할 수밖에 없다는 학습된 무력감을 갖게 한다. 학습된 무력감은 계속되는 실패의 경험에서 발생하는데, 자신은 아무리 노력해도 성공할 수 없을 것이라고 느끼는 것이다. 학습된 무력감은 아동으로 하여금 자신이 무능력하여 실패했다고 느끼게 만들고, 자신이 성공한 것은 단지 운이 좋아서 그렇게 된 것이라고 느끼게 만든다. 결과적으로 이러한 학습된 무력감을 갖게 되면 어떤 과제가 주어졌을 때 시도도 해보지 않고 일찌감치 포기해 버리게 된다. 학습된 무력감을 지니고 있는 아동은 학업성취에서 자신의 잠재력을 거의 발휘하지 못하며, 쉽게 학업을 포기하게 된다.[19]

자기통제 능력은 아동기에 급격하게 증가하는데 통제는 자신이 세상에서 일어나는 일들과 사건에 영향을 미칠 수 있다고 느끼는 정도를 일컫는다. 자신의 가치, 능력, 통제를 대체로 긍정적으로 판단하는 사람은 자아존중감이 높으며, 자신에 대한 평가가 나쁜 사람들은 자아존중감이 낮다.[20]

---

18 위의 책, 512-513.

19 위의 책, 513.

20 Damon, W. & Hart, D., "The Development of Self-understanding from Infancy through Adolescence," *Child Development*, 53 (1982): 841-864; Marjorie J. Kostelnik et al./박경자 외 3인 역, 『영유아의 사회정서 발달과 교육』, 129에서 재인용.

그 이유는 두 가지로 설명될 수 있다. 하나는 아동이 인지적으로 성숙하면서 자신의 사고와 행동을 규제할 수 있는 보다 효율적인 전략을 사용할 수 있기 때문이고, 다른 이유는 자기규제와 자기통제의 가치를 강조하는 규준을 내면화하기 때문이다.[21]

이경님의 아동의 자기통제에 영향을 미치는 변인을 조사한 연구에 따르면, 아동의 사려성이 높을수록 자기통제가 높은 것으로 나타났다. 즉, 상황을 검토하고 심사숙고해 상황적인 요구에 대응하며 적절히 행동할 수 있는 사려성이 자기통제를 높이는 중요한 변인임을 알 수 있다. 또한 아동의 자기통제는 사회적 자아개념과 정적 상관을 보여주고 있는데, 친구와 잘 어울리고 친구 관계에 잘 적응한다고 지각하는 아동은 자기통제가 높은 것으로 나타난다. 그러나 어머니가 아동에게 권위주의적이고 통제를 많이 할수록 아동의 자기통제는 더 낮아지는 것으로 나타났다. 즉, 아동의 자기통제와 어머니의 통제적 양육 행동은 부적 상관을 보여주었다.[22] 이렇듯 아동의 자기통제는 사려성과 친구와의 관계, 양육 행동의 '통제' 정도와 깊은 관계가 있는 것을 알 수 있다.

대부분의 아동들은 10세가 되면 정서를 관리하기 위해서 두 가지 일반적인 책략을 적절하게 구사한다. 문제중심 대처(problem centered coping)에서 아동들은 상황이 변화될 수 있는지 평가하고, 문제를 확인하고, 무엇을 할지 결정한다. 이 책략이 효과가 없으면, 정서중심 대처(emotion centered coping)를 하게 되는데 이 대처는 내적이고 개인적이며 결과를 바꿀 수 없을 때 고통을 통제하는 책략이다.

---

21 정옥분, 『아동 발달의 이해』, 514.
22 위의 책, 514.

예를 들어 시험이 다가와 불안하거나 친구가 화가 났을 때 나이가 많은 학령기 아동들은 문제 해결과 사회적 지원을 찾는 것이 가장 좋은 방법이라고 생각한다. 그러나 자기들도 어떻게 할 수 없을 때는 예를 들어 성적이 나쁘게 나왔으면 기분 전환을 하거나 상황을 재해석한다. "더 나쁠 수 있었는데, 시험은 또 보면 되지." 학령 전기 아동들과 비교해서 학령기 아동들은 정서를 관리하기 위해 내적 책략을 더 많이 사용하는데 이는 생각과 감정에 대해 반추하는 능력이 발달하기 때문이다.[23]

게다가 학령기 아동들은 부모, 교사 및 또래들과 상호작용함으로써 부정적 정서를 사회적으로 무리 없게 표현하는 방식에 대해서 점점 더 많이 알게 된다. 그들은 울기, 골내기, 공격성보다는 언어적 책략을 점점 더 많이 사용한다. 어린 학령기 아동들은 정서를 이렇게 성숙한 방식으로 표현하면 벌도 안 받게 되고 성인들의 인정도 받을 수 있다고 설명한다. 하지만 3학년 학생들은 다른 사람의 감정에 대한 배려를 강조하며 이러한 태도를 긍정한다. 교사들과 또래들은 이런 사실을 알고 있는 아동들을 도움이 되고 협동적이며 사회적으로 반응적이라고 평가한다.[24]

3. 타인에 대한 관점 변화

피아제의 인지발달이론에 의하면 아동들이 자신과 다른 사람들에 대하여 이해하고 생각하는 수준은 인지 발달 수준에 의해 결정된

---

23 Laura E. Berk, 『생애 발달 I: 영유아기에서 아동기까지』, 429-430.
24 위의 책, 430.

다. 셀먼(Robert Selman)은 역할수행 이론을 말하였다. 그는 자신의 관점과 다른 사람의 관점을 변별하는 능력과 다른 관점들 간의 관계를 볼 수 있는 능력을 획득하면서 자신과 다른 사람들을 더 잘 이해할 수 있게 된다고 하였다.[25]

셀먼은 한 사람에 대하여 알기 위해서는 그 사람의 관점에서 그의 사고, 감정, 동기, 의도와 행동을 이해해야만 한다고 믿었다. 아동이 이러한 다른 사람의 입장에서 생각하는 역할수행 능력이 없다면 그 아동은 타인의 겉모습이나 겉으로 보이는 행동과 같은 외적 특성으로 다른 사람들을 기술할 수밖에 없다는 것이다.[26]

셀먼은 역할수행 능력을 5단계로 제시하였다. 0수준은 자기중심적 또는 미분화된 관점(3~6세 경)으로 이 시기의 아이들은 다른 사람들의 관점을 인식하지 못하고 다른 사람들도 모두 똑같이 생각할 것이라 믿는다. 1수준은 사회적–정보적 역할수행(6~8세)으로 아동들이 사람들이 자기와는 다른 관점을 가질 수 있다는 것을 알게 된다. 그러나 그것은 단지 사람들이 다른 정보를 들었기 때문이라고 믿는다. 2수준은 자기 사려적 역할수행(8~10세 경)으로 아동들은 자기 자신과 다른 사람이 동일한 정보를 갖고 있을 때에라도 자신의 견해와 다른 사람의 견해가 일치하지 않을 수 있다는 것을 안다. 다른 사람의 관점을 고려할 수 있게 되며, 다른 사람이 내 자신의 입장에 서서 생각할 수 있다는 것을 알게 됨으로써 다른 사람의 반응을 예측할 수 있게 된다. 그러나 아직 아동은 자신에 대한 관점과 다른 사람의 관점을 동시에 고려할 수는 없다. 3수준은 상호 역할수행(10-12세경)

25 최경숙·송하나, 『발달심리학 — 전생애: 아동 청소년 성인』 (파주: 교문사, 2017), 268-269.
26 위의 책, 269.

으로 아동은 자신과 다른 사람의 관점을 동시에 고려할 수 있고, 다른 사람 또한 그렇게 할 수 있다는 것을 안다. 또한 아동들은 자신과 다른 사람이 상대방의 관점에 어떻게 반응할 것이라는 것을 예측할 수 있다. 4수준은 사회적 역할수행(12~15세 경 이후)으로 청소년 시기이다. 이 시기의 청소년들은 다른 사람의 관점을 그 사람이 속해 있는 사회적 체계의 관점과 비교하여 이해하려고 시도한다.[27]

아동들이 이러한 역할수행 능력을 획득하면서 인간관계에 대한 의미와 특성을 이해하는 것이 변화된다. 우정의 의미에 대해서도 연령에 따라 변화되는 것을 알 수 있다. 셀먼의 0수준의 학령 전 아동들은 놀이를 함께 하는 또래는 모두 친구라고 생각한다. 따라서 5세 아이는 단지 이웃에 살고 있고 나와 놀기 때문에 친구라고 생각한다. 6-8세가 되어도 공통 활동을 우정의 중요한 기준으로 계속 생각한다. 이 아동들은 친구는 나를 위해서 좋은 일을 하는 것을 선택하는 사람이라고 보기 시작한다. 이 수준에서의 우정은 아동들이 친구에 대한 배려에 자기가 보답해야 된다고 생각하지 않기 때문에 일방적일 경우가 많다. 이 수준에서 만약 친구가 자기의 관심이나 요구에 부응하지 못할 경우, 바로 친구가 아니라고 생각한다.[28]

셀먼의 2수준인 8~10세 아동들은 친구의 요구에 관심이 증가하며 우정은 상호 신뢰에 기초하고 있고, 두 사람의 존중, 친절과 애정은 서로 교환하는 상호교환적인 관계라고 보기 시작한다. 이 시기의 아동은 공통 활동으로만은 우정이라고 부르기에 충분하지 않다는 것을 알게 된다. 아동들은 자신의 관심 및 관점과 친구들의 관심 및

---

27 위의 책, 269-270.
28 위의 책, 270-271.

관점이 얼마나 유사한지, 다른지를 평가할 수 있게 되면서 친구란 심리적으로 자신과 유사해야 된다고 주장한다.29

아동의 역할수행 능력은 또래집단 내에서의 지위에 영향을 미칠 수 있다. 쿠르덱(L. Kurdek)과 크릴(F. Krile)은 초등학교 3학년에서 8학년까지 아동 중에서 가장 인기 있는 아동들은 역할수행 능력이 잘 발달된 아동들이라는 것을 발견하였다. 사회성이 높은 아동과 깊은 우정 관계의 친구를 가진 아동들은 그렇지 못한 또래들에 비하여 역할수행 점수가 높았다.30

IV. 인지 발달

피아제의 인지발달론에 의하면, 학령기 아동은 유아 및 유치기의 전조작기를 지나 구체적 조작기의 시기에 놓이게 된다. 학령기가 되면, 전조작기가 마무리되면서 그다음 단계인 구체적 조작기의 사고가 가능해지기 시작한다. 전조작기와 달리, 구체적 조작기에 이르게 된 아동은 자신뿐 아니라 다른 사람의 관점, 생각, 느낌에 대한 인지가 가능하고 다른 사람의 입장을 배려할 수 있는 능력이 생기게 된다.31

학령기에 이르게 되면 아동은 점차 자기중심성에서 벗어나기 시작한다. 자기중심성의 한계에서 벗어나 조금씩 탈중심화의 능력을 갖추어 나가게 된다는 것이다. 피아제에 의하면 학령기에 이르기 전

---

29 위의 책, 271.
30 위의 책, 271.
31 William Crain, *Theories of Development*, 88-93.

까지의 아이들은 모든 것을 자기 자신과의 관련성 속에서 자기중심적 판단을 하게 된다고 한다.[32] 구체적 조작기 이전의 아이들, 즉 전조작기의 아이들은 철저히 자신의 기분과 감정, 자신의 필요와 상황 속에서만 사물과 대상을 바라본다는 것이다.

전조작기의 한계를 벗어나 다른 사람의 관점에서 상황을 올바로 조망하기 위해서는 보다 대인관계적이고 사회적인 관점을 필요로 한다. 예를 들면 자기 또한 자기 형제의 형제라는 것을 인지하고 그에 따른 적절한 관계적 행동을 하기 위해서는 보다 상호적이고 쌍방향적인 관계의 성격을 이해하고 수용해야 한다. 이것은 사고의 가역성(reversibility)이 가능해지게 됨을 의미한다.[33]

사고의 가역성을 통해 다른 사람의 마음, 기분, 입장을 이해하고 배려하는 것은 아이가 적절한 사회적 역할과 행동을 할 수 있도록 해주는 소중한 능력과 자질을 갖추게 됨을 의미한다. 이처럼 지적 능력의 증가는 곧 사회적 행동과 도덕성의 증가와도 어느 정도 상관성을 가지게 된다.

V. 도덕 발달

학령기 아동들은 초기에는 옳고 그름에 대해 완고하고도 경직된 이분법적 태도를 취하게 된다. 하지만 학령기 후기가 될수록 이분법

---

32 위의 책, 83.

33 James Loder, *The Logic of the Spirit: Human Development in Theological Perspective* (San Francisco: Jossey-Bass Pub., 1998), 167-158.

적 경직성이 조금씩 유연해지기 시작한다. 학령기 아이들에게 있어 규칙이나 법은 무조건 지켜야만 하고 조금도 어겨서는 안 되는 중요한 철칙으로 여겨진다. 하지만 학령기 후기로 옮겨갈수록 법과 규칙 못지않게 중요한 것은 곧 '협력의 도덕성'임을 깨닫게 된다.[34] 학령기 초기 아이는 법이 마치 불에 손을 대면 화상을 입는 것처럼 절대적이고 불변의 법칙인 것으로 여기는 한편, 학령기 후기로 갈수록 법은 합의에 의해 또는 상황에 따라 조금씩 수정될 수 있는 가변적인 것으로 생각할 수 있는 능력이 조금씩 생겨난다는 것이다.

콜버그(Lawrence Kohlberg)는 피아제의 도덕적 인지론을 보다 체계화시키고 구체화시킴으로써 도덕 발달론의 기초를 확립한다. 콜버그에 따르면 학령기 후기에 이르면 전인습 수준(pre-conventional level)을 넘어 인습 수준(conventional level)에 접근하게 된다고 주장한다.[35] 콜버그는 세 수준에 두 단계씩을 설정함으로써, 도덕 발달론을 총 6단계로 나누어 설명하고 있다. 그에 의하면 학령기 후기의 아동은 인습 수준의 첫 단계인 '착한 소년, 착한 소녀 지향의 단계'에 도달하게 된다고 한다.[36] 이 단계는 권위 있는 인물, 즉 부모님, 선생님, 목사님처럼 옳고 그름을 판단할 수 있는 권위 있는 사람의 견해를 자신의 도덕적 판단의 기준으로 삼는 단계인 것이다.

학령기 아동의 도덕 발달에 있어서 부모나 교사가 아이에게 어떠한 방식의 도덕교육을 시키는가 하는 것은 매우 중요하다. 도덕교육에는 최소한 두 가지 방식이 있다. 첫째는 사랑과 설득에 기초한 도

---

34 William Crain, *Theories of Development*, 107-111.

35 위의 책, 107-108.

36 위의 책, 107-108.

덕교육이고, 둘째는 힘과 강요에 의한 도덕교육이다.[37]

먼저, 사랑과 설득에 기초한 도덕교육은 아이의 눈높이에 맞추어 아이가 자신의 양심, 인지, 판단 능력에 의해 어떠한 행동이 옳고 그른지 이해할 수 있도록 도와주고, 잘못된 행동이 아이 자신과 주위의 사람들에게 어떤 해악을 가져오게 되는지 깨닫게 도와주는 방식이다. 이러한 방식으로 도덕교육을 받게 되면 아이는 그러한 도덕률을 자신의 것으로 내면화시킴으로써, 누가 억지로 시키거나 강제하지 않아도 스스로 옳은 행동을 택하게 되고 실천하게 된다.

한편 힘과 강요에 의한 도덕교육은 아이가 잘못된 행동을 하지 못하도록 물리적 힘과 정해진 규정에 의해 잘못된 행동을 억제하는 방식을 취한다. 아이는 처벌이 무섭고 지켜보는 눈이 두려워서 잘못된 행동을 자제하게 되고, 요구되는 행동을 타율적으로 수행하게 된다. 하지만 이러한 도덕교육은 아이에게 진정한 도덕성을 심어주지 못한다. 이러한 상황 속에서는 아이의 도덕성이 자신의 것으로 내재화되지 않고 외부적 힘과 강제력에 의해 타율적으로 수행될 수밖에 없다. 따라서 적발되지만 않는다면 언제든지 도덕률을 어길 수 있는 가능성이 아이 속에 남아 있게 된다. 아이가 도덕적 행동을 하더라도 스스로 원해서가 아니라 처벌을 받을까 봐 두려워서 하는 것이라면 그것은 진정한 자율적 도덕성이 될 수 없다.

---

37 Paul Mussen et al., *Psychological Development* (New York: Harper & Row, 1979), 251-253.

VI. 가정환경

가정은 학령기 아이들의 발달에 있어 가장 중요하고도 지속적인 영향력을 미친다. 가정의 분위기가 안정되어 있고 신뢰할 수 있을 때, 아이는 자신감과 신뢰감을 발달시켜 나갈 수 있다. 가정 분위기가 불안하고 가정 구성원들이 서로 적대적일 경우, 아이의 내면과 행동 역시 그러한 불안과 적대감을 그대로 반영하게 된다.

세상에 어떤 사람도 똑같은 사람이 없듯, 이 세상에 어떤 부모도 똑같은 성격, 같은 유형의 부모는 없다. 하지만 부모가 자녀에게 미치는 영향력은 어떤 관계보다 깊고 지속적이기에 자녀를 양육하는 부모의 행동을 유형화해 보고 그러한 유형이 자녀에게 어떠한 영향을 미치는가 살펴볼 필요가 있다. 부모의 행동유형을 두 차원으로 나누어 대조적으로 살펴보도록 하자.[38]

첫째, 수용 또는 거절의 유형이다. 이것은 부모가 자녀를 사랑과 따뜻한 애정으로 받아들이고 수용하는가, 아니면 냉담함과 적개심으로 거절하는가 하는 양극적 차원을 의미한다.

둘째, 자율성 또는 통제의 유형이다. 자율성은 자녀가 스스로 자신의 행동을 선택, 결정할 수 있도록 자유와 기회를 보장해 주는 것을 의미한다. 한편, 통제에는 두 가지 측면이 있다. 그것은 곧, 행동의 기준을 세우고 그 기준을 지켜나가도록 하는 돕는 통제가 있는 반면, 통제가 지나친 나머지 아이의 자율성과 개별성 자체를 억제하

---

38 W. C. Becker, ""Consequences of Different Kinds of Parental Discipline"," M. Hoffmann et al. ed., *Review of Child Development* Vol. 1 (New York: Russell Sage Foundation, 1964).

는 일방적 통제가 있다. 행동의 기준을 세우고 그 기준을 지켜나가도록 하는 것은 필요하고 바람직한 통제에 해당한다. 하지만 아이의 자율성과 개별성마저 억제하고 일방적 통제를 한다면 아이는 의존적이 되거나 반항적인 아이가 될 수밖에 없다. 의존적인 아이는 자율성과 독립심이 결여될 수밖에 없고, 반항적인 아이는 자칫 반사회적인 행동으로 연결되기 쉽다는 데에 문제가 있다.

수용과 자율성을 중시하는 부모를 가리켜 '민주형 부모', 거절과 통제를 중심으로 양육하는 부모를 가리켜 '거절형 부모'로 명명하고, 각 유형이 가진 자녀 교육에 있어서의 역동성을 살펴보기로 하자.[39]

1. 민주형 부모

민주형 부모라 함은 아이들의 자유와 자율성을 어느 정도 허용하고 존중해 주는 부모를 의미한다. 민주적 부모는 의사결정 방식과 과정에 있어 개인의 의사를 자유롭게 표현할 수 있도록 해주고, 의견을 조율하고 합의를 도출하는 과정을 개방적으로 타당성 있게 이끌어간다. 이런 부모 밑에서 양육 받은 아이들은 또래 그룹들과 자연스럽고 편안하게 어울리고 자기 의사 표현을 잘할 뿐 아니라 자율적인 동시에 다른 사람과 협력관계를 잘 형성한다.

---

39 Paul Mussen et al., *Psychological Development*, 240-242.

2. 거절형 부모

거절형 부모란 기본적으로 냉담하고 아이들의 행동과 의사 표현을 억압하는 부모를 의미한다. 거절형 부모는 일종의 권위주의 부모이기도 하다. 그래서 거절형 부모 밑에서 자라나는 아이들은 자신의 부정적 감정을 표현할 수 있는 기회를 찾지 못한 채 억압하게 된다. 이렇게 부정적 감정들이 억압되고 의사소통이 원활하지 못할 때, 아이들은 정신적 불건강과 다양한 심리적 문제를 경험하게 된다.

거절형 부모, 즉 권위주의 부모의 훈육방식은 임의적이고 일관성이 없는 경우가 많다. 아이들을 야단칠 때도 아이들에 대한 분노와 적개심을 직접적으로 드러내곤 한다. 자녀 교육이 효율성 있는 인격적 교육이 되기 위해선 분노나 적개심이 아니라 아이의 안전, 성숙, 발달을 위한 진지한 관심과 사랑을 위한 꾸짖음이나 벌이 되어야 한다. 아이는 부모의 꾸짖음과 벌이 단순한 분노의 발로인지, 자신을 향한 사랑과 관심에 기초한 것인지를 느끼고 분간할 수 있기에 보모들이 자녀를 훈육할 때, 보다 세심한 주의와 자기 성찰을 필요로 한다.

VII. 또래 그룹

학령기에는 또래 그룹이 가정 이상으로 상당한 영향을 미친다. 어린 나이에도 친구들은 정서적인 지원과 안전의 자원을 제공한다. 가장 친한 친구와 친밀하고 지원적인 우정을 경험한 아동은 친한 친구가 없거나 친구들과 덜 친밀한 아동들에 비해 외로움을 덜 느낀다.

지속적으로 친구가 없는 아동은 친구를 가진 아동들에 비해 사회적 위축을 보일 가능성이 높다.[40]

친구들의 지원은 특히 전환기에 중요하다. 초등학교 입학 초기 몇 주 동안 친구들의 존재는 새로운 환경의 낯섦을 줄여 주기에 많은 어린 아동들이 이미 알고 있는 친구들과 한 학급에서 학교를 다니기 시작한다면 학교에 대해 더 긍정적인 태도를 가진다.[41]

우정은 교사에게 질책을 받거나 또래들에게 거부되거나 괴롭힘을 당하거나 사회적으로 고립되는 것과 같은 불쾌한 경험에 대하여 완충 역할을 한다. 아동이 필요할 때 친구가 친밀감과 안전, 도움을 제공한다면 특히 더 그렇다. 한 연구에서 10세와 11세들이 4일 동안 자신들의 부정적인 경험을 보고하고 나쁜 경험 뒤에 자신에 대해 어떻게 느꼈는지 그리고 가장 친한 친구가 매 에피소드 동안에 함께 있었는지에 관하여 보고했다. 또한 스트레스 반응의 지표로 아동의 코르티솔 수준을 하루에 여러 번씩 기록했다. 이 연구는 가장 친한 친구가 함께하지 않았을 때 아동의 일상 경험이 더 부정적이었으며 코르티솔 수준이 더 높았고, 각 경험 뒤 자존감이 더 크게 저하된 것을 보여주었다. 반대로 가장 친한 친구가 함께할 때는 부정적인 경험으로 인한 코르티솔 반응과 아동의 자존감에 변화가 적었다. 친구가 제공하는 보살핌과 지원의 정도는 아동기에서 청소년기까지 일반적으로 증가한다. 우정은 아동이 타인과 긍정적인 관계를 형성하는 데 필요한 사회적 기술과 지식을 발달시키는 맥락을 제공하는 것이다.[42]

---

40 Robert S. Siegler et al/송길연 외 3인 역, 『발달심리학』 (서울: 시그마프레스, 2019), 510.
41 위의 책, 510.

학령기의 또래 그룹은 공식적인 그룹이든 비공식적인 그룹이든 간에 대개는 남자아이들 그룹과 여자아이들 그룹으로 나뉘게 된다. 남자아이들은 여자아이들에게 다가가서 짓궂게 행동하고 여자아이들은 그런 남자아이들에게 대항하거나 무시해 버리는 쪽을 택하곤 한다. 학령기 때, 이처럼 남자아이들과 여자아이들이 동성끼리 그룹을 짓게 되는 것은 자신의 성적 정체성과 성 역할을 익히고 그에 적응해 나가는 과정으로 이해될 수 있다.[43]

공식적 그룹뿐 아니라 비공식 그룹 속에서도 아이들은 스스로 일종의 동의된 약속들과 그들만의 문화와 정서를 가지게 된다. 또한 아이들의 모임 속에서도 그들을 끌어나갈 리더가 나타나거나 다른 아이들에 의해 추대되거나 인정받게 되곤 한다. 이것은 아이들 나름대로 일종의 사회성 발달을 위한 사회적 역할을 연습하는 기회가 되기도 한다.

비공식 또래 그룹은 여러 면에서 가정과는 다른 모습을 가지고 있다. 가정은 나름대로 사회적 기초 단위로서의 규율, 질서, 권위를 가지고 있다. 부모와 자녀, 남편과 아내, 형제와 자매로서 지켜야 할 책임, 의무, 역할들이 있는 것이다. 하지만 비공식 또래 그룹은 그룹 구성원으로서의 책임이나 의무가 명확히 규정되어 있지 않다. 비공식 또래 그룹은 리더가 있다 할지라도 기본적으로 서로가 동등한 멤버로서 동등한 위치에 놓여 있다. 가정과 또래 그룹의 또 다른 차이점은 가정은 필연적으로 상존하는 것이라면, 비공식 또래 그룹은 자발적이고 임의적이어서 언제든지 생겨나기도 하고 해체되기도 한다

---

42 위의 책.

43 Sueann Ambron & David Brodzinsky ed., *Lifespan Human Development*, 378-379.

는 것이다.[44]

또래 그룹은 학령기 아동의 사회화에 대단히 중요한 영향을 미친다. 또래 그룹 속에서 아이는 그 그룹의 정서와 문화를 파악하고 그 그룹이 좋아하는 것과 싫어하는 것을 분별하게 된다. 그 그룹의 인정을 받을 수 있는 행동과 무시를 받을 수 있는 행동을 분별하게 된다. 가정에서 시작된 사회화의 과정은 또래 그룹을 통해 보다 더 현실적, 객관적으로 확장된다. 또래 그룹과의 상호작용을 통해, 아이는 자신의 장점과 단점, 강점과 약점을 인식하기 시작한다. 또래 그룹과의 상호작용 속에서 아이는 점점 더 자기중심성을 극복하고 탈중심화와 자기 객관성을 인식하기 시작한다.

물론 또래 그룹과의 상호작용이 순기능만 가지고 있는 것은 아니다. 또래 그룹과의 상호작용 속에는 많은 억압, 왜곡, 역기능들이 나타나는 경우도 있기 때문이다. 또래 그룹 속에 왜곡된 성격을 가진 아이가 리더 역할을 하거나 부정적이고 일탈적인 행동을 하는 그룹일 경우에 이러한 역기능은 증폭될 수 있다.[45]

학령기 아동들은 가족들 못지않게 또래 그룹 친구들과의 관계가 점점 더 중요해지기 시작한다. 친구들과의 관계를 통해 아이들은 사회화에 필요한 기술과 자질들을 개발하기 시작한다. 즉, 경쟁과 협력, 힘의 분배, 지배와 예속, 우호적 관계와 적대적 관계 등 다양한 관계성에 직면하여 자신의 위치를 유지하고 발전시켜 나가는 법을 배워나가기 시작한다. 또래 그룹은 가족이나 형제자매들과는 또 다른 역동성을 가지고 있다. 가족이나 형제자매 사이에는 나이 차이에

---

44 위의 책, 379-381.

45 Paul Mussen et al., *Psychological Development*, 258-259.

서 오는 상하 관계가 존재하지만, 또래 그룹은 서로가 같은 나이여서 나이에서 오는 상하 관계가 성립되지 않는다. 같은 나이 또래 그룹 사이에서는 체력, 지능, 용기, 재능 등 다양한 자질들을 서로 비교하고 겨루어 나가는 관계가 성립된다.

VIII. 학교 환경

아동에게 있어 가장 중요한 두 기관이 있다면 그것은 곧 가정과 학교일 것이다. 가정과 학교는 아이의 지적, 정서적, 의지적, 신체적 발달과 양육을 위한 기본 터전이 된다. 하지만 가정과 학교 사이에는 차이가 존재한다. 가정은 서로의 모습을 인정하고 용납하는 관계 위에 기초해 있다면, 학교에서는 친구들과 또래 그룹 사이에 협력과 경쟁을 통해 자신의 발전과 소속된 그룹의 발전을 꾀해 나간다는 것이다. 가정은 사적 공간이라면 학교는 공적인 공간이라 할 수 있다. 가정은 아이의 존재 자체를 소중히 인정해 준다면, 공적 장소로서의 학교는 아이의 존재 못지않게 성취와 행위에 따라 인정과 상벌이 주어진다.[46]

학교는 지식과 학문, 기술을 익혀 나가는 곳으로 흔히 인식되곤 한다. 하지만 학교는 지식, 학문, 기술 전수 외에도 학생들을 위해 다양한 역할을 동시에 수행하고 있다. 예를 들면 학교는 미성년 아이들이 바로 생업을 위한 직업전선으로 내몰리는 것을 방지하는 아이들

---

46 위의 책, 254-256.

의 보호소 역할을 수행한다. 또한 학교는 아이들이 정상적인 사회생활을 할 수 있도록 일종의 예비 사회화의 역할을 수행한다. 각 가정은 가정 나름대로의 문화와 정서, 전통과 가치관들을 가지고 있다. 다양한 가정에서 모여온 아이들이 함께 어울리고 단체생활을 해나감으로써 서로 다른 성격, 가치, 문화, 정서를 가진 아이들이 상호 협력과 공정한 경쟁을 해나가는 방법을 배우게 된다. 이러한 일련의 과정을 통해 아이들은 함께 더불어 살 수 있는 사회화와 협력, 상생과 공존을 위한 훈련을 받게 되는 것이다.[47]

일단 초등학교에 입학하게 되면 하루의 반나절 이상을 학교에서 보내게 되기에 가정과 함께 학교가 아이들 중심적인 삶의 장이 된다. 아이가 학교 문 안으로 들어가는 순간, 아이는 부모님의 보호와 그늘로부터 벗어나 학교라는 제도와 규칙, 단체생활에 적응해 나가야 한다. 가정에는 부모님과 가족들이 있다면, 학교에는 교장, 교감, 담임선생님 등 그들이 따라야 하고 적응해야 하는 많은 권위적 인물들이 존재한다.

1. 교사의 역할

학교생활에의 적응과 부적응을 가름하는 가장 중요한 인물은 아이들을 맡아 가르치고 지도하는 담임선생님이라 할 수 있다. 학령기 아이의 학교생활을 위해 교사와 아이의 관계적 특성은 가장 중요하다. 아이가 가족을 떠나 학교에서 의지하게 될 유일한 최초의 성인이

---

47 위의 책.

있다면 그는 아마도 담임선생님일 것이다. 이처럼 담임선생님은 초등학교 아이들에게 있어 지대한 영향력과 힘을 가진 존재이기에 담임선생님과 학생 사이의 관계성은 아이의 학교생활에의 적응은 물론 아이의 지적, 정서적, 의지적 발달에 많은 영향을 미치게 된다. 교사는 아이들이 학업과 학교생활의 어려움을 극복하고 잘 적응하여 자신의 잠재력과 가능성을 실현해 나갈 수 있도록 도울 수도 있고, 반대로 잠재력과 가능성이 억압당한 채 학업과 학교생활에 적응하지 못하는 아이가 되게 만들 수도 있다. 아이들이 어른이 된 후에도 자기에게 귀감이 되었던 선생님과 역기능을 주었던 선생님에 대해 술회하는 것을 보아도 교사가 아이들에게 얼마나 많은 영향력을 끼치는가 짐작할 수 있다.[48]

대개의 경우, 초등학교 저학년 담임선생님들은 주로 여선생님들이 맡고 있는 실정이다. 초등학교 1, 2학년 학생들에게 있어 여선생님은 엄마와도 같은 역할을 감당하는 면이 있다. 아이들이 아직 어리기에 그들을 가르칠 뿐만 아니라 아이들을 돌보고 양육하는 역할을 감당해야 하기 때문이다.

여선생님들이 초등학교 저학년 담임을 맡게 되는 것 역시 장, 단점을 함께 가지고 있다. 장점은 가정을 떠나 새로운 환경에 적응해야 하는 어린 학생들에게 어머니 같은 돌봄과 배려를 제공할 수 있다는 것을 꼽을 수 있다. 물론 개인차가 많이 있긴 하지만 남선생님에 비해 여선생님들은 단정하고 깨끗하고 정적인 것을 좋아하는 경향이 있다. 이럴 경우, 단정하고 깨끗한 아이들은 인정을 받게 되지만, 산

---

48 위의 책, 250-251.

만하고 적극적이며 활발한 아이들은 상대적인 불이익을 당할 수도 있다.[49] 가장 이상적인 환경은 초등학교에서부터 대학교에 이르기까지 선생님들의 성비가 어느 정도 균형을 이룰 수 있다면, 학생들의 성적 정체성과 균형적 성장에 더 많은 도움을 줄 수 있으리라 생각된다.

2. 교사의 자질

좋은 교사의 자질은 좋은 부모의 자질과 일맥상통한다. 좋은 교사는 좋은 부모와 마찬가지로 권위주의적(authoritarian)이기보다는 권위 있는(authoritative) 교사이어야 한다. 즉, 합리적이고 일관되며 적절한 안내와 규칙, 경계선을 설정해 준 후에 그 규칙과 경계선 내에서 아이들이 자율성, 창의성, 자발성을 가지고 자신의 학업과 학교생활을 꾸려 나갈 수 있도록 격려해 주어야 한다. 교사가 학생들에 대한 애정과 관심을 가지고, 학생들로 하여금 지나친 자의식이나 열등감으로부터 벗어나 자신의 재능과 특기, 소질을 개발해 나갈 수 있도록 격려해 준다면, 아이들은 성취감과 기쁨을 느끼며 학교생활을 하게 될 것이다.[50]

하지만 교사가 훈육과 처벌을 중심으로 아이들의 행동을 일방적으로 통제하려 한다면, 아이들은 선생님들을 싫어하게 되고 반항적이 될 것이다. 그 결과, 아이들은 학교에 가는 것을 싫어하게 되고 어떻게 해서든 학교와 교사의 통제로부터 벗어나 자기들만의 자유

49 위의 책, 252-253.
50 위의 책, 250-252.

를 즐기고 싶어 하게 된다. 결국 아이들은 점차 학교생활에 부적응하게 되고 비교육적인 결과를 초래하게 된다.

3. 다양한 교육방법의 필요성

아이들은 다양한 가정환경에서 자라 났기에 다양한 성격, 가치관, 특성을 지니고 있다. 효율적이고 정당한 교육이 되려면 아이들의 특성에 따른 적합한 교육방법과 접근방법을 개발할 필요가 있다. 학업과 학교생활에 있어 아이들의 불안 정도가 높을수록 학교 적응력이 떨어지고 학업 성취도가 낮게 나오는 경향이 있다. 불안 정도가 높은 학생일수록 보다 체계화된 교육방법이 필요하다. 예민하고 불안 정도가 높은 학생들일수록 교사가 중심이 되어 수업이 체계적으로 이루어진 공식화된 수업에 잘 적응하는 경향이 있다. 한편 덜 예민하고 불안 정도가 적은 학생들일수록 교사보다는 학생 중심의 학습활동에 더 잘 반응하고 좋은 결과를 얻는 경향이 있음을 볼 수 있다.[51]

교사 중심 수업은 학생 중심 수업에 비해 교사의 교육, 지도, 평가와 인정에 전적으로 의존할 수밖에 없다. 한편 학생 중심 수업은 학생의 자발적 참여와 창의적 사고를 적극 권장함으로써 학생의 지적, 정서적, 사회적 발달을 통전적으로 꾀할 수 있다. 교사 중심 수업을

---

[51] J. Grimes & W. Allinsmith, "Compusivity, Anxiety, and School Achievement," *Merrill-Palmer Quarterly* 7 (1961), 247-269; F. Dowaliby & H. Schumer, "Teacher-centered versus Student-centered Mode of College Classroom Instruction as Related to Manifest Anxiety," *The Journal of American Psychological Association* Vol. 6 (1971): 541-542.

받은 학생들에 비해 학생 중심 수업을 받은 학생들이 보이는 장점들이 많이 나타나고 있다. 학생 중심 수업을 받은 학생들은 사고가 유연하고 균형 잡혀 있으며 자신의 생각과 의사를 표현하는 데 익숙할 뿐 아니라 새롭고 창의적인 시도들을 할 수 있도록 격려 받고 있음을 볼 때, 학생 중심 수업을 좀 더 권장할 필요가 있다고 하겠다.[52]

IX. 양육자를 위한 지침

학령기 아동을 돌보는 양육자를 위한 지침은 부모와 관련해서는 6장 "가정환경"에서, 교사와 관련해서는 8장 "학교 환경"에서 어느 정도 제시된 바 있다. 이제 학부모, 학교 교사, 교회학교 교사, 특별 활동 지도자 등 학령기 아동을 가르치고 양육하는 책임을 맡은 양육자들이 유념해야 할 사항들에 대해 요약해 보기로 하자.

학령기에는 다양한 신체 활동과 운동이 활발히 이루어지기 때문에 신체적 건강과 위생을 위해 세심한 배려가 그 어느 때보다 필요하다. 아이의 외모와 생김새보다 건강한 몸, 건강한 마음이 더 중요함을 아이가 느낄 수 있도록 해주는 것이 매우 중요하다. 또한 아이의 몸과 마음, 정신과 영혼의 건강을 잘 살펴주도록 한다.

학령기 아동이 주위 환경과 문화, 자신의 성 역할에 대해 자연스럽게 적응하고, 학교와 교회에서 이루어지는 새로운 환경, 정서, 규칙, 과제 등에 성실성과 근면성을 가지고 잘 적응할 수 있도록 도와

---

52 P. Minuchin et al., *The Psychological Impact of School Experience* (New York: Basic Books, 1969), 93.

주어야 한다. 자칫, 열등감이나 퇴행에 빠지지 않도록 격려하고 주위 친구들과 어울리지 못해 외톨이가 되지 않도록 사회성을 개발시켜 주는 것이 학령기 아동 교육에 있어서의 중요한 과제라 할 수 있다.

학령기 아동은 학교라는 새로운 제도, 새로운 학급, 교사, 급우 등의 변화된 환경에 적응해야 함으로 두려움과 불안을 어느 때보다 많이 느끼는 시기이다. 아이에게 따뜻한 격려와 수용, 지지와 인정을 통해 심리적 안정감을 가질 수 있도록 해주는 것이 중요하다. 또한 성경 이야기, 찬송, 기도 등의 신앙 활동을 통해 내적 힘과 용기를 키워나갈 수 있도록 돕는 것이 중요해지는 시기이기도 하다.

학령기 아동의 인지 발달이 최적화되기 위해서는 자기중심성을 벗어나서 점차 다른 사람의 관점에서 자신과 사물을 바라볼 줄 아는 탈중심화를 향해 나아가야 한다. 이러한 탈중심화가 이루어지려면 다양한 그룹, 즉 또래 그룹은 물론이고 선배, 후배, 어른, 아이 등 다양한 그룹의 사람들과 대화하고 놀이를 즐기고 시간을 함께 보낼 수 있는 기회가 매우 중요하다. 이러한 기회를 통해 자신만의 생각, 자신만의 세계에서 벗어나 다양한 관점, 다양한 시각, 다양한 입장을 고려할 수 있는 능력이 고양되기 때문이다.

학령기 아동의 도덕성 함양을 위해서는 일방적인 강요와 주입식 교육보다는 사랑에 기초한 교육이 중요하다. 올바른 도덕과 윤리가 왜 필요한 것인지 아이가 스스로 깨닫고, 부모와 교사의 가르침에 스스로 동의할 수 있도록 안내하는 교육이 요청된다. 열린 대화와 양방향적 의사소통을 통해 아이가 스스로 올바른 길을 선택해 나가도록 교육하는 것은 도덕성의 토대 형성에 지대한 영향력을 끼치게 된다.

가정의 분위기와 부모의 돌봄은 수용적이고 자율성을 존중해 주는 것이어야 한다. 물론 아이의 훈육을 위해 때로는 꾸짖음과 훈계가 필요할 때가 있다. 하지만 꾸짖음과 훈계를 할 때도 아이에 대한 기본적인 인정과 사랑의 토대 위에서 꾸짖음과 훈계가 행해질 때, 아이는 큰 상처나 타격을 받지 않을 수 있다. 오히려 자신을 진심으로 위하는 부모님의 깊은 사랑을 경험할 수 있다.

학령기는 어느 때보다 또래 그룹이 가장 중요한 시기이므로 또래 그룹과 자연스럽게 어울릴 수 있도록 배려 해주어야 한다. 또래 그룹과 어울리지 못하고 단절되거나 또래 그룹 속에 있다 하더라도 위축 또는 소외되는 일이 없도록 그룹 구성원 간의 관계와 역동성에 세심한 주의를 기울일 필요가 있다.

학교에서는 아이의 특성과 개성을 존중하는 교사, 학급 분위기와 교육방법이 될 수 있도록 학생 개개인에 대한 세심한 관찰과 주의가 필요하다. 학령기는 무엇보다 교사와 학생 간의 인격적 관계가 가장 중요한 시기이다. 따라서 교사와 학생 간의 인격적 관계에 기초한 의사소통은 물론이고 아이의 생활지도를 위해 학부모와의 긴밀한 의사소통과 협력이 요청된다.

학령기 아동은 학교에서 새로운 지식, 능력, 기술 등을 끊임없이 습득하고 개발하도록 요구받는다. 이를 통해 아이의 잠재력과 능력이 개발되며 신체적, 정신적 성숙이 가능해진다. 하지만 아이의 존재 자체와 아이의 고유한 개성, 아이의 존엄성에 대한 인정과 수용, 지지와 격려를 받지 못하게 될 때, 아이는 두려움, 불안, 스트레스와 부담으로 인해 정신적, 육체적 건강을 유지하기가 쉽지 않다. 따라서 학령기야말로 '행위와 인간의 의(義)에 의한 구원'이 아니라 '하나님의 은총과 믿음에 의한 의(義)의 중요성'이 강조되어야 할 때이다. 가정과 교회에서 성경, 기도, 찬송, 예배 등의 신앙교육을 통해 하나님은 아이들 한 사람, 한 사람을 있는 모습 그대로 사랑하시고, 인정하시며, 소중히 여기시는 분이라는 것을 느낄 수 있도록 해주어야 한다. 이처럼 신앙적 양육과 복음적 분위기에서 이루어지는 교육은 아이의 신체-정서적 안정은 물론이고 아이의 영성과 신앙의 기초 형성을 위해 대단히 중요한 역할을 하게 될 것이다.

제6장

청소년기

청소년기는 다양한 발달단계를 경험하는 중요한 시기로 신체적, 정서적, 인지적, 사회적, 도덕적, 신앙적 발달이 복합적으로 일어난다. 이 시기의 특징을 이해하고 적절한 교육방법을 적용하는 것은 청소년들의 건강한 성장을 돕는 데 필수적이다. 청소년기의 신체적 변화는 뚜렷하게 나타나며, 이는 정서적 불안감과 자아정체성 형성에 큰 영향을 미친다. 이 시기의 여아들은 유방과 엉덩이의 발달, 생리 시작을 경험하고, 남아들은 고환과 음경의 성장, 목소리 변화를 겪는다. 그렇기 때문에 이러한 변화를 청소년들이 긍정적으로 받아들일 수 있도록 지원하는 교육 프로그램이 중요하다.

정서적으로 청소년들은 불안정하며 감정 변화가 심하다. 이는 자기 자신과 타인에 대한 이해가 깊어지는 과정에서 발생한다. 감정의 극단적 변화는 그들이 다양한 사회적 상황과 대인관계에서 경험하는 도전과 과제에 대한 반응이다. 이에 따라 청소년들이 자신의 감정을 이해하고 적절히 표현할 수 있도록 도와주는 교육적 접근이 필요하다.

인지 발달에서는 청소년들이 추상적 사고와 복잡한 문제해결 능력을 발달시킨다. 이 시기에는 학습 환경이 이들의 발달 수준에 맞춰져야 하며, 자율적 사고와 비판적 사고를 촉진하는 교육방법이 도움이 된다.

사회적 발달 측면에서는 청소년들이 더 넓은 사회적 관계를 형성하며 독립성을 추구한다. 이때 부모와의 관계는 변화하며, 이러한 변화를 긍정적으로 관리하기 위한 가족 교육과 상담 프로그램이 유익하다.

도덕 및 신앙 발달에서는 청소년들이 자신의 신념과 가치관을 형성하며, 이는 그들의 사회적 행동과 결정에 영향을 미친다. 이들에게 다양한 관점을 제공하고, 자신의 신념을 탐색하고 발전시킬 수 있는 기회를 제공하는 교육적 접근이 필요하다.

종합적으로, 청소년 교육은 이들의 다면적 발달을 지원하고, 자아정체성 형성, 사회적 적응, 도덕적 및 신앙적 성장을 촉진하는 데 중점을 두어야 한다.

'지저스무브먼트'를 진행하는 박래성 목사는 2021년 서울 은평구 내에 있는 모든 교회를 다니며 확인해 본 결과 교육부가 존재하는 교회는 3%미만이었고 청소년의 복음화율은 2%라는 발표를 하였다. 선교학적 개념에서 미전도 종족의 기준을 복음화율 5%미만으로 잡게 되는데 이를 놓고 보면 청소년은 이미 미전도 종족으로 되어가고 있는 것이다. 다시 말해, 이제 이들에게 복음을 전하는 것은 전도의 개념으로서가 아니라 선교사가 타문화권에 가서 복음을 전하듯 청소년들에게 복음을 전해야 하는 상황이 온 것이다. 이런 청소년 신앙의 공백 상태는 왜 일어나게 된 것일까? 교회와 학교 그리고 사회와 가정에 있는 모든 요인들이 복합적으로 작용하기 때문이라고 볼 수 있다. 즉, 이들 집단에서 청소년에 대한 적절한 이해가 부족했다고 볼 수 있다. 사회가 만들어 놓은 입시경쟁의 터 위에서 학교와 가정 역시 발맞추어 가게 되었고, 교회에서 역시 이들을 보듬고 위로하기 보다는 1970년대 만들어진 예배의 틀을 벗어나지 못한 채 성경 내용 전달의 주입식 교육이 주를 이루었다. 학생들의 발달특성을 이해하거나 배려하려는 노력이 충분하지 못한 채 있던 것이다. 그 결과 청소년들은 자신의 정체성을 정확하게 정의내리지 못한 채 자신이 만들어 낸 삶이 아닌, 타인이 만들어 준 삶을 살고 있는 경우가 생기게 되었다.

이런 안타까운 상황을 벗어나고 경쟁이라는 터 위에서 교회가 해야 하는 일은 명확하다. 그들이 먼저 하나님의 형상을 닮은 피조물이라는 것과 각 개개인에게 하나님이 맡겨주신 소명이 있기에 이를 따라 사는 것이 하나님의 영광을 회복하는 것이라는 기독교적 세계관을 심어 주는 것이다. 예수 그리스도를 믿는 믿음을 통해 이런 세계관을 세울 수 있도록 교회는 도와야 한다. 이를 위해 본 연구는 청소년들이 갖고 있는 다양한 영역에서의 이해를 목적으로 하며 신체적, 사회적, 정적, 인지적 등의 발달 특징을 파악하여 이에 맞는 적절한 대안을 제시하고자 한다.

I. 청소년의 정의

청소년을 한 단어 혹은 한 가지 영역에서 정의 내리는 것은 쉽지 않다. 연령으로서의 정의는 성호르몬의 분비와 외적, 내적으로 급변하며 사춘기에 접어드는 11~12세부터 고등학교를 졸업하고 대학이나 사회로 진출하는 시기인 18~20세 사이에 있는 젊은 층을 가리키지만[1] 사회적 측면에서는 사춘기가 끝났다고 해서 부모로부터 사회적, 정서적으로 독립한 성인기로 진입했다고 보기 어렵다. 다만 분명한 것은 청소년기가 시작되면서 부모와 사회가 주는 보살핌으로부터 벗어나 성인이 될 준비를 하고 자립을 하게 되면 청소년기가 마무리된다는 것이다. 이 시기는 아이에서 어른으로 변화되는 시기이다 보니 여러 가지 불안정한 상태에 접어들게 되는데 그럼에도 불구하고 이 신체적, 사회적, 정서적 불안정과 불균형 상태를 극복하며 성숙을 향해 성장하게 되고 미래를 향한 역할과 기대가 중복되는 시기이다.[2] 그렇다면 청소년의 시기를 어떻게 구분할 수 있을까? 앞서 이야기한 것처럼 한 단어로 청소년을 정의하기는 어렵기 때문에 각 영역별로 어떤 특징들이 청소년기에 나타나고 사라지는지 파악하는 것이 중요하며 그 내용은 아래와 같다.

〈표 6-1〉 청소년기의 시작과 끝

관점	청소년기의 시작	청소년기의 끝
신체적	사춘기의 시작	임신 가능
정서적	부모로부터 정서적 분리 시작	부모로부터 분리된 정체감 성취
인지적	합리적, 추상적 사고의 시작	합리적, 추상적 사고의 강화
대인관계적	부모로부터 친구로 관심 전환	친구에 대한 친밀감 발달
사회적	성인, 가족 구성원, 시민의 역할 수행을 위한 훈련 시작	성인의 지위와 특권 달성
교육적	중학교 입학	고등학교 졸업
법적	청소년 지위 달성	성인 지위 달성
연령적	10대	20대
문화적	통과의례를 위한 훈련 시작	통과의례 완료

1 송원선, "청소년의 발달특성에 따른 교육목회 프로그램" (석사학위, 호남신학대학교 신학대학원, 1998), 9.
2 최승규, "포스트모던 시대의 교회 청소년 교육에 대한 연구" (석사학위, 총신대학교 교육대학원, 2008), 43.

II. 신체 발달

1. 신체적 특징

청소년기는 신체적 변화와 시작된다라고 할 만큼 신체적 변화는 청소년기에 나타나는 가장 뚜렷한 현상이며 외부 관찰이 용이하다. 일반적으로 여자의 경우 10세 전후에, 남자의 경우 13세 전후에 키, 체중, 근육, 머리, 생식기관에서 급성장을 하고 그 이후 그 발달 속도가 완만해지다가 17세에서 18세에 그 정점에 이르게 된다.[3] 이들의 신체적 발달의 특징은 아래와 같다.

〈표 6-2〉 청소년기의 신체적 특징

시기	나이대	신체적 특징
초기 청소년기	약 11세 ~13세	─ 몸의 털이 나기 시작한다. ─ 머리카락과 피부의 땀과 유분 생성 증가한다. ─ 여자 아이: 유방과 엉덩이가 발달하고 생리를 시작한다. ─ 남자 아이: 고환과 음경이 성장하고 몽정을 하며, 목소리가 두꺼워지고 깊어진다. ─ 신체적 성장: 키와 몸무게가 폭발적으로 증가한다. ─ 성적인 관심이 높아진다.
중기 청소년기	약 14세 ~18세	─ 사춘기가 끝나게 되고 성적 완성을 이룬다. ─ 여자아이들은 신체 성장이 느려지지만 남자아이들은 지속적으로 성장한다.
말기 청소년기	약 19세 ~21세	─ 젊은 여성들은 전형적으로, 신체 성장이 멈춘다. ─ 젊은 남성들은 키, 몸무게, 근육량, 체모가 계속해서 증가한다.

---

3 한성철, 『청소년학: 청소년 이해와 지도』 (서울: 학지사, 2006), 17-18.

2. 신체 변화에 의한 정서적 특징

청소년기에 접어들게 되면서 자연스럽게 발생하는 사회, 정서적 특성 외에 신체 변화로 인한 정서적 특징들이 나타나게 된다. 이는 2차 성징과 신체적 급성장으로 인해 나타나는 몸과 외모의 변화를 경험한 청소년들이 자신의 몸에 이전보다 많은 관심을 기울이게 되기 때문이다. 특히 신체의 한 부분이 다른 부분보다 현저하게 발달하는 체형 불균형 발달 상태가 나타날 수 있는데, 이런 것들로 인하여 청소년들은 일시적으로 신체에 대하여 불안감 및 불만을 갖게 된다. 또한 심리적 성장이 신체 성장의 속도를 따라오지 못하다 보니 이 둘 사이에서 나타나는 부조화로 인하여 심각한 갈등과 혼란을 경험하기도 한다.[4] 그 결과 사춘기에 접어든 청소년들은 정서 상태가 이전에 비해 더욱 우울감이 높아지고 변덕스러워진다. 여아의 경우 초경을 경험한 청소년들이 아직 경험하지 않은 친구들에 비해 우울감을 더욱 많이 경험하는 것으로 나타났다. 성별에 따라 다르기는 하지만 일반적으로 친구들보다 신체 변화의 속도가 빠르거나 늦은 청소년들이 비슷한 속도로 신체 변화를 경험하는 청소년들보다 심리 사회적 부적응이나 불안감이 더 높은 것으로 나타났다.

이러한 신체적 변화는 자아정체성 형성에 영향을 주기도 한다.[5] 성인의 몸으로 변화되어 가는 자신을 보며 새로운 자의식을 갖게 되고, 이런 변화로 인하여 자기 자신에 대하여 다시 정의해야 하는 필요성을 느끼게 된다. 케스턴버그(J. Kestemberg)는 신체적 변화와 자

---

4 박상진, 『유바디 교육목회』 (서울: 장로회신학대학교, 2020), 123.
5 한성철, 『청소년학: 청소년 이해와 지도』, 40.

아정체성 형성 사이에는 직간접적으로 중요한 연결점이 있다고 설명한다. 직접적 연결은 청소년들의 신체적 변화는 심리적 변화를 수반하게 되는데 이를 통해 자아정체성이 형성된다는 것이고, 간접적 연결은 자신의 신체 변화를 타인과 이 사회가 어떻게 인식하고 있는지를 관심을 갖고 인지하면서 발생되는 청소년 자신의 태도와 습관에 따라 자아정체성이 형성된다는 것이다.6 이를 볼 때 어떤 식으로든 신체적 변화는 청소년의 정서적 특성에 영향을 준다는 것을 알 수 있다.

III. 정서 발달

외부로 표출되는 행동의 방법과 방향은 먼저 정서의 영향을 받게 된다. 즉, 정서가 행동의 방향과 방법을 결정하게 되는 것으로 사회조망수용능력이 향상됨에 따라 이런 정서는 타인이 자신을 어떻게 보는가에 따라 영향을 많이 받게 된다.7 특히 자신의 외모에 대한 스스로의 평가는 자아를 형성하는 데 대단히 중요한 요소로 작용하게 되며, 앞서 설명한 것처럼 또래보다 빠르거나 늦은 신체 발달을 한 청소년은 불안감이나 열등감에 빠질 가능성이 높아진다. 그렇기 때문에 이들이 거울을 자주 보며 몸치장을 하는 것은 자연스러운 것이다.

또한 이들의 정서는 강하고 과격하며 변화가 심하다.8 비관주의

---

6 위의 책, 40.

7 최승규, "포스트모던 시대의 교회 청소년 교육에 대한 연구," 47.

8 John W. Santrock, *Lifespan Development* (New York: McGraw-Hill, 2020), 450.

에서 낙관주의로, 자랑스러움에서 수치심으로 그리고 사랑에서 증오로 바뀌는 극단적 변화를 경험하기도 한다. 이는 그들의 행동반경이 넓어지면서 친구 관계, 이성 문제 그리고 진로 탐색 등 지금까지 경험해 보지 못한 다양한 문제에 당면함에 따라 자연스럽게 정서의 변화가 극적으로 가게 된 것이다.[9]

부모로부터 독립하고자 하는 마음과 의존하고자 하는 욕구의 공존 역시 이런 극단적 정서 변화에 영향을 주고 있다.[10] 청소년기에 접어들면서 이들은 모든 권위로부터 자유로워지고 싶은 욕구의 한 형태로 부모로부터 독립하고자 하는 마음을 갖게 된다. 그렇기 때문에 부모 및 자신의 위에 있는 권위에 반항하게 되지만 독립에 대한 두려움 역시 존재하기 때문에 부모와 권위에 의존하려고 하는 모습 또한 보여주고 있다.[11] 이런 독립과 의존에 대한 욕구의 공존으로 인하여 청소년들로 하여금 더 극단적인 정서적 변화를 일으키게 되는 것이다. 하지만 모든 청소년 시기에 이런 변화가 동일하게 나타나는 것은 아니며 시간이 지나면서 정서 상태가 다르게 표현된다.[12] 특히 모든 갈등의 기본이 되는 부모와 청소년과의 관계는 시간에 따라 변하게 되는데, 청소년 초기에 높아지던 부모 자녀 갈등은 고등학교 동안 안정을 유지하고 17~20세에 도달하게 되면 감소하게 된다. 이에 대하여 민영순은 청소년기를 전기, 중기 후기로 나누고 각각의 심리적 특징을 아래와 같이 표현했다.[13]

---

9 김태련 · 장휘숙, 『발달심리학』 (서울: 박영사, 1990), 261.

10 박상진, 『유바디 교육목회』, 125.

11 Santrock, *Lifespan Development*, 451.

12 위의 책, 452.

1. 전기 특징

부모나 권위에 비판적 태도를 나타내고 반항기에 접어들게 된다. 관심이 가정 밖으로 쏠리게 되며 허세적 성격이 강하게 되고, 부모보다는 비슷한 나의의 또래에게 관심을 더 갖게 된다. 그 결과 정서적 불안감은 크지만 동시에 그들의 사회관은 넓어지게 된다.

2. 중기 특징

전기의 확장형이라고 볼 수 있으며, 통제적 조직 혹은 권위에 복종하는 것에 대하여 더 큰 거부감을 느끼지만, 직접적인 표출은 억제하고 자신의 요구를 만족시키는 조직에는 열정적으로 참여하게 된다. 자의식이 강해짐에 따라 주관적으로 생각하려는 성향과 비판적 태도가 발달하게 된다. 그 결과 대단위의 조직보다는 자신의 성향과 관심이 일치하는 소그룹 중심의 활동에 적극적으로 참여하게 된다. 자신을 이해하지 못하는 사람에게는 적대심을 크게 갖지만, 자신에게 호의를 베푸는 사람에게는 깊은 신뢰감을 갖게 된다.

3. 후기 특징

사회적으로 안정을 갖게 된다. 이상을 추구하지만 현실을 파악하여 합리적으로 자신을 통제한다. 특히 주관과 객관의 공존, 자기와

---

13 민영순, 『발달심리학』 (서울: 교육출판사, 1996), 306.

사회의 타협 그리고 현실과 이상의 조화를 이루며 완성된 자의식을 형성해 간다. 그 결과 인생의 의미와 사명감을 형성해 가게 되며 자신이 속한 사회와 현실 속에서 어떤 역할을 해야 하는지에 대한 고민을 하게 된다. 부모와 권위에 대한 반항하는 태도는 유지 혹은 사라지게 되며 타인과 외부의 입장에서 통찰하게 된다. 특히 이성에게 있어서 상호 존중 및 이해하려고 하는 모습을 보이게 된다.

이렇듯 정서적 변화에 큰 영향을 주는 부모와의 관계에 대해서 다양한 관점의 변화가 있었다. 샌트락(John W. Santrock)은 이를 옛 모델과 새 모델로 구분하는데 그 내용과 변화는 아래의 표와 같다.[14]

〈표 6-3〉 청소년기 부모-자녀 관계모형(Santrock, 1995)

기존의 모형	새로운 모형
— 부모로부터의 자율성과 탈애착 강조 — 부모와 또래집단은 분리된 별개 집단임	— 자율성과 애착을 동시에 유지 — 부모는 중요한 지지지 체계이며 애착 대상임 — 부모-자녀 관계와 또래집단 관계는 중요한 관련성을 지님
— 청소년기 동안 지속적으로 갈등과 스트레스 유발 — 질풍노도와 같은 일상의 불안정한 관계 유지	— 청소년기 부모-자녀 간 작은 갈등은 긍정적인 발달적 기능을 지님 — 부모-자녀 갈등은 청소년 초기에 크며 사춘기에 특히 큼

청소년기의 정서 상태는 불안과 갈등이 상당수 차지하지만 이는 사회생활의 영역이 넓어지고 사회조망수용능력 자체가 높아지게 되면서 나타나는 자연스러운 현상이며 부모와의 관계에 있어서는 독

14 Santrock, *Lifespan Development*, 453.

립을 위한 과정으로 볼 수 있다. 이런 과정을 잘 마무리하고 성인으로 발돋움 할 수 있도록 부모와 사회 및 주변인들의 지속적인 관심과 애정이 필요한 시기라 할 수 있다.

IV. 자아정체성의 형성

정체성에 대한 고민은 청소년기에 접어들게 되면서 기간 내내 갖게 되는 공통적이고 보편적인 관심사라고 할 수 있다. 하지만 정체성이 무엇이냐는 질문에 "나는 누구인가?"에 대한 대답을 찾는 것이라고 하는 것은 정체성의 복잡성을 너무 단순화시킨 것이라고 할 수 있다. 샌트락은 정체성에 대해서 많은 조각들로 이루어진 자기-초상이라고 정의하며 이 조각들은 직업/경력, 정치적 성향, 종교, 관계, 성취, 문화와 민족, 흥미, 성격 그리고 신체적인 것들에 의해서 형성되어져 있다고 말한다.[15] 다시 말해, 한 사람을 정의하게 되는 정체성이라는 것은 하나의 큰 덩어리가 아닌 수많은 조각들이 합쳐지고 만들지고 발달한 오랜 과정이라고 할 수 있다.

에릭슨(Erik Erikson)은 이런 정체성에 대한 질문이 청소년 발달을 이해하는 핵심이라는 것을 처음 이해한 사람이다.[16] 그가 소개한 총 여덟 가지 발달단계 중에서 청소년기는 다섯 번째 단계인 정체성 VS 정체성 혼미에 해당하는 것으로 보았는데 이는 청소년 시기에 있어서 긍정적 결과는 정체성을 성공적으로 이루어 내는 것이고, 부정

---

15 Santrock, *Lifespan Development*, 443.
16 정옥분, 『발달심리학』, 428.

적 결과는 정체성에 이루지 못한 채 혼미 상태로 남게 된다는 것을 말한다. 이에 대하여 마르샤(James Marcia)는 에릭슨의 정체감 형성 이론에서 두 가지 차원인 위기(Crisis)와 수행/전념(Commitment)을 중요한 요소로 보고 이 두 차원의 조합으로 다음과 같은 네 가지 범주를 만들어 냈다.17 마르샤는 위기를 청소년들이 대안을 탐색하는 청소년 발달의 시기라고 하였고, 전념은 정체성을 형성하면서 개인적 노력을 다하는 것으로 정의를 내렸다.

〈표 6-4〉 위기(Crisis)와 전념(Commitment)의 네 범주

전념 (Commitment) \ 위기 (Crisis)	예	아니오
예	정체성 성취	정체성 폐쇄
아니오	정체성 유예	정체성 혼미

위 표에서 정체성 성취는 정체성의 혼란 및 위기를 겪었지만, 이것을 해결하면서 특정 일에 전념을 하는 개인들의 지위를 말한다. 정체성 유예는 위기 가운데 있지만 아직 확실한 정체성을 확립하지 못한 채 특정 일에 전념하지 못한 상태인 개인적 지위다. 정체성 폐쇄는 전념은 하고 있지만 위기를 경험하지 않은 개인들의 지위다. 이 경우 청소년들이 스스로 위기를 겪고 탐색하기 전 타인에 의해 특정한 일에 전념할 것을 요구하게 된 경우인데, 대부분 부모가 독재적 방식으로 자녀에게 전념할 것을 주었을 때 나타나는 현상이다. 마지막으로 정체성 혼미는 위기뿐만 아니라 전념조차도 경험하지 못한

---

17 William R. Yount, *Created to Learn* (Nashville: Broadman & Holman, 2010), 63.

개인의 지위로 직업이나 이데올로기적 선택을 하지 못했을 뿐만 아니라 그런 문제들 자체에 거의 흥미를 보이지 않는 것을 말한다.[18]

자스트로(C. Zastrow)는 청소년들에게 다음의 질문과 답을 통해 어느 정도 자아정체성을 형성하고 있는지를 확인해 볼 수 있다고 하였다.[19]

(1) 내가 좋아하고 의미 있다고 보는 일은 무엇인가?

(2) 나는 어떤 방법으로 나의 목적을 실현할 것인가?

(3) 나의 종교적 신념은 무엇인가?

(4) 내가 원하는 직업은 무엇인가?

(5) 나의 이성 교제의 기준은 무엇인가?

(6) 나는 결혼을 할 것인가? 한다면 언제 할 것인가?

(7) 자녀는 몇이나 둘 것인가?

(8) 어느 장소에 살 것인가?

(9) 여가를 보내는 방법(취미)은 무엇인가?

(10) 나는 어떤 인상을 남에게 주기를 원하는가?

(11) 내가 사귀고 싶은 사람은 어떤 사람인가?

(12) 나의 삶, 생활을 어떻게 높일 수 있는가?

(13) 친척, 이웃에 대한 처신 방식은 무엇인가?

(14) 죽음과 죽는 것에 대한 생각은 어떠한가?

(15) 5년, 10년, 20년 후의 나의 모습은 어떠한가?

---

18 위의 책, 63.

19 박진규, 『청소년 문화』(서울: 학지사, 2003), 46.

이렇듯 청소년 시기는 정체성 형성에 중요한 시기라고 할 수 있다. 부모 및 특정 권위로부터 독립을 추구하는 개인이 자신의 삶을 설계하는 과정이라고 할 수 있는데 그들이 스스로 위기를 겪고 탐색함으로 자신이 누구인지, 하고 싶은 일이 무엇인지 등을 찾아내 전념할 수 있도록 하는 정체성 성취의 결과에 이르도록 하는 것이 가장 중요한 과업이라고 할 수 있다.

V. 인지 발달

청소년기에 나타나는 사고 능력의 발달은 놀랄 만한 수준이다. 아동기에 비해 발전한 추상적 사고를 할 수 있게 되다 보니 가설적이고 복합적인 사고가 가능하며 논리성도 이전에 비해 월등해진다.[20] 이상을 추구할 뿐만 아니라 정치, 종교, 철학 등 다양한 것들에 관심을 갖게 된다. 또한 사회조망수용 능력이 높아지다 보니 자신 스스로에 대한 평가 외에 타인이 자신을 어떻게 바라보는지에 대한 사고까지 가능하게 되어 복합적 판단을 할 수 있게 된다. 즉, 자신의 외모, 성격, 대인관계, 능력, 취향 등 다양한 면을 자신이 스스로 하는 평가 외에 타인의 관점에서 볼 수 있게 되는 것이다. 또한 다양한 맥락 속에서 자신에 대하여 복합적으로 평가할 수 있기 때문에 부모님과 같이 있을 때, 친구와 함께 있을 때, 교회에 있을 때, 학교에 있을 때 그리고 혼자 있을 때 등 다양한 자신의 모습을 보고 객관적으로 평가

---

20 정옥분, 『발달심리학』, 418.

할 수 있다. 또한 자신의 미래에 대해서 생각하고 목표를 세워 실천 전략을 세울 수 있게 된다.

피아제(Jean Piaget)는 이 시기를 형식적 조작기(Formal Operation Stage)라고 부른다.[21] 이 시기에는 눈앞에 보이는 구체적 대상과 자신이 경험한 것에만 적용 가능했던 논리적 사고의 한계와 시행착오적으로 문제를 해결하려고 했던 아동기의 모습을 벗어나 가능한 상태에 대해 예측하고 가설을 설정하며 그것을 검증해 나가는 사고가 가능해진다. 또한 아동기에 비해 융통성이 있는 사고가 발달하게 된다. 그 결과 가설을 세우고 검증하는 복잡하고 어려운 수학, 과학 문제를 풀 수 있는 기초 능력을 갖게 되지만 동시에 우울감이 높아지게 되는데 그 이유에 대해서 일부 연구자들은 미래를 생각할 수 있는 능력 때문이라고 한다.[22] 즉, 자신의 능력에 대하여 부족한 점을 발견하고 이것에 대해서 걱정하는 동시에 미래의 불확실성은 더 커지기 때문에 이에 대한 불안감을 느끼게 되는 것이다.

청소년의 형식적 조작 능력 외에 고양된 자아중심성 역시 인지 발달의 결과다. 청소년의 높아진 자아중심성에는 크게 상상의 관중과 개인적 우화라는 두 가지 요소가 존재한다. 상상의 관중(Imaginary audience)은 청소년들이 타인에게 관심을 갖는 만큼 타인들 역시 그들에게 관심을 갖고 있다는 생각을 하며 자신이 무대 위에 서 있고 타인들은 모두 자신을 바라보는 구경꾼으로 생각하는 현상을 말한다. 하지만 실제적인 상황에서는 자신이 관심의 초점이 아니라는 점에서 상상적(Imaginary)이다. 엘킨드(David Elkind)는 청소년

---

21 Santrock, *Lifespan Development*, 426.
22 정옥분, 『발달심리학』, 419.

들의 강한 자의식에 의해 상상적 관중을 생각하게 되고 그 결과 대중 앞에서 유치한 행동을 하게 된다고 이야기한다.[23] 또한 개인적 우화 (Personal Fable) 역시 자아중심성의 일부라고 엘킨드는 말한다.[24] 자신은 타인과 다른 독특한 존재이기 때문에 어느 누구도 자신이 느끼는 것이나 생각을 이해하지 못할 것이라는 현실과 동떨어진 환상적인 사고를 한다.[25] 동시에 자신은 어떤 상황이 와도 안전할 것이라고 여기게 되는데 그 결과 위험한 행동들에 도전하기도 한다. 예를 들어 일부 여학생들은 어떤 성관계를 해도 자신은 임신하지 않을 것이라는 확신을 하고, 또 남학생들의 경우 위험한 경주나 행동을 하더라도 절대 자신은 다치거나 죽지 않을 것이라고 여긴다. 물론 일부 연구가들은 청소년들이 스스로를 불사신이라고 자각하기보다는 오히려 그 반대인 자신의 이른 죽음이나 크게 다치는 상황 등의 상상에 매몰되기도 한다고 말한다. 이렇듯 자아중심성의 급격한 변화로 인한 상상의 관중 현상과 개인적 우화는 그들의 행동을 이해하고 지도하는 데 중요한 요소라 할 수 있다.

VI. 사회성 발달

앞서 설명한 것처럼 청소년들은 신체적, 심리적으로 성장함에 따라 부모와 자신을 보호해 주는 특정인의 품을 벗어나 보다 넓은 사회

---

23 위의 책, 419.

24 Santrock, *Lifespan Development*, 429.

25 위의 책, 429.

로 진출하려는 시도를 하게 된다. 이 과정을 통해 청소년은 자신의 신체적, 성적, 심리적, 인지적 변화 및 인간관계의 다양화를 통해 독립을 이루어 가게 된다.[26]

1. 청소년의 사회인지

사회인지라는 것은 사회적 관계를 인지하는 능력이다. 즉, 다른 사람의 생각이나 감정 등을 이해할 수 있는 능력을 말하며 이것은 인간관계에 있어서 가장 기본적인 능력으로 이를 통해 타인을 이해하고 그들과 원만한 관계를 유지하는 데 필수적인 요소다.[27] 역할수용이라 부르는 이 요소는 인지가 발달함에 따라 자연스럽게 증가하는 것으로 다른 사람의 입장에서 그들이 어떻게 느끼고, 생각하고 지각하는가를 알게 되는 것이다. 물론 당사자와 똑같이 느낄 필요는 없으며 상대방의 감정을 인지, 이해하는 것만으로 충분하다. 이에 관련해서 설만(Robert Selman)은 사회적 역할수용의 발달은 5단계로 나누어 설명하고 있다.[28]

〈표 6-5〉 사회적 역할수용의 발달 5단계

	단계	나이	특징
1단계	자기중심적 미분화 단계	3~6세	자신의 입장과 다른 사람의 입장을 구별하지 못한다.
2단계	주관적 역할수	5~9세	타인은 다른 생각을 가질 수도 있다고 깨

26 Jerome Kagan, 『발달심리학』(서울: 학문사, 1991), 370.

27 정옥분, 『발달심리학』, 421.

28 위의 책, 423.

	용 단계		닫기 시작하나 왜 그런지는 이해하지 못한다. 다른 사람의 의도, 감정, 사고를 추론은 하지만 진짜 감정을 숨길 수도 있다는 사실을 깨닫지는 못한다. 눈에 보이는 것을 토대로 결론을 내린다.
3단계	상호적 역할수용 단계	7~12세	다른 사람의 관점을 이해하기 시작한다. 이로 인해 누구의 관점도 절대적으로 옳은 것은 아니라는 것을 깨닫게 된다. 타인의 관점도 자신의 것과 마찬가지로 옳을 수 있다는 것을 알지만 제3자는 배제한 너와 나, 즉 1, 2인칭에서만 가능하다.
4단계	제3자적 역할수용 단계	10~15세	자신의 관점, 상대방의 관점 그리고 제3자의 관점에서 바라볼 수 있으며, 제3자의 관점에서 나와 또 다른 타인의 입장을 파악하는 것이 가능하다.
5단계	사회관습적 역할수용 단계	12~성인	상호적 이해를 위해서는 모든 사람이 공유하고 있는 사회적, 관습적, 법적, 도덕적 관점 등이 복잡하게 적용되어야 함을 깨닫게 된다. 즉, 사회제도의 관점까지도 고려해서 타인을 이해하게 된다.

이와 같은 사회역할수용의 변화는 인지 발달로 인한 것이며 나이에 따라 자신과 타인을 바라보는 관점이 변하게 된다. 청소년 시기는 대략 4, 5단계에 해당하는데 이 시기에 도달했다고 해서 완벽하게 타인을 이해하는 것은 아니다. 그들이 서로 다를 수도 있고, 사회적 제도 속에서 타인을 이해해야 한다는 것을 깨닫고는 있지만 그것을 정서적 입장에서 받아들이고 수용하는 것은 또 다른 문제일 수 있기 때문이다.

2. 청소년과 부모와의 관계

일반적으로 청소년기에 접어든 자녀와 부모 간의 갈등은 사춘기의 시작과 더불어 증가하는데, 이는 자연스러운 것이다.[29] 하지만 이런 갈등의 원인을 청소년 쪽에서만 찾는 것은 바람직하지 않다. 청소년 자녀에게는 논리적 변화, 인지적 변화, 독립을 추구하고 정체성을 찾아가는 다양한 성장과 변화가 일어나지만, 중년기에 접어든 부모들 역시 신체, 인지적 그리고 사회적 변화가 발생하기 때문이다. 그렇기 때문에 부모와 청소년 자녀와의 갈등은 양측의 입장이 존재한다는 것을 이해해야 한다. 하지만 이런 현상이 긴 시간 동안 지속되지는 않는다. 앞서 이야기한 것처럼 부모와의 갈등은 청소년기 중반에 이르면서 안정되다가, 후기로 갈수록 감소되는 것을 볼 수 있는데, 이런 감소는 청소년 자녀가 성인기로 진입하는 현상을 반영한 것이라 할 수 있다.

갈등이 갖는 긍정적 요소들 역시 존재한다. 청소년 자녀가 사춘기에 접어들게 되며 나타나는 일상적인 갈등은 청소년이 부모에게 의존하려는 모습에서 자율적인 개인이 되는 것으로의 촉진을 일으킨다.[30] 부모 입장에서는 이런 갈등으로 인하여 자녀가 긍정적으로 발달할 수 있음을 깨달아 이 시기의 자녀가 부모에게 갖는 반감과 적대감 등을 낮출 수 있게 된다.

부모의 모니터링 역시 이 시기의 중요한 요소다.[31] 모니터링이라

---

29 정옥분, 『발달심리학』, 438.
30 Santrock, *Lifespan Development*, 452.
31 위의 책, 449.

는 것은 자녀의 사회적 환경, 활동, 친구 선택, 학업적 노력 등을 감시하는 것으로 아동이 청소년기에 들어가게 되면서 이런 부모의 모니터링은 더욱 중요하게 된다. 연구에 따르면 높은 수준의 부모 모니터링은 더 낮은 수준의 청소년 비행과 관련이 있으며 이와 반대로 낮은 수준의 모니터링은 청소년기의 비행과 문제행동뿐만 아니라 그들의 우울감을 높이는 데 핵심 요인으로 작동하는 것을 발견하였다.[32] 또한 부모가 긍정적 양육 행동을 할 때 청소년들은 자신의 행동 및 인간관계를 포함한 다양한 정보를 부모에게 개방할 가능성이 높아진다는 것을 발견하였다.

VII. 도덕 및 신앙 발달

콜버그(Lawrence Kohlberg)의 도덕 발달이론에 따르면 청소년은 인습적 도덕 단계인 3단계와 4단계에 해당한다. 이 단계에서부터는 타인의 입장에 대해서 생각할 수 있으며, 타인과의 관계 조화를 중요하게 생각하는 것이 인습적 도덕의 중요 요소다. 이 단계에서의 청소년은 자신의 감정과 행동 동기 등이 정의로운가를 보게 되고, 타인에 의해서 그것이 얼마나 인정받을 수 있는가를 중요한 요소로 판단하게 된다. 즉, 타인으로부터 인정받는 것이 바로 대인관계라고 여기며 대인관계가 조화롭게 되는 것이 도덕적으로 옳은 것이라고 믿게 된다. 그렇기 때문에 청소년들은 권위가 있는 누군가로부터 인정받는

---

32 위의 책, 450.

것을 중요하게 여기고 다른 사람들에게 해를 끼치지 않고 주변 사람들의 기대에 부응하며 행동하는 것을 도덕적이라 생각한다.

인습적 4단계는 법과 질서를 준수하는 단계이다. 이 단계에서는 타인뿐만 아니라 사람들이 만들어 놓은 법과 사회질서의 과정을 인정하게 되며 청소년들은 이런 사회 속에서 법과 질서에 순응할 뿐만 아니라 개인이 지켜야 하는 의무를 다하고자 노력하게 된다. 물론 콜버그가 직접 언급했던 것처럼 도덕 발달이 나이와 정확하게 일치하지 않을 수 있다는 점을 염두해야 한다. 이는 단지 근사치일 뿐이며, 연령 집단 내에서는 도덕 발달에 영향을 줄 수 있는 상당한 변인들이 존재한다는 것을 알아야 한다.

콜버그의 도덕 발달이론을 토대로 파울러는 0단계를 포함하여 전체 7단계인 신앙 발달단계를 만들었고 청소년들은 3단계(종합적-인습적 신앙)과 4단계(개별적-반성적 신앙)에 해당한다.

3단계인 종합적-인습적 신앙은 11~12세에 시작하는 단계로 이 시기는 가정을 떠나 새로운 사회집단으로 이동 및 관계가 확장되는 시기이다. 이 단계의 신앙은 자신들이 좋아하는 관습과 그 집단이 말한 지시와 표준에 따른 삶의 해석, 관계와 의미를 부여하게 된다. 그러다 보니 자신의 판단보다는 자신이 속한 제도나 그 집단의 권위, 교리, 법규, 규범 등을 우선시하는 신앙을 갖게 된다. 즉, 본보기가 되어줄 사람들이 어떤 정체성과 신앙을 갖고 있느냐에 따라 긍정적 혹은 부정적 영향을 미칠 수 있게 된다. 물론 자신의 의지도 존재하지만, 그보다 자신이 속한 종교, 계층, 지역 등의 의지에 더 큰 영향을 받게 된다. 이 과정을 진행하며 청소년들은 개인적 신화를 형성하게 된다. 즉, 자신의 정체성과 신앙을 만들어 가는 단계인데, 개인 성격과 특성에 따라 과거와 미래를 바라보고 그에 따른 결과로 개인의 신앙 및 신화를 만들어 간다.

4단계에서는 개별적 반성적 신앙을 형성하며 이로 인해 여전히 타인과의 관계 및 입장을 중요하게 생각하지만, 여기에 제한되지 않는 자신만의 주체성을 주장하게 된다. 이 단계에서는 상징들을 개념화된 의미로 나타내는 것이 특징이기 때문에 '비신화화의 단계'라고 표현하기도 하며, 비판적으로 자기 자신과 견해에 대하여 반성하는 능력이 성장하게 된다. 주의할 점으로, 이 단계에서 바라보는 자기 자신과 이미지에 불만이 생기면 혼란을 느끼게 될 수 있고, 자기 환멸, 확대된 추상적 개념 논리 등으로 자신을 세워갈 가능성이 있다. 물론 콜버그의 사례처럼 신앙의 발달단계는 나이와 일치하지 않는 경우가 많다. 사실 4단계가 성인에게 나타나는 현상이라 하지만 콜버그의 3단계가 중학생이 아닌 성인에게 더 많이 나타나는 것처럼 신앙 발달 역시 성인들 상당수가 3단계에 머물러 있다는 점을 기억해야 한다.

파울러(James Fowler)는 3단계에서 4단계로의 이동, 즉 종합 인습적 신앙에서 개별 반성적 신앙으로의 이동이 중요하다고 말한다.[33] 즉, 타인과의 상호 인간적 관계 및 자신이 속한 집단의 판단에 근거하여 신앙적 정체성과 신앙의 구성 요소들을 정의하고 유지하던 상태에서 더 이상 이런 것들에 연연하지 않고 자신 스스로를 반성하며 개별적 신앙을 구성하는 것이 중요한 것임을 말하고 있다. 이런 4단계로서의 이동을 위해서는 외적인 권위의 원칙들에 대한 의존이 중단되어야 한다.[34]

---

33 James Fowler/사미자 역, 『신앙의 발달단계』(서울: 한국장로교출판사, 1995), 289.
34 Fowler, 『신앙의 발달단계』, 284.

VIII. 교육방법

위의 내용을 종합해 볼 때 청소년들은 인지적, 정서적, 사회적, 도덕적 그리고 신앙적 측면에서 급격히 발달하며 다양한 경험을 하게 된다는 것을 알 수 있다. 그리고 이것이 충분히 지지하지 못하거나 만족스럽지 못할 경우 청소년들은 아래와 같은 문제행동으로 나타날 수 있다는 사실을 염두 해야 한다.

〈표 6-6〉 청소년 문제행동의 유형[35]

문제행동 영역	청소년 문제행동의 유형
심리적 장애	— 불안, 우울, 섭식장애, 조현병, 자살, 자기 비하, 성격 고민, 대인기피 등
가정 부적응	— 형제간의 갈등, 부모와의 갈등, 가출, 결손가정, 과잉보호, 지나친 무관심
학교 부적응	— 집중력 부족, 성적 저하, 시험 불안, 공부에 대한 무관심, 중퇴, 등교 거부, 무단결석 등
청소년 폭력	— 공격성, 구타, 집단따돌림, 금품 갈취, 협박, 집단 괴롭힘
유해 약물 오-남용	— 흡연, 음주, 본드, 시너, 부탄가스, 대마, 필로폰, 코카인, 헤로인 등
성 일탈	— 왜곡된 성의식, 원조교제(청소년 성매매), 성폭력, 음란물 탐닉 행위 등
유해 미디어 이용	— 유해 간행물, 유해 영상물, 유해 인터넷
유해 시설 접촉	— 오락성 업소, 술집, 숙박업소, 매매춘 업소
청소년 범죄 영역	— 강력범, 폭력범, 재산범, 교통사범

---

[35] 박지선 · 박진희, 『청소년 심리와 상담』 (서울: 동문사, 2018), 45.

이와 같은 문제행동을 최소화하고 바람직한 청소년기의 발달을 위해서 해야 하는 중요한 과제는 이들의 발달을 이해하고 바람직한 정체성 형성에 도움을 주는 것이다. 왜냐하면 청소년기는 부모로부터의 심리적 독립을 시작하여 사람들이 바라보는 나와 내가 아는 나를 찾아가는 자기정체성 형성의 시기이기 때문이다. 그렇기 때문에 이 시기 청소년들의 교육은 이들의 모습을 이해하고 자기정체성 형성에 도움을 주는 방향으로 가는 것이 바람직하다. 즉, 그들이 누구이며 무엇을 해야 하는지 알아가도록 교육해야 하는 것이다.

그렇다면 청소년의 정체성과 가치관 변화를 위한 가장 효과적인 방법은 무엇일까? 그들의 발달단계에 따른 관심사와 교육방법을 아래와 같이 제시한다.

1. 소그룹 중심의 모임 진행

청소년들은 앞서 이야기한 대로 타인의 관심을 중요하게 생각하고 자신이 속한 집단의 영향을 많이 받게 된다. 즉, 자신이 하고 싶은 것이 있다 하더라도 친구들이 하지 않으면 자신도 하지 않으려 하고 반대로 자신이 하고 싶지 않은 것도 주변인들이 하면 같이 하려는 경향을 갖고 있다. 이는 자신의 의지대로 표현하고 살아가기보다는 타인의 평가가 더 중요하게 여겨지는 시기에 접어들었기 때문이며 콜버그의 도덕 발달 3단계, 파울러의 신앙 발달 3단계에 해당한다고 볼 수 있다. 그렇기 때문에 이들에게 필요한 것은 공동의 목표를 갖고 친밀한 교제와 접촉이 가능한 정도의 규모를 구성하여 상호 관계를 이루는 것이다. 이런 소그룹은 개인들의 모임이기 때문에 한 개인이 어떤 성향과 요구들을 갖고 있는지에 따라 소그룹의 성격이 결정되기도 한다.

분명 소그룹은 청소년들에게 긍정적 영향을 줄 수 있다. 그렇기 때문에 이를 토대로 소그룹 성경공부를 진행하는 것 역시 좋은 방법이다. 이전까지의 단답형의 질문과 대답 그리고 교사가 주도하는 형식이었다면 나눔과 참여로 구성된 역동적 소그룹으로 모임 자체를 변화시키는 것이 필요하다. 즉, 자신의 내면에 있는 것들을 쏟아 놓을 수 있는 분위기와 모습을 반영한 소그룹이 필요한 것이다. 물론 개인 성경공부나 일대일 성경공부도 나름대로 긍정적 측면이 있지만, 타인이 자신에게 강한 관심을 갖고 있다고 여기는 청소년기의 특징을 생각할 때 개인이나 일대일 보다는 조금 더 많은 인원으로 구성된 소그룹 성경공부 모임이 효과적이다. 그렇다면 이 소그룹을 통해 청소년들은 무엇을 배워야 하는 것일까?

첫째, 하나님의 존재 의식이다. 신앙 공동체에 소속되어 성장 발전하는 기독 청소년들은 일반 청소년들과는 다른 발달 과업을 갖는데 가장 다른 부분이 자신의 정체성에 있어서 하나님의 존재를 의식한다는 것이다.[36] 즉, 내가 누구인가를 묻는 정체성에 대한 질문에 자신의 존재 이유가 하나님과 연결되어 있음을 발견하고, 이를 근거로 자신의 존재를 규명하며, 내가 무엇을 해야 하는가에 대한 소명에 대한 질문에 있어서도 하나님과 연결 짓게 되는 것이다. 이를 위해 교사가 해야 하는 일 역시 그들이 이것을 깨달을 수 있도록 해야 하며 신앙 발달 3단계에서 4단계로 나갈 수 있도록 지속적으로 영향력

---

36 이성주·강대용, "기독청소년 대상 기독교교육 프로그램의 방향 모색 — Commenius의 범교육학을 기반으로" (박사학위, 동신대학교 대학원, 2018), 1.

을 주어야 한다.

둘째, 이를 위해서 먼저 자신을 보는 성경적 기준을 확립해 주는 것이 필요하다.[37] 학생들에게 자신들의 페르조나를 벗어버리고 진짜 나 자신이 되도록 하는 것이 중요한데, 이는 하나님의 눈으로 자신의 있는 그대로를 보도록 하는 훈련이 되어 있어야 하는 것이다. 하나님의 눈으로 자신을 바라보고 그 방식대로 자신의 정체성을 찾아가도록 도와주는 것이 필요하다.

소그룹은 분명 강력한 교육방법이지만 자칫 나눔과 교제에서 그칠 수 있는 위험성 역시 존재한다. 인도자와 교사들은 소그룹을 통해서 먼저 학생들의 존재를 의식하고, 그들이 하나님의 형상으로 만들어진 존재이며, 주어진 소명을 발견하고 따르도록 하는 것이 가장 중요한 교육 내용임을 깨닫고, 그들의 수준에 적절한 방법을 찾아 이끌어야 할 것이다.

2. 각 영역의 발달특성에 따른 교육

1) 신체적 발달에 따른 성교육

청소년기는 신체적으로 급격한 발달을 경험하는 시기다. 청소년들은 이전과 다르게 자신의 몸에 대해서 많은 관심을 갖게 될 뿐만 아니라 아동기에 비해 혼자 보내는 시간이 길어지게 됨에 따라 이전에는 자각하지 못했던 성적 욕구의 증가로 인한 불안감과 죄의식을 느끼기도 한다. 그렇기 때문에 이런 변화에 대하여 청소년

---

37 이숙경, 『신앙과 기독교교육 ─ 하나님을 기억하는 교육을 향하여』 (서울: 그리심, 2015), 89.

스스로가 올바른 지식을 갖고 있지 않으면 죄책감과 수치심 그리고 열등감을 느낄 수 있다. 하지만 사회와 가정 그리고 교회에서 이런 성에 관한 이야기를 하는 것은 껄끄러운 것으로 여겨져 왔기 때문에 청소년들은 자신의 신체의 변화에 대한 바른 지식을 가질 수 없었을 뿐만 아니라 성에 대하여 왜곡된 정보를 접하는 경우가 상당했다. 하지만 요즘은 성에 대한 인식이 많이 바뀌게 되면서 바른 성교육을 위한 움직임이 많아졌으며 교회 내에서도 교육 부서를 대상으로 성교육을 진행하는 경우가 점차 늘어가고 있다. 하지만 이런 성교육을 진행할 때 주의할 점이 있는데, 공교육에서 진행하고 있는 성교육을 그대로 갖고 들어오면서 기독교적 성교육이라는 타이틀만 붙인 것들이다. 공교육과 사회에서는 성에 대해서 인간이 자유롭게 다룰 수 있는 것이라고 말하지만, 기독교에서는 하나님이 주신 소중한 것이 바로 성이라는 것을 가르쳐야 한다. 즉, 청소년들에게 바람직한 순결교육과 이성 교제에 대한 프로그램을 제공해야 하는데, 이를 위해 보수적 성교육 단체를 통해 교육을 진행하는 것이 필요하다.[38]

2) 사회적 발달에 따른 공동체 프로그램 교육

이미 교회에서는 다양한 공동체 프로그램을 시행하고 있으며 대표적인 것이 바로 방학 때 이루어지는 수련회다. 하지만 청소년

---

[38] 대표적으로 '에이랩'과 같은 곳이 있다. 성이라는 것은 인간이 갖고 있는 기본욕구이기 때문에 아이들이 궁금해하지 않은 상태에서 먼저 그들에게 이것을 가르칠 필요는 없으며, 사실 성교육은 부모에 의해서 먼저 일어나야 한다. 현재, 교회 내의 성교육이 교회 밖의 성교육과 별반 다르지 않다는 것이 에이랩과 같은 단체의 판단이다. 성은 하나님이 주신 소중한 것이라는 것을 시작으로 하는 보수적 성교육이 필요한 때다.

부의 인원이 몇 명 되지 않아 공동체 훈련을 포기하거나 교회 밖의 캠프 등을 참여하는 경우가 있기도 하고, 설령 청소년부 공동체 프로그램이 있다 하더라도 점차 그 참여 인원이 줄어들고 있는 것이 사실이다. 방학 중 학원 및 학업이라는 이유로 교회의 공동체 훈련 프로그램에 참여하는 비율이 점차 줄어들고 있는 것이다. 교회 자체적으로도 과감하게 이런 프로그램들을 계획 및 실행하는 것에 있어서 현실적으로 많은 어려움이 있을 수 있다. 그럼에도 불구하고 지속해야 하는 것이 바로 공동체 프로그램이다. 흔히들 몇 박 며칠의 수련회를 생각하고 크게 기획을 해야 한다고 하지만 교회 청소년부의 규모가 작을 경우 짧게 성지순례지 답사를 다녀오는 것도 큰 의미가 있다. 청소년들은 이 과정을 통해 서로에 대한 이해를 도울 수 있고, 특정 사건이나 현상에 대해서 타인이 바라보는 시각은 어떠한지, 더불어 살아가는 것은 무엇인지 등에 대해서 배울 수 있게 된다. 이는 내 관점만이 옳다는 주관적 관점에서 벗어나 다양한 측면에서 바라볼 수 있게 되는 성인기의 사고 형성에 큰 영향을 준다.[39] 성인기 사고의 특징을 상대적 사고, 반영적 사고 그리고 변증법적 사고라고 지칭하는데 이를 발달시키는 가장 좋은 방법은 자신의 생각과 다른 사람과 만나 이야기하고 토론하는 것이며 이것을 하지 못할 경우 독서로 객관성을 키우는 것이다. 즉, 성인기로 접어들기 전의 청소년들이 공동체 모임을 통하여 오랜 시간 동안 타인과 이야기하고 토론하는 것은 결코 시간 낭비가 될 수 없으며 올바른 성인기로 접어들기 위한 좋은 과정이라고 할 수 있다.

---

39 최윤정, 『성인학습 및 상담론』 (서울: 학지사, 2018), 95.

3) 정서적 발달에 따른 감정 조절 교육

청소년들은 감정 기복이 매우 심하다. 자신의 신체와 사회적 변화 속에서 혼란과 불안을 겪고 있을 뿐만 아니라 부모나 주변인들과도 갈등을 경험하게 된다. 그렇기 때문에 이들이 감정을 잘 조절하고 표현할 수 있는 교육을 진행해야 하는 데 대표적인 것이 감정 읽기 교육이다. 이것은 먼저 동물의 표정 사진을 통해 감정을 읽는 것을 시작으로 한다. 다양한 표정의 동물들의 사진을 보여주며 그 동물의 기분이 어떤지 파악해 보도록 하는 것인데 친숙한 동물들의 표정을 활용한다는 점에서 부담이 적고 재미있게, 접근이 가능하다. 두 번째로는 앞서 본 동물들의 기분을 감정 언어로 명명하며 기록하는 것이다. 첫 번째 단계에서는 말로만 표현을 했지만, 두 번째 단계에서는 구체적인 감정 언어, 예를 들어 기쁨, 심술, 놀람, 당황, 울적함, 열받음 등, 다양한 구체적 언어를 통해 기술하도록 한다. 셋째로는 자신의 경험을 나누도록 한다. 첫 번째와 두 번째 활동 이후 그 동물들에게 나타난 기분과 유사한 경험을 공개하고 나누도록 한다. 자신과 타인의 경험을 통해서 정서를 확인하고 감정을 정확하게 드러내는 훈련을 통해 공감 능력을 키울 뿐만 아니라 자기조절 능력 역시 학습할 수 있다. 마지막으로 소감을 나누는 것인데 짧은 경험을 통해 느낀 점을 가볍게 나누면서 정서적 불안감을 감소시킬 수 있다. 이런 과정은 청소년들이 자신의 감정을 자연스럽게 표현하는 데 도움을 줄 수 있으며 이에 앞서 안전과 비밀이 보장되어야 한다는 점을 기억해야 한다.

4) 인지 발달에 따른 호기심을 자극하는 교육

이 시기는 앞서 이야기한 것처럼 형식적 조작기에 해당한다. 형식적 조작기의 경우 가설을 세워 사고하며 현실적인 것들뿐만 아니라 비현실적인 것들 역시 추론이 가능하다. 즉, 추상적인 문제를 접했을 때, 논리와 체계를 통한 사고를 할 수 있으며 그 결과를 일반화시킬 수 있는 능력이 가능한 것이다. 삼단논법의 이해가 이루어질 뿐만 아니라 문제 상황에서 변인을 확인하여 분류할 수 있으며 통제혹은 제어할 수 있는 시기다.

특히 피아제는 교육에 있어서의 불평형화(Disequilibrium)을 강조한다.[40] 불평형화는 인간이 갖고 있는 기존 도식으로 자신의 경험 혹은 세상을 이해할 수 없을 때 발생하는 것으로 이런 차이로 인하여 호기심이 발생하게 되고 이를 통한 교육이 가능해지는 것이다. 불평형화 단계에 접어든 대상은 지속적으로 이것을 해결하기 위해 호기심을 갖고 질문하며 그 결과 자신의 도식을 확장시킬 수 있게 되는 것이다. 이를 위해 다음과 같은 과정이 요구된다.

첫째, 학생들의 수준을 파악해야 한다. 불평형화를 이루기 위해서는 먼저 학생들이 얼마나 알고 있는지를 알아야 한다. 이미 학생들이 알고 있는 내용을 교육할 경우 학생들은 지루해할 것이며, 너무 난이도가 높은 내용을 가르친다면 그들은 공포를 느끼게 될 것이다.[41] 그기에 내용을 정하고 그것의 수준을 정하기에 앞서 먼저 대상자들이 얼마나 알고 있는지 파악하는 것이 요구된다.

둘째, 학생들의 수준을 기준으로 내용을 정해야 한다. 교회 교육

---

40 Yount, *Created to Learn*, 90.

41 위의 책, 90.

에서 중요한 것은 말씀을 통한 바른 기독교 세계관을 형성하는 것이다. 기존에 학생들이 갖고 있는 도식과 구별된 성경적 세계관을 그들에게 소개함으로써 호기심을 자극할 수 있어야 한다. 이때 가르칠 내용의 난이도와 도식의 차이는 너무 어렵지도 않고 너무 쉽지도 않아야 하는 적절한 간극(Optimal Discrepancy)을 유지해야 한다. 그리고 여기에는 말씀에 질문을 던지고 함께 고민하며, 그 고민은 다른 질문으로 이어지는 끝없는 토론과 대화를 통한 호기심과 궁금증으로 답을 찾아가는 과정이 나타나도록 하는 것이 중요하다.

청소년 시기는 한 사람이 신체, 인지, 사회, 정서 등의 발달 과정을 거치면서 아동에서 성인이 되어가는 중요한 시기이며 이 과정을 통해 나에 대해서 더 객관적인 평가를 내릴 수 있는 자아정체성 형성을 하게 된다. 그렇기 때문에 이들의 신앙을 세워줄 수 있는 적절한 기독교교육은 매우 중요하며 이 교육의 방법은 이 시기에 갖게 되는 특징들과 발달 현상들을 토대로 구성해야 한다. 이런 과정을 통해 청소년들은 자신이 '하나님의 형상'으로 창조된 소중한 존재이며 자신들에게는 '하나님이 맡겨주신 소명'이 있음을 깨달아야 한다. 즉, 올바른 교회 교육을 통해 청소년들이 하나님 안에서 올바른 자신을 발견하고 성숙한 신앙인이 될 수 있도록 교육해야 하는 것이다. 이를 위해 교회는 부모를 지속적으로 교육하고 부모가 자녀인 청소년들을 변화시키는 주체가 되도록 하는 것이 중요하다. 청소년들은 일주일 168시간 중 교회에서 보내는 시간은 1시간뿐이며 대부분의 시간은 가정과 학교에서 보낸다. 여전히 부모와 대립각을 세우고 갈등을 유발하기는 하지만 자신의 신앙에 가장 영향을 끼치는 존재로 엄마와 아빠를 이야기한다. 교회는 이미 부모인 사람과 앞으로 부모가 될 사람으로 구성이 되어져 있기 때문에 교회 내 설교와 행사는 1차 대상자가 부모라는 것을 기억하고 그들을 가정의 예배자로 세워가는 데 노력해야 한다.

포스트모던 시대를 살아가는 청소년들이 기독교교육을 통해 자신의 진짜 가치를 발견하고 그리스도인으로서의 올바른 삶을 살아가도록 도와야 한다. 교회가 청소년들에게 관심을 두고 그들의 발달을 기초로 한 방법을 통해 꾸준하게 기독교 신앙을 심어준다면 분명 미래에 대한 기대와 소망을 품는 청소년들로 양육할 수 있을 것이다.

청년기

청년기는 인간의 발달 과정에서 중요한 전환점으로 신체적, 정서적, 인지적, 사회적 발달이 모두 집중되는 시기이다. 이 시기는 신체적으로는 최고의 건강과 에너지를 가지며, 정서적으로는 자아정체감 확립과 인간관계에서의 친밀감 혹은 고립감이 형성된다. 또한 인지적으로는 형식적 조작사고의 발달로 복잡한 문제해결 및 추상적 사고가 가능해지며, 사회적으로는 자신의 역할과 사회 내 위치를 찾아가는 과정을 겪게 된다.

특히 사랑과 관계의 영역에서는 자신의 정체성을 바탕으로 한 친밀한 관계를 형성하려는 욕구가 강해지며, 이 과정에서 개인적인 성장과 변화를 경험하게 된다. 청년기에 형성된 이러한 관계와 경험들은 향후 중년기의 삶에 큰 영향을 미치게 된다.

사회로 진출하는 이들에게 다양한 도전과 기회가 존재하며, 이를 통해 개인은 자신만의 정체성을 구축하고 사회 내에서 의미 있는 역할을 찾아가기 때문에 청년기는 인생의 다른 어느 시기보다도 중요한 발달적 과업과 변화를 경험하는 시기라고 할 수 있다.

청년기의 신앙 과제는 청년들이 사회적 소외감과 고립감을 경험하기 쉽기 때문에 이를 위해서는 교회와 신앙 공동체가 중요한 역할을 해야 한다. 교회는 청년들이 사회 내에서 자신의 위치를 찾고, 책임감을 가질 수 있도록 지원해야 하고 동시에 말씀과 함께 신앙적 가치를 중심으로 한 공동체를 제공해야 하며, 청년들의 배움과 확신을 통한 성장을 도모해야 한다. 관계와 나눔, 회복과 창조의 가치를 중시하는 공동체 형성도 필요하며 이러한 공동체는 청년들에게 친밀감과 소속감을 제공하고, 그들의 신앙적 성장과 사회적 참여를 촉진하는 데 중요한 역할을 한다.

청년기는 청소년기를 끝내고 성인기로 진입하는 시기이다. 언제 청년기가 시작되는가를 결정하는 것이 쉬운 일이 아니지만 언제 청년기가 끝나고 중년기가 시작되는지를 결정하는 것도 어렵다. 해빙허스트(Robert Havighurst)는 청년기를 12세에서 18세, 성인 초기는 18세부터 35세까지로 생각하였으나 에릭슨은 청년기를 19세에서 30대 초반으로 본다. 최근에는 발달의 가속화 현상으로 어린 나이에 사춘기가 시작되고, 청년기는 사회적 현상으로 늘어지고 있다. 청년기 젊은이들은 과거보다 교육이나 훈련을 더 오랜 기간 받고, 늦은 나이에 직업을 갖게 되어 경제적 독립이 늦어지며, 과거보다 더 오랫동안 부모의 집에 남아 있고 더 늦은 나이에 부모가 된다. 즉, 공식적 교육을 끝내고 안정적인 직업을 갖고 결혼을 해야 할 시기가 늦어지고 있다.

I. 청년기

1. 청년

청년기는 생의 주요한 전환 시기이다. '청년'이란 원래 나이 개념이 아니었다. '청년'이라는 용어가 처음 등장했을 때에는 나이 개념보다는 주로 사회적, 경제적 상황을 나타내는 용어로 사용되었다. 이용어는 19세기 중반의 산업혁명과 도시화의 영향을 받아 등장하였다. 산업혁명으로 농업 사회에서 공업화된 도시 사회로 전환되면서 일부 청년들은 농촌에서 도시로 이주하게 되었다. 이들은 도시 사회의 노동력이었으며 이주와 불안정한 생활로 사회적으로는 불안정한 측면을 가지고 있었다. 이에 따라 '청년'이라는 용어는 나이뿐만 아니라 사회적 위치와 상황을 나타내는 의미로 사용되었다. 이러한 변화 속에서 정신적 성숙이 육체적 성숙에 미치지 못해 사회적 위협으로 여겨진 일부 청년들은 '청소년' 또는 '청년'으로 분류되어 통제와 교육의 대상이 되었다. 이러한 맥락에서 '청년'이라는 용어는 나이뿐만 아니라 사회적 맥락에서의 위치와 역할을 강조하게 되었다.

청년기에 관한 이해는 학자들에 따라 연령이 조금씩 차이가 나지만 청년기에 이루어야 할 과제는 맥을 같이한다. 그랜트 스터디(Grant study) 연구는 청년을 25~35세로 정의하고, 이들은 직업과 자신의 가족을 보살피는 데 전념하며, 직장에 열심히 종사하는 일이 최우선 과제라 하였다. 청년들의 성공 요인은 지능, 성장배경, 환경보다는 훌륭한 멘토(mentor)와 역할모델의 존재가 큰 영향을 미친다고 하였다. 굴드(Gould)는 20~35세가 청년기이며 청년기는 어린애 같은 환상과 그릇된 가치에서 벗어나 자기신뢰와 자기수용을 선택하는 시기로 보았다. 특히 22~28세에는 부모의 도움과 의존에서 벗어나 자신의 삶에 대해 책임지며 직업을 가지고, 28~33세는 내부를 들여다보며 자신의 한계를 의식하며 노력함으로 능력 개발에 정진하여 성장을 추구하는 시기라 하였다.

청년에 대해 깊은 관심을 가졌던 홀(S. Hall)은 청년기를 과학적으로 연구하여 『청년기』(Adolescence)라는 두 권의 저서를 출판하였다. 그는 인간발달을 유아기(0~4세), 아동기(4~8세), 전 청년기(8~12세), 청년기(사춘기~22, 25세)로 나누었다. 그는 청년기가 인생에서 아동도 아니고 성인도 아닌 모호한 위치에서 자아의식과 현실 적응 사이의 갈등, 소외, 고독, 혼돈의 감정 등을 경험하는 시기이며 이로 인한 긴장과 혼란이 일어나는 '질풍노도의 시기'(A period of storm and stress)로 묘사한다.[1] 이 질풍노도를 통해 청년기는 보다 높은 수준과 완전한 인간 특성이 새롭게 태어나는 '새로운 탄생의 시기'가 된다.

우리나라에서는 청년을 따로 규정하지 않고 청소년기를 광범위하게 9~24세로 규정하고 있으며 24세가 초과되어도 대학생이면 청소년으로 간주하고 있다. 청년고용촉진특별법에서 정한 청년은 15~29세이다. 청년의 기준이 일치하지 않는 것은 우리나라만이 아니다. 중국 국가통계국은 15~34세, 공산주의청년단은 14~28세가 청년이다. 일본은 15~22세의 고등학생과 대학생을 청년이라 하지만 후생노동성은 15~25세를 지칭한다. 아프리카는 15~35세가 청년이다. 각 나라의 단체들이 청년을 39세, 농업 분야 단체에선 40대

---

1 정옥분, 『발달심리학 — 전생애 인간발달』 (서울: 학지사, 2014), 474.

까지도 청년에 포함시키는 것은 우리와 비슷한 상황이다.

유엔은 국제적 범주에서 15~24세를 청년으로 규정함에 따라 세계 인구의 약 18%인 12억 명이 청년이며, 청년 인구 62%가 아시아, 17%가 아프리카에 거주한다. 에릭슨의 발달단계에 따르면 30대까지를 청년으로 보았으나 여기에서는 시대적 상황을 고려하여 30대 중반까지를 청년이라 정의한다.

2. 청년기 이해

청년기를 설명하는 대표적인 학자들로는 프로이드(Sigmond Freud)와 그의 딸 안나 프로이드(Anna Freud), 블로스(Peter Blos) 그리고 에릭슨(Erik Erikson)인데, 이들의 공통적 특징은 청년기를 생물학적 성숙에 따른 심리적 갈등과 혼란을 겪는 시기로 본다. 프로이드는 정신분석학적 접근으로 청년기를 성기기(gental stage)라 지칭하면서 성적 쾌락을 추구하기 위해 강화된 원초아와 초자아 사이에 성적 욕구의 표출과 억압의 시기로 설명한다.

안나 프로이드는 청년기를 자아방어의 시기로 본다. 자아방어는 금욕주의(asceticism)와 주지화(intellectualization)로 설명한다. 청년기는 신체와 관련되는 것에 대한 거부, 혐오, 분노를 나타내는데 이는 급격한 성욕에 대한 두려움과 이를 통제하려는 금욕적 자아방어의 형태이다. 때로는 성욕을 넘어서 먹고, 자고, 옷 입는 것 등 일상의 모든 신체적인 것에 대한 거부와 혐오로 확대되기도 한다. 금욕주의와는 달리 주지화는 성적 갈등을 지적 활동 속에서 찾으려고 난해한 관념적인 서적에 몰두하거나 추상적 용어 사용을 즐기는 방식으로 자아를 방어한다.

블로스는 청년기를 생물학적 변화에 대해 보다 적극적이고 성숙된 자아의 적응체계가 이루어지는 시기로 본다. 청년 전기에는 급격하게 증가된 성적 욕구와 공격적 욕구가 산만하고 방향성이 없는 상태로 표출되지만, 시간이 지남에 따라 자신의 성적 욕구를 표출할 수 있는 구체적인 대상을 찾는 목표지향적 행동을 보이게 된다. 청년 중기에는 성적 혼돈과 갈등이 심리적으로 구조화되고 이성에 대한 관심을 보다 솔직하게 표현한다. 청년 후기에는 성적 혼돈과 갈등을 극복하려는 노력을 통해 강화된 자아가 보다 안정되고 지속적인 통합력을 발휘하여 내적 위기와 갈등은 사라지고 사회적 역할과 개인적 정체성에 대한 강한 인식이 나타난다. 청년 후기는 안정된 자아가 형성되어 실패와 비판에도 방어기제에 의존하지 않고 이를 통합해 갈수 있는 성숙한 대처 능력과 적응체계를 갖게 된다. 그는 이런 청년기의 발달기제를 이차 개체화과정(second individuation process)이라고 하였다.[2]

에릭슨은 전 생애의 걸친 심리적 발달을 8개의 단계로 설명하면서 자아정체성이 발달되면 청년기는 부모로부터 독립하여 자신의 독특성과 특수성을 탐색하고 확립하여 다른 사람들과 어울려 살 수 있는 친밀감을 형성하는 시기가 된다고 말한다. 청년기의 발달과업은 친밀감이며 청년기는 이를 원하고 탐색하는 시기이다. 젊은 청년들은 각자 속한 사회 속에서 타인을 이해하고 수용하며 깊은 공감을 나누고 친밀한 관계를 형성하는 것이 이 시기에 성취해야 할 중요한

---

2 위의 책, 341.

과제이다. 친밀감은 자신의 정체감과 타인의 정체감을 융합할 수 있는 능력으로서 친밀한 관계는 다른 사람을 이해하고 다른 사람과 함께하는 능력에서 형성되고 발달된다.

만일 청소년기에 자아정체감이 긍정적으로 잘 형성되었다면 청년기는 성적 친밀감이나 진정한 우정, 안정된 결혼을 지속하는 사랑, 동료들과의 우애, 직장생활에 대한 헌신이 순조로울 수 있다. 만일 다른 사람과의 진정한 친밀감을 형성할 수 없고, 친밀감이 형성되지 않으면 소외감이나 고립감을 느끼게 된다. 확고한 정체감에서 비롯된 친밀감이 아니라면 결혼 생활에서 이혼이나 별거도 초래할 수 있으며, 정체감을 형성하지 못한 성인들은 두려워서 대인관계를 기피하거나 상대를 가리지 않는 성행위나 사랑 없는 성생활, 정서적으로 안정되지 못한 관계를 추구할 수 있다.[3] 블리스너(R. Blieszner)와 아담스(R. Adams, 1992)는 대부분의 젊은이가 결혼을 통해 친밀감의 욕구를 충족시키지만, 성적 관계 이외의 친밀한 관계, 즉 상호의존, 감정이입, 상호관계를 제공하는 우정 관계에서도 강한 친밀감이 형성될 수 있다고 말한다.[4] 이처럼 친밀감의 핵은 사랑이며 사랑은 청년기 발달의 가장 주요한 과제이기도 하다.

그러나 엄밀히 말하면 위의 언급들은 청소년기에 해당된다고 볼 수 있다. 청년기는 부모의 집에서 독립하여 자신만의 가치관을 갖는 것, 교육을 마치는 것, 경제적으로 독립하는 것, 정서적으로 한 사람과 장기간 친밀한 관계를 형성하고 유지할 수 있는 것, 사회적으로는 자신의 가정을 갖출 수 있는 성인기에 진입할 때까지를 말한다. 청년

---

3 정옥분, 『발달심리학 ― 전생애 인간발달』, 534-535.
4 R. Blieszner & R. Adams, *Adult friendship* (Newbury Park, CA: Sage, 1992).

기는 부모의 감독에서 벗어나지만, 성인으로서 책임지는 것을 어느 정도 거리를 두면서 사랑과 직업을 찾고 탐색한다.

II. 신체 발달

1. 신체적 특징

20대는 신체적으로 가장 건강하고 에너지 넘치며 활기찰 뿐 아니라 젊음의 매력과 정력 및 신선함 등 젊은이다운 신체적 매력을 갖추는 시기이다. 운동수행 능력과 지구력, 근육 및 단순 근력과 체력도 절정에 달하며 모든 사회적, 경제적, 정서적 과업을 수행하기에 충분하다. 관절과 골격도 완성되어 건장함을 보여준다. 대부분의 남성들은 21~22세에 완전한 성인 체격에 도달하지만 10명 중 1명 정도는 23~24세까지도 자란다. 여성은 17~18세에 거의 완전한 성장에 도달하고, 1/10 가량은 22세까지도 자란다. 여성은 20대 후반에 미소라인(smile lines)이 보이고 30대에는 까마귀 발(crow's feet)이라는 주름이 생긴다.

감각 능력과 정신 운동능력은 최고점에 이르러 반응 시간이 가장 빠르고, 근육의 힘은 20~25세에 절정을 이루지만 30~60세에는 10% 정도의 근력이 감퇴된다.

시력은 20~25세경이 가장 좋으며 40세까지는 감소하지 않으나 수정체는 탄력성을 약간 잃는다. 청력은 20세경이 가장 좋으며 고음에 대해 상실이 일어나기 시작한다. 미각, 후각, 촉각은 안정적이며 뇌의 무게는 청년기에 최대에 도달한다.

여성의 생식능력은 10대 말에서 20대 초반에 절정에 달하고, 남성의 생식능력은 40세 이전까지 큰 변화가 없다. 청년기는 모든 신체적 성장과 성숙이 완결되고, 젊은이다운 일반적인 신체적 매력을 갖추며 신체적으로 가장 건강한 시기이다. 그러나 에너지 대사 체계에서는 피로물질의 회복 능력과 지방분해 능력이 낮아지기 시작하고, 가능한 저장하려는 쪽으로 몸의 기준이 바뀌어 간다. 그래서 약간의 살이 찌기도 하고 피곤을 느끼며, 피부는 수분을 잃기 시작하고 점점 건조해지며 주름이 생긴다. 지성 피부의 남성은 여성에 비해 피부가 좀 더 천천히 건조해지며 주름도 여성보다 늦게 생긴다.

2. 외모

청소년기에 시작된 외모나 몸매에 대한 관심은 청년기에도 지속된다. 외모는 자신에 대해 가지고 있는 태도 및 느낌의 집합체이며 한 개인이 그가 처해 있는 생활환경에서 자기 자신 및 그의 주변 환경에 대하여 어떻게 표현하느냐를 말한다. 현대 사회에서 개인의 매력과 호감도의 축적은 그 어느 시대보다 중요해지고 있다. 대인관계에서 호감을 결정하는 요소는 여러 가지가 있으나 매력적으로 인식되는 여러 이유 중 가장 지배적인 것은 외모가 가장 큰 부분을 차지한다는 것을 누구도 부정할 수는 없다. 그래서 현대 사회는 점점 외모에 집착하게 되고, 아름다워지기 위해 온갖 과학 기술과 의학 방법을 동원하여 외모를 가꾸며 '예쁘다 = 착하다'로 공식화하여 외모가 예쁘다는 말과 심성이 곱다는 말을 동의어로 사용하여 외모지상주의로 이끌어 가고 있다. 물론 인간이 상대방에게 매력적으로 보이고 싶은 것은 본능이라 할 수 있다.

외모는 개인의 자아개념인 자아존중감에 영향을 미치고 환경으로부터의 새로운 자극에 반응하여 끊임없이 변화되며, 성별, 연령, 문화적 맥락과 관련된다. 즉, 외모의 매력은 신체적 균형, 아름다움, 잘 발달된 근육, 건강미와 같은 외적인 면만을 평가하는 단순한 것이 아니라 내적인 자신감과 자아존중감 및 내면적 가치가 드러난 총체를 의미한다. "아름다운 여성은 당당하다"는 말이 외적인 아름다움만을 나타내는 것은 아니라 할지라도 외모의 아름다움이 스스로를 평가하는 데 얼마만큼의 중요성을 차지하고 자존감의 형성에 영향을 미치는가에 대한 연구는 많이 있다.

출생 시 기형이나 사고 및 질병으로 심각한 외형상의 문제가 있다면 의술의 힘을 빌려 외모에 대한 지나친 콤플렉스를 극복하여 자신감을 회복할 수도 있다. 그러나 지나치게 미용을 위한 성형수술은 오히려 자신을 손상시킬 수 있다. 자신의 몸을 사랑하는 것은 자아를 인정하고, 자신감을 가지고, 자존심을 높이는 중요한 단계이다. 또한 아름답고 균형 잡힌 몸매를 가꾸기 위해서 가장 중요한 것은 건강한 식습관과 규칙적인 운동임을 명심하고 성형수술은 신중하게 결정하는 것이 좋다. 청년기는 대학 또는 직장생활을 하면서 의복을 통한 자기표현이 가능해지므로 자신의 가치관과 태도를 기준으로 의복을 선택하여 입고 자신의 신체 이미지인 외모를 만들어 간다.

3. 건강

청년기 동안의 생활방식은 중년기와 노년기의 건강 상태를 결정한다. 청년기는 최상의 건강 상태에 있어서 면역력이 좋아 질병에 잘 걸리지 않고 질병에 걸리더라도 곧 회복된다. 그러나 활기찬 신체적, 지적 활동이 이뤄지면서 과로와 긴장이 지속될 수 있기에 근육운동을 통해 근력을 키우고 몸과 마음을 이완시켜야 한다. 청년기 말에는 신체적 성장이 완료되고 지적 능력이 최고점에 이르지만, 그 어느 시기보다 학업, 취업, 관계, 장래, 결혼 등의 선택이 불안으로 이어질 수 있다. 청년기에 신체적, 정서적, 사회적으로 건강한 생활과 심리적 안정을 누리도록 건강한 생활 습관을 갖고 질병을 예방해야 한다. 20~29세 청년의 사망 원인 순위는 자살, 암, 운전사고, 심장질환, 코로나19 순이며, 30~39세 성인의 사인은 자살, 암, 심장질환, 간질환 그리고 운수사고 순이다. 암 사망률은 1~9세 및 40세 이상에서 1위이고 10대, 20대, 30대에서 2위다.[5]

1) 스트레스

청년기는 학업, 취직, 연애, 결혼, 대인관계, 자립 등으로 많은 스트레스를 경험한다. 특히 청년기는 인생의 전환을 갖는 단계여서 새로운 역할에 적응하지 못하면 여러 가지 불안장애나 우울증, 스트레스를 받을 수 있다. 최근에는 취업난으로 청년 실업자가 늘고 있는 추세여서 취업 스트레스로 인한 심신증이 있다. '스트레스'는 영어권

---

5 통계청, "2022년 사망 원인 통계 결과" (서울: 통계청, 2023), 4-5.

에서 15세기경부터 압력(pressure) 또는 물리적 압박(physical strain)
이란 뜻으로 사용되었다. 20세기에 스트레스는 정신의학에 관심이
쏟아지면서 질병이나 정신 질환의 원인으로 간주하기 시작하였다.
일반적으로 사용하는 의미의 스트레스는 개체에 부담을 주는 육체
적, 정신적 자극이나 이러한 자극에 나타나는 반응을 의미한다. 흔히
말하는 스트레스는 불쾌한 스트레스(distress)이며 이는 신체의 평형
을 깨뜨려서 여러 가지 질병을 유발한다. 유쾌한 스트레스(eustress)
는 즐거움과 흥미로운 자극을 주어 인생에 활력을 불어넣는 것이 보
통이지만 사람에 따라서는 휴가, 결혼 등과 같은 긍정적인 사건도 스
트레스를 유발하는 원인이 된다. 이것은 긍정적인 사건들도 생활의
변화와 그에 따른 재적응이 필요하기 때문이다. 스트레스를 줄이거
나 피하기 위해서는 적당한 운동과 충분한 수면은 물론 스트레스로
인해 생긴 부정적인 감정을 빨리 알아차리고 이를 해결하기 위한 정
보를 찾고 필요한 행동을 실행에 옮기는 균형이 중요하다.

2) 안전한 성생활 (Safe sex)에 대한 이해

청년기는 성생활이 이루어지는 시기이므로 에이즈를 비롯한 각
종 성병에 노출될 위험이 크다. 안전한 성생활을 위해서 성에 대한
올바른 이해를 갖고 아름다운 성생활이 되도록 남녀가 모두 노력해
야 한다. 심리적, 신체적, 정신적으로 불안한 상황에서나 건전한 판
단을 할 수 없는 상황에서는 성관계를 갖지 않아야 한다. 대부분의
성병은 성관계를 맺는 상대자가 많을수록 걸릴 위험이 증가하고, 적
절한 치료를 받지 않으면 골반염이나 불임 등의 심각한 후유증을 남
길 수 있다. 따라서 결혼할 배우자를 위해 순결을 유지하는 것은 도

덕적으로는 물론이고, 성병 예방 및 건강한 자녀 출산에서도 매우 중요한 문제이다.

3) 임신, 출산 및 피임에 대한 이해

결혼이 늦어지고 있는 추세이지만 대부분의 청년들은 20대에서 30대 중반에 결혼하여 가정을 이루고, 안전하고 행복한 성생활을 통하여 임신을 한다. 20대 여성의 건강 상태는 이 시기에 최고조에 이르며 임신하거나 아이를 낳기에 가장 건강한 연령이므로 부부가 충분히 의논하여 임신과 출산의 가족계획을 세워야 한다. 피임을 할 때는 임신과 출산 계획에 따라 비용, 효과, 안전성 및 향후 임신 가능성 등을 충분히 고려하여 적절한 피임방법을 선택한다.

4) 건강한 생활 습관과 만성 질환 예방

청년기의 잘못된 생활 습관은 30대 후반부터 여러 가지 만성질병으로 나타나며 중년기 이후에 심각한 질병을 초래한다. 우리나라 남성의 흡연율은 45%로 경제협력개발기구(OECD) 국가 중 최고이다. 담배 연기 성분인 니코틴, 타르, 일산화탄소와 그 밖의 화학물질은 폐암, 후두암, 구강암, 식도암, 방광암, 신장암뿐 아니라 각종 호흡기 질환과 심장마비와 관련이 있으며 신체에 악영향을 준다. 특히 젊은 여성의 흡연은 저장 난자의 감소와 조기 폐경은 물론 임신 중 태아에 심각한 영향을 미칠 수 있을 뿐만 아니라 임신 자체에도 영향을 미친다.

적당한 음주는 인간관계에 윤활유 역할을 하지만 과도한 음주는 중추신경의 통제를 벗어나는 행동을 유발하여 실수하게 만들고 전반적인 손상을 유발하며 알코올 중독으로 이어지기 쉽다. 또 지방간을 비롯한 만성 간질환의 원인이 되며, 만성적 음주는 고혈압, 고지혈, 심부전 등의 심혈관계 질환을 유발하거나 악화시킨다.

암으로 인한 사망이 30대 후반부터 증가하기 시작하므로 청년기에 건강한 생활 습관을 갖고, 35세 이후에는 만성 질환의 조기진단을 위하여 정기 건강검진을 받아야 한다. 젊으면 건강검진이 필요하지 않다고 생각할 수 있으나 건강은 건강할 때 지키는 것이 좋다. 청년기의 건강검진은 혈압 측정과 1~2년마다 신장과 체중을 측정하여 비만도를 평가하고, 흉부 X선 촬영을 시행하여 결핵 등의 호흡기 감염성 질환 여부를 확인한다. B형간염 면역 여부를 확인하여 항체가 없다면 예방접종을 받고, B형간염 보균자는 35세 이후부터 매 6개월~1년마다 간종양의 조기 발견을 위한 간 초음파와 혈액검사를 받는다.

결혼 전에는 기본 건강검진 및 성관계로 전염될 수 있는 감염성 질환 및 성병에 대한 검사를 시행하고 필요시 치료와 예방접종을 받는다. 여성은 결혼하여 성관계를 시작한 후에는 매 1~2년마다 자궁경부암 검진을 받고, 35세 이후에는 매 1~2년마다 유방암의 조기 발견을 위한 검진을 받는다. 여성의 경우 임신을 계획할 때 빈혈을 포함한 전신 건강 상태를 점검하기 위한 검사와 자궁 및 난소에 대한 부인과 진찰을 받는다.

III. 인지 발달

청년기는 정신적 성숙과 경험의 상호작용으로 인지 발달이 정점에 이르며 인지적 기능은 고도로 분화되고, 다차원적인 문제들을 다룰 만큼 양적으로나 질적으로 충분하기에 여러 가지 정신적인 도전들에 대처할 수 있다.

인간의 인지 발달은 대략 25세경부터 하강 곡선을 그린다고 알려져 있다. 그러나 청년기의 인지 변화를 정확히 판단하기 위해서는 각 개인의 교육 수준, 사회 경제적 지위, 건강 상태 등을 동시에 고려해야 한다. 청년기의 인지 발달에 대해서는 아직 학자들 간에 합의에 이르지 못하고 있다. 피아제(Jean Piaget)의 청소년기에 형식적 조작사고가 발달한 이후에는 인지 발달이 거의 이루어지지 않는 것으로 보는 견해에 대한 비판이 제기되고 있다. 즉, 기계적 암시나 지적 과제의 수행속도 등은 10대 후반이 가장 뛰어나지만, 판단, 추론, 창의적 사고 등은 청년기는 물론 전 생애를 통하여 발달하는 것으로 보는 견해가 우세하고 있다.

1. 피아제의 형식적 조작사고기 관점

피아제는 청년기가 형식적 조작기로서 추상적 사고와 가설, 연역적 사고와 은유적 의미를 이해하며 자신과 타인의 견해를 종합하고 분석하는 등 체계적이고 조합적인 사고를 할 수 있는 시기라 하였다. 청년기 형식적 조작사고의 특징은 가설을 설정하고 이를 전제로 추론하는 명제적 사고, 문제 해결 과정에서 관련 변인들을 추출하고 분석하며 이를 상호 관련짓고 통합하는 결합적 분석, 구체적 대상의 존재 여부와 관련 없이 형식논리에 의해 사고를 전개하는 추상적 추론이다. 즉, 청년들은 눈앞에 주어진 구체적인 사태를 넘어서 보이지 않는 모든 가능한 것들에 대해 고려하거나 추론하고 원리를 찾으며, 이론을 형성하는 과정에서 기쁨을 얻는다.

그러나 피아제는 논리적 사고 과정에서 청년이나 성인의 인지적 성장이 형식적 조작사고기를 넘어 질적으로 다른 사고로 발달한다는 증거를 찾지 못했다. 인지 발달 이론가들은 인지 발달은 피아제의 형식적 조작 단계가 끝이 아니며, 이를 넘어 후형식적 사고(postfomal thought)의 새로운 구조와 형태로 발달한다는 실증적 연구들을 찾아냈다.

2. 페리의 상대적 사고 관점

페리(William G. Perry)는, 왜 청년들이 대학에 오면 생각의 다양성에 대해 질적으로 다른 방식으로 대답하는지에 대해 의문을 가지고 연구하였다. 그는 하버드 대학생들과 그 이후의 연구에서 인지 발달 지도에 대한 연구를 하여 3개 위치와 3개 영역의 9개 포지션으로 구성된 인지 발달 모형을 제안하였다. 각 포지션은 상대적으로 간단한 사고패턴에서 지식을 인식하고 평가하는 높고 복잡한 단계로 이동하는 위계적이고 계열적으로 개념화되었다. 인지 발달 도식은 옳은 것과 그른 것, 좋음과 나쁨 등으로 현상을 양극화하는 이원론적 사고(dualistic thinking)구조에서 불확실성과 다른 타당한 가능성이 있음에도 불구하고 자기 자신의 견해를 만들고 신념과 가치를 선택하고 종합하는 상대적 사고(relative thinking)로 발달한다.[6] 사고는

---

6 William Perry Jr., *Forms of Ethical and Intellectual Development in the College Year, A Scheme* (San Francisco: John Wiley & Sons, 1970/1999), 123; 모인순, "인지 발달과

양적인 성격으로부터 맥락적인 관찰과 관련성을 고려한 질적인 개념으로 전이되며 흑백논리에서 성인기로 갈수록 다원론적 사고(multiple thinking)로 옮겨간다. 인지 발달에서 전이는 지식의 양과 수준을 높이는 중요한 과정이며, 전이를 통하여 대학생은 지식에 대한 새로운 관점을 획득하고 인지 발달에서 획득한 사고 유형은 사고 전략에 막대한 영향을 미친다. 페리의 연구를 사용한 다른 학자들의 연구 결과에서 대부분의 성인학습자의 수준은 포지션 3, 또는 4, 혹은 2였으며, 교육 수준은 인지 발달에 거의 영향을 주지 않았다.

3. 아르린의 문제 발견 5단계 연구

아르린(P. Arlin)은 피아제의 형식적 조작사고는 피아제가 주장한 것처럼 하나가 아니라 두 개의 차별적인 단계로 구성되었다고 말한다. 그녀는 피아제의 형식적 조작기를 문제 해결 단계와 문제 도출 단계로 나누고 문제 해결 단계는 구체적이고 실질적인 과업의 해결책을 추구하는 과정이며 그녀가 말하는 새로운 다섯 번째 단계인 문제 도출 단계는 알아낸 문제에 대한 창의적 사고와 확산적 사고로서 새로운 질문과 문제를 도출하고 반응하는 것으로 설명하였다. 아르린은 60명의 여자대학생을 대상으로 문제 해결과 문제 도출 행동에 대한 연구를 실시하여 차별화된 다섯 번째 단계가 존재한다는 지지를 받았으나 4단계와 5단계에서 생각의 패턴이 어떠한지 명확하지 않기에 다른 연구는 이를 지지하지 않았다.

지식확장을 위한 한국의 대학 도자 교육과정 모색" (박사학위, 한국교원대학교, 2018), 45.

4. 발테스와 샤이의 단기종단연구 관점

발테스(Paul B. Baltes)와 샤이(K. Warner Schaie)는 24~70세까지의 성인을 대상으로 7년간의 단기종단적 연구 설계를 통해 4가지 형태의 지적 지능이 연령에 따라 변하는 것을 발견하였다. 결정성 지능(crystallized intelligence)은 언어적 이해력, 수에 관련된 기술, 귀납적 추론과 같이 교육과 문화적 경험의 축적을 통해 습득되는 능력으로서 연령이 증가함에 따라 향상된다. 인지적 융통성(cognitive flexibility)은 한 사고로부터 다른 사고로 전환하는 능력, 즉 익숙한 지적 운용의 맥락에서 동의어나 반대어를 생각해 내는 능력이며 나이가 들어도 많은 변화가 없다. 시각 운동 융통성(visuomotor flexibility)은 시각과 운동능력의 통합을 요구하는 과제에서 익숙한 방식에서 새로운 방식으로 전환할 수 있는 능력이며 청년기를 정점으로 쇠퇴한다. 시각화(visualization)는 시각적 자료들을 조직하고 처리하는 능력으로서 복잡한 그림에서 간단한 형상을 찾아내거나 불완전한 그림을 확인해 내는 것과 같은 것이며 연령이 증가함에 따라 향상된다.

청년기의 인지 발달은 문제 발견 능력 획득, 다면적 사고 그리고 상대적 사고의 발달로서 이것은 논리적이며 가설 중심적 사고로부터 현실에 대한 실용적인 적응방안을 탐색하는 실제적인 문제 해결 사고로의 변화 과정을 의미한다.

5. 킹과 키치너의 상대적 판단관점

킹(Patricia Margaret Brown King)과 키치너(Karen S. Kitchener)는

남녀 대학생 및 대학원생들을 대상으로 연구한 결과 페리와 마찬가지로 인지는 7단계로 구성되어 있음을 밝혔다. 1, 2, 3단계(pre-reflective thinking)는 지식은 권위자의 생각에서 만들어지며, 개인의 경험을 통해 습득된다고 가정하였다. 개인은 잘못된 구조로서 문제를 보지 못하며, 완전하며 올바른 답을 지닌 것으로써 모든 문제를 바라본다. 4, 5단계(중간 단계)에서는 불확실성으로 지식을 정의하며, 보다 주체적인 생각을 하고, 비록 잘못 정의된 문제가 있다는 것은 이해하고 이러한 문제의 모호성을 다루는 데 어려움을 가지며, 매우 개인적으로 응답하는 경향이 있다. 마지막 두 단계인 6, 7단계에서는 지식은 더 이상 주어지는 것이 아니며, 특히 삶의 잘못 구조화된 문제를 해결하는 데 사용되는 지식은 개인에 의해 구조화되며, 이 지식은 발생된 상황 안에서 이해되어져야 한다고 말한다. 이들의 연구가 페리의 연구와 유사한 것은 절대적인 사고에서 상대적인 사고로 전이된다는 것이다.

IV. 도덕 발달

도덕성이란 옳고 그른 것을 분별하고, 이런 분별에 따라 행동하게 되는 일련의 규범이나 원칙으로서 규범에 따라 행동했을 때 자긍심을 느끼지만 이 기준들을 위반했을 때에는 죄책감이나 수치심을 느끼는 것이다.[7] 즉, 도덕성이란 선악을 구별하고, 옳고 그름을 판단

---

7 R. A. Quinn, C. A. Houts and A. Graesser, "Naturalistic conceptsion of morality: A question-answering approach," *Journal of Personality* 62 (1994): 260-267; D. R.

할 때 자신의 내면화된 기준에 의하여 그 행위를 판단하는 판단의 질을 도덕성이라 한다. 이는 도덕적 원리에 기반을 둔 행위체계로서 사회규범을 준수하고, 도덕 원칙에 따라 사고하고, 새로운 도덕 원리를 창출하는 행동이다. 도덕성은 그 사회에서 지켜야 할 규범을 준수하는 능력이며, 개인이 타인과 상호작용할 때 지켜야 하는 규칙이나 관습과 연관되어 있다. 따라서 도덕성은 아동들이 성장해 온 사회와 문화가 기대하는 것에 따라 행동하도록 하는 사회화의 하나이다. 아동은 아동이 속한 문화의 도덕적 가치에 따라 행동하도록 배우며 그것을 내면화하여 자신의 가치로 받아들이는 과정을 거치는데 이를 도덕성 발달이라 한다. 도덕성 발달은 옳고 그름을 구분하고, 윤리적 가치체계를 정립하며, 도덕적으로 올바르게 행동하는 능력이 발달하는 것이다.[8]

1. 도덕성의 3요소

레스트(James R. Rest)는 도덕적으로 행동하는 독립된 요소를 도덕적 민감성(도덕적 문제의 인식), 도덕적 판단(무엇이 행해져야 하는가를 결정하는 것), 도덕적 가치(도덕적 행동을 인도하는 양심이나 이상), 도덕적 행동(도덕적 혹은 비도덕적 행동)으로 구분하였다. 이런 구분에 의하면 도덕성에는 인지적 · 정의적 · 행동적 요소가 포함되어 있다.

도덕성의 인지적 요소는 옳고 그름에 대한 개념화에 따라 가치

Shaffer, "Do caturalistic conceptions of Morality provide any novel answer?" *Journal of Personality* 62 (1994): 263-268.

8 김난예, 『아이들의 발달과 신앙교육』 (대전: 침례신학대학교출판부, 2014), 30.

판단을 하고 어떻게 행동할지를 결정하는 과정과 방식에 대해 생각하는 것이다. 정의적 요소는 옳고 그름의 행위와 관련된 감정으로서 죄책감이나 다른 사람의 감정에 대한 공감 등 도덕적 사고와 행위의 동기가 된다. 행동적 요소는 도덕적 혹은 비도덕적 행동을 하고 싶은 유혹을 경험할 때 실제로 어떻게 행동하느냐를 결정한다.

2. 도덕 발달이론

도덕성 발달은 도덕적 판단, 도덕적 감정, 도덕적 행동으로 구분한다. 도덕적 판단은 어떤 행동의 옳고 그름에 대한 평가, 도덕적 감정은 어떤 행동에 대한 정서적 반응, 도덕적 행동은 어떤 행동이 옳은지 알고 있다고 해서 반드시 그렇게 행동하는 것이 아니므로 실제로 어떻게 행동하느냐이다. 도덕 발달의 각 이론들은 이 3가지 요소 중에 강조하는 것이 각기 다르다.

1) 정신분석론적 관점
정신분석 이론가들은 정의적인 도덕 감정(moral affect)을 강조여 죄책감이나 수치심 같은 부정적 도덕 정서를 피하기 위해 윤리적 원칙에 따라 행동한다는 것이다. 인간의 성격은 본능적인 만족을 추구하는 원초아(id), 현실성을 따르는 자아(ego), 이상과 양심을 따르려는 초자아(super ego)로 구성되어 있다. 아이들은 본능에 충실하려하므로 부모가 그들의 행동을 제어하지 않으면 이기적인 충동에 따라 행동하게 된다. 프로이드의 오이디푸스적 도덕성 이론은 부모에 대한 동일시가 계속되며 양심도 점차 강화되어 사회가 설정하고 있는 행위규범을 어겼을 때 죄책감을 더욱 크게 느끼게 되며, 유아기에 시작된 초자아의 발달이 도덕적으로 더욱 성숙해진다. 특히 죄책감이라는 부정적 정서를 통제하는 능력이 발달하는 것은 청년기 도덕성이 성숙하고 있음을 반영해 준다. 프로이드가 그 대표적인 학자이다.

2) 인지 발달적 관점

인지 발달 이론가들은 도덕성의 인지적 측면에 초점을 맞추고 옳고 그름에 대한 판단을 할 때에 보이는 도덕적 추론(moral reasoning)을 통해 도덕성을 연구한다. 어린이들은 새로운 이해를 획득해 감에 따라 도덕 발달도 같은 방향과 단계로 나아가되 앞선 단계로부터 발전되고 성숙해간다. 즉, 도덕 발달은 인지 발달에 의존하며 도덕적 추리는 일정한 순서의 단계에 따라 발달하며 각 단계는 도덕적 문제들에 대해 공통적이고 일관된 도덕적 추론을 하려는 특성이 있다. 피아제와 그의 이론을 확장한 콜버그(Lawrence Kohlberg)가 그 대표적인 학자이다.

3) 사회학습론적 관점

사회학습 이론가들은 도덕규범을 위반하는 행동적 요소인 거짓말하기, 도벽, 속이기 등과 같은 행위들을 어떻게 억제하면서 유혹에 저항하고 도덕적으로 행동(moral behavior)하는가에 관심을 가진다. 이들은 도덕적 행동이 강화와 처벌의 관찰학습을 통해 학습되므로 도덕적 모델 모방과 강화를 중시하여 도덕적으로 행동했을 때와 행동하지 않았을 때 초래되는 결과를 명백히 인식하게 한다.

아동기에 도덕적 행동의 모델은 주로 부모나 교사이며, 청년기에

는 친구, 선배, TV 배우 등 사회적 모델의 범위가 확장된다. 청년기
에는 도덕적 행위 모델이 부모로부터 벗어나 친구나 연예인으로 옮
겨간다고 생각하기 쉬우나 부모는 청년기에도 여전히 중요한 도덕
적 모델이 된다. 반두라(Albert Bandura), 미셸(Walter Mischel) 등이
그 대표적인 학자이다.

3. 청년기 도덕적 사고의 특징

피아제는 도덕성은 인지 발달 과정에 의해 발달되며 전 도덕기
(Pre-moral Stage), 타율적 도덕 단계(Heteronomous Morality Stage),
자율적 도덕 단계(Autonomous Morality)로 발달된다고 하였다.

콜버그는 피아제의 이론을 발전시켜 도덕성을 논리 및 판단 능력
이라고 정의한다. 그는 갈등 상황에서 모든 사람의 입장을 고려하여
가장 적절한 것을 찾아내는 논리적 추론 능력이 도덕성이며 도덕적
판단의 유형을 3수준 6단계로 구분하였다. 3수준은 인습 이전 수준
(pre-conventional level), 인습 수준(conventional level), 인습 이후 수
준(post-conventional level)이며, 6단계는 벌과 복종 지향, 욕구 충족
지향, 대인관계 조화 지향, 법과 질서 지향, 사회계약 지향, 보편적
도덕 원리 지향 단계로서 각 수준은 2단계가 포함된다.

콜버그는 청년기의 도덕적 사고는 사회가 기대하는 바에 따라 행
동하며, 사회적 규범과 의무를 준수하는 인습적 수준에 속한다. 사람
간의 관계에서 서로 호감을 가지고 신뢰하며 상호 관여하는 3단계
도덕적 가치와 법과 질서를 중시하고 준수하는 4단계 도덕적 가치가
포함되며 사회적 역할에 수반되는 도덕적 책무를 중시하고 노력한다.

그러나 인습 수준에 도달한 20%의 대학생이 2~3년 동안 도구적 자기중심주의인 2단계로 후퇴하였다가 되돌아오거나 5단계로 발달하는 등 도덕적 퇴행(regression)이 나타나기도 한다. 퇴행이 일어나는 원인을 에릭슨의 자아정체성 탐색의 일환으로 설명할 수도 있으나 사회적 구속을 벗어나기 위해 규범을 배척하는 사고로 이행할 수도 있다. 이러한 청년기 도덕적 사고의 특징을 사회이탈적(outside-of-society) 또는 U형 발달 현상이다. 그러나 퇴행을 일시적 동요나 기능적 진보로 생각하는 콜버그의 관점과 달리 퇴행 경향은 청년기 도덕성 발달 과정에서 우려할 만한 일이라는 지적하기도 한다.

인습 수준의 도덕적 사고는 사회적 규율과 법을 절대적 기준으로 인정하며, 인습 후 수준의 도덕성 또한 정의, 공정성, 생명의 존엄성 등 어느 시대 사회를 막론하고 준수되어야 할 절대적이며 보편적인 도덕 원리를 전제로 한다. 그러나 청년기에는 모든 사람이 준수해야 할 객관적이며 보편타당한 도덕률의 존재를 부정하고 주관적인 관점에서 도덕성을 판단하는 도덕적 상대주의(moral relativism) 사고가 나타나기도 한다. 도덕적 상대주의는 성인기에도 지속될 확률이 크며, 이러한 도덕적 판단의 불확실성이 사회 전반의 도덕적 혼란을 야기할 수 있다.9

인습 수준으로부터 벗어나면서 인습 후의 도덕적 사고에 도달하

---

9 콜버그는 1969년에 두 명의 의예과 학생에게 말기 암으로 고통 받는 아내에게 안락사를 허용해야 하는가에 대해 질문한 결과 "안락사는 도덕적으로 그르다고 생각한다"라는 명백한 4단계 반응을 얻었다. 그 후 1972년 종단연구로 이들이 본과 학생일 때 다시 질문한 결과, "진짜 어려운 질문입니다. 환자의 고통을 덜어주기 위해 그렇게 하는 의사를 본적이 있지만, 나는 그럴 수 없을 것 같습니다. 그것을 도덕적으로 옳고 그르다고 말하기 싫습니다"라고 답하여 도덕적 상대주의를 나타내었다. 1976년 다시 면담 결과 "부인이 스스로 최종결정을 내릴 권리가 있다"는 5단계 반응을 하였다.

지 못한 많은 청년 후기 청년들은 선악과 가치에 대한 절대적 기준을 부정하고, 도덕률은 근본적으로 임의적인 것이며 모든 도덕적 관점과 입장은 동등한 가치를 가진다는 도덕적 상대주의를 가진다. 중년기에 들어서면 인습 이후 수준으로 이행한다.

4. 콜버그의 한계

그러나 콜버그의 6단계 도덕성 이론의 적합성 여부에 대한 논란의 여지는 있다. 실제로 연구된 자료에서 4단계에 도달한 비율은 10% 이내이며, 6단계 도달한 사람은 비율이 극히 드물다. 또 콜버그의 이론은 인지적 판단 능력의 발달에 근거를 두고 있으므로 노년기 인지능력의 감퇴가 일어나기 전까지는 도덕성 발달단계가 퇴보하는 일이 있을 수 없으나 일부 연구에서 고등–대학생 시기 사이에 4단계에서 5단계로 진전하는 대신에 2단계로 퇴행하는 경향이 나타났다. 그의 이론은 도덕적 행위보다는 상황에 대한 올바른 판단과 사고 능력을 중시하는 이론이며 주로 미국 중·상류 백인들의 도덕적 가치를 반영함으로써 문화적으로 편향되어 있고, 인간관계 속에서 타인을 배려하고 타인과의 관련성을 중시하는 관계적 측면이 등한시되었다는 문제점이 있다.

V. 사회 정서 발달

존재한다는 것은 변화를 의미하며 변화는 곧 성숙을 향한 움직임이다. 성숙한다는 것은 자신을 끊임없이 창조해 나가는 과정이며 청년기는 자신의 진정한 감정을 나누고 이성에 빠지기도 하지만 이는 자기를 찾아가는 성숙의 과정이다. 이런 면에서 에릭슨은 청년기의 발달과제는 친밀감(intimacy) 내지는 고립감(isolation)이 형성되는 시기로 보았다.

친밀감이란 자신을 열고 상호작용하여 타인을 이해하고, 깊은 공감을 나누는 능력이다. 청년기에 사회생활에서 사람들과 친근한 관계를 갖는 친밀감을 획득하지 못하면 원만한 사회적 상호작용을 하지 못하여 고립감에 빠져든다. 고립감은 자신과 타인이 상호작용하거나 소통하지 못하여 자기 몰두에 빠지며 스스로 고립의 상태로 들어가는 것이다. 청년기에 정서적으로 사회생활에서 우정과 애정을 나눌 수 있는 사람과 친밀한 관계를 형성할 때 청소년기에 성립된 자아정체감이 중요한 역할을 한다. 자아정체감이 확립되면 다른 사람과 독립된 인간존재로서 효율적으로 소통하고 친밀한 관계를 형성할 수 있다. 또 인생이 자신의 것이라는 생각을 갖게 되고, 자아정체감에 기반을 두고 자신의 목표와 희망을 구체화하며, 직업을 선택하고 발전시키며, 우정과 사랑할 상대를 찾고, 하나님과 생의 의미에 대한 해답을 원하고, 꿈을 실현시킬 기회를 찾으며, 인간관계에서 친밀함을 형성하는 등 사회적 상호작용과 역할에서 다양한 변화를 경험한다. 그러나 청소년기와 청년기에 자아정체감을 확립하지 못한 성인은 고립감을 경험할 가능성이 높으며, 군 입대, 취업 준비, 부부 간의 흥미와 취미의 상이성 등과 같은 상황적 요인도 고립감 형성에 기여한다.

1. 사랑

요즘 청년들은 이미 청소년 때 사랑의 열병에 몸살을 앓고 사랑 때문에 삶을 내던지는 경험을 한다. 그리고 대학에 온다. 그래서 이들이 대학에 올라와 고민하는 것은 사랑의 가치가 아니라 사랑을 지키고 유지하는 방법이다. 그러나 곧 그들은 대학에 와서 새삼 사랑을 하고 그것을 지켜나가기에는 자신이 가진 것이 너무 없다는 사실을 깨닫는다. 사랑은 자신들의 경제적 능력, 저 너머에 있다. 여자 친구와 자신의 생애를 새롭게 계획하면서 사랑의 서사를 꿈꾸는 고군분투가 실현되기 위해서는 주거와 교통, 무엇보다 취업이라는 인프라가 필요하다. 2008년 프랑스 대학생들은 자신들의 주거권을 요구하며 시위를 벌였다. 이들은 학생들을 위한 집을 지어달라고 요구했다. 이때 등장한 포스터에는 부모 집에서 지내다가 부모 사이에서 섹스를 하는 대학생들의 모습이 그려졌다. 집을 구하지 못해 집을 떠나지 못한다면 그래서 결국 집안에만 머무른다면 이런 일이 벌어지지 않을 수 없다는 시위였다. 프랑스의 대학생 숫자는 220만 명에 달하지만 하숙집이나 기숙사 등에서 독립해 살고 있는 학생은 15만 명이다. 한국에서는 절대 불가능할 것 같은 이런 시위로 프랑스 정부는 학생들을 위한 주거공간을 대폭 늘리는 데 예산 8천 7백억 원을 집행하였다.[10]

청소년기 이성에 대한 관심은 청년기가 되면서 인생의 동반자를 구하는 사랑으로 변한다. 청년기의 정서 지향적인 낭만적 사랑에서 벗어나 영속적 관계를 유지하기 위해서는 자아정체감 형성이 매우

---

10 엄기호, 『이것은 왜 청춘이 아니란 말인가?』 (서울: 푸른숲, 2010), 50.

중요하다. 자아정체감이 정립되지 않을 경우에는 애정을 불안의 도피처로 활용하는 신경증적 사랑을 하는 경우도 있다. 청년기 발달과제는 타인과 친밀감을 수립하는 것이다. 청년기는 우정을 중히 여기고 사랑을 발전시켜 결혼하며 직업역할을 수행하는 시기이다. 그중에 가장 강렬한 정서는 사랑의 감정이다. 스턴버그(Robert J. Sternberg)는 사랑의 삼각형 이론(Triangular theory of love)을 통해 친밀감(intimacy), 열정(passion), 헌신(commitment)을 사랑의 구성요소로 본다. 친밀감은 사랑의 정서적 요소로 누군가와 가깝게 느끼는 감정으로서 열정적이고 부드러운 자기표현, 애정 확인 등의 따뜻한 감정이며, 열정은 사랑의 동기유발 요소로 강한 신체적 매력과 성적 욕망을 포함한다. 헌신은 서로 함께 관계를 유지하고 지속하려는 약속이며 책임지려는 사랑의 인지적 요소이다.

균형적인 사랑은 이 세 가지 요소들이 비슷한 쌍을 이루지만 텅 빈 사랑은 헌신은 있으나 열정과 친밀감이 결여되고, 좋아하는 것은 열정과 헌신은 없으나 친밀감만 있어서 사랑하는 것과 좋아하는 것의 차이를 분명하게 보여준다. 사랑의 감각이론은 시간이 경과되면서 변화하는 특성이 있다. 즉, 열정과 친밀감, 헌신이 없었으나 자주 만나면서 친밀감이 싹트고 좋아하는 관계로 발전한다. 반대로 완전한 사랑도 시간 경과에 따라 열정이 감소하고 오히려 친밀감과 헌신이 강해지기도 한다. 스탠버그는 사랑의 관계가 지속되려면 열정보다는 친밀감과 헌신이 더 중요한 요인이라고 한다.

많은 사람이 낭만적이며 열정적인 사랑을 꿈꾼다. 열정적인 사랑은 마약에 취한 듯이 기분이 황홀해지고 이로 인해 활기가 넘치고 행복감에 도취되고 상대방을 미화하고 의기양양해지는 감정이다.

이는 생물화학적으로 페닐에틸아민이라는 화학물질의 작용이며 사랑에 눈이 멀어 판단이 흐려지게 하는 물질이다. 엔도르핀은 평온, 안정, 충족감을 가져다주며, 옥시토신은 오래된 관계에서 나타나는 화학물질로 신체접촉으로 자극을 받고 쾌감, 만족감으로 이어지게 하는 물질이다.

청년기는 만족스러운 정서적 유대와 지속을 위한 부분으로 성을 통합한다. 성(性)은 자신이 속한 문화를 통해 남녀가 성역할을 배우는 것이며 이로써 성역할 정체감이 형성된다. 문화 속에서 형성된 자신의 성역할에 대한 합리적인 성역할 정체감은 다른 사람과 진정한 친밀감을 형성할 수 있게 하며 진정한 친밀감에는 성적 친밀감이 포함된다. 친밀감이란 다른 사람과 가까워지는 과정에서 자신의 정체감을 잃지 않으면서도 개방적이고 지지적으로 다정한 관계를 맺는 능력이며 서로의 욕구에 대한 인식뿐 아니라 공감할 수 있는 능력이다.

성역할 정체감(sex-role identity)이란 사회가 각자의 성에 적절하다고 인정하는 특성, 태도, 흥미 등을 동일시하는 과정으로 성에 따른 사회의 역할기대를 내면화하는 과정이다. 성역할 정체감을 통해 남자와 여자는 서로 다른 특성으로 자기 이미지를 드러내며 성적인 선호, 애정 대상 선택 등의 역할을 한다. 자신의 성역할 동일시와 성역할 확신으로 성정체감을 확립하지만 실패하면 자신의 성에 적합한 행위양식을 상실하는 양성적 혼돈에 빠지게 된다. 현대 사회는 남성은 남성다워야 하고, 여성은 여성스러워야 한다는 전통적 성역할 기대에 많은 변화가 있는 것도 사실이다.

성역할 정체감은 아동기부터 형성된다. 성은 육체적 욕망의 표현이기도 하지만 심리적 친밀감을 표현하는 하나의 방법이며, 하나님이 인간에게 주신 합당한 종족 번식의 통로이다.

2. 고립감과 소외감

에릭슨의 말대로 친밀감을 형성하지 못하면 소외감과 고독감을 경험한다. 친밀감을 나눌 친구나 만족할 만한 우정을 가지고 있지 않으면 자신이 바라는 사회적 관계와 현재 자신의 사회적 관계의 차이로 소외감을 느낀다. 고독감은 10대 후반과 20대 초반에 최고이지만 점차 나이가 들어감에 따라 고독이나 소외감을 받아들인다.

소외감을 경험하는 사람의 대부분은 자신과 타인을 더 부정적으로 평가하고 사회적 반응을 덜 하며, 다른 사람에게 자신에 대해 말하기를 꺼리므로 친밀감을 형성할 수 없다. 또 이들은 아동기의 누적된 경험을 통해 경직되고 완고한 자아정체감이 형성된다. 타인과 지나치게 밀착된 관계나 또는 자아정체감이 손상되거나 의존성이 강한 사람은 독립성 획득이 어렵고 오히려 소외감을 갖는다. 서로에게 무관심하여 군중 속에서 외로움과 소외감을 느끼는 사람들이 점점 많아지고 있다. 한 연구에 따르면 소외된 사람들은 흑백 논리적인 사고에 더 쉽게 노출된다.[11] 공놀이에서 A, B, C 3명 중 A와 B는 연구자가 계획한 사람이며 C는 참가자이다. A와 B는 C에게 거의 공을 주지 않고 자기들끼리만 공을 주고받는다. 3분 정도 공놀이를 하면 대부분의 C들은 자존감 하락과 우울감, 소외감을 강하게 보인다. 이

---

11 D. F. Sacco et al., "The world in black and white: Ostracism enhance the categorical perception of social information," *Journal of Experimental Social Psychology* 47 (2011): 836-842.

렇게 소외감을 경험한 사람들에게 여러 가지 얼굴 표정 사진을 보여 주었다. 화난 표정과 행복한 표정들의 사진은 10%의 간격으로 미세한 차이가 나도록 되어 있다. 한 화면에 두 개의 표정 사진을 보여주고 소외감을 느낀 참가자들에게 두 표정이 같은 표정인지 아니면 조금 다른 표정인지 평가하게 하였다. 그 결과 소외감을 느낀 사람들은 소외감을 느끼지 않은 사람들보다 다른 범주에 있는, 즉 화난 표정과 행복한 표정들을 더 잘 구분하였다. 그러나 같은 범주에 있지만 더 화난 표정과 덜 화난 표정, 더 행복한 표정과 덜 행복한 표정의 정도를 잘 구분하지 못하였다.

이렇듯 소외감은 구분된 사고를 잘 하게 하며 이는 나를 다시 받아들여 줄 가능성이 있는 상황이나 사람들, 즉 내 편을 찾아내기 위해서이다. 소외된 사람들의 구분적인 사고는 사물보다는 사람 관련 자극에 뚜렷하며 내 편을 알아내기 위한 편향적 사고로서 사람들 간의 특성이나 관계를 확실히 구분 지을 수 있는 차이에 집중한다. 또 소외감은 결론을 정해 놓고, 듣고 싶고 보고 싶은 것들을 꿰어 맞추는 확증 편향(confirmation bias)사고를 할 가능성이 많다.

2020년 한 취업사이트(알바몬 & 잡코리아)에서는 20대 남녀 2,928명을 대상으로 설문조사(복수 응답 가능)를 실시한 결과, 전체의 88.7%가 자신이 '나홀로족'이라고 밝혔다. 나홀로족이 된 20대는 주로 혼자서 밥 먹기(90.2%), 혼자 공부하기(68.9%), 혼자서 영화 보기(53.6%), 혼자서 강의 수강(50.0%), 혼자 술 마시기(27.1%) 그리고 혼자서 여행하기(23.0%) 순으로 혼자 해결하는 것으로 나타났다.

3. 배우자 선택

청년기의 이성에 대한 친근감이 발전하면 결혼으로 이어질 수 있고, 인생을 함께할 배우자를 찾는 것은 자기개념과 심리적 안정에 중요한 역할을 한다. 배우자 선택을 위해서는 자신을 알아야 하고, 상대의 욕구, 성격, 관심, 가치관을 파악해야 한다. 또 두 사람 관계가 미칠 영향이나 일치성, 사랑, 결혼의 지속성 여부 등을 고려해야 한다. 대부분의 사람들은 태도, 성격, 교육 정도, 지능, 신체적 매력, 심지어는 신장까지도 자기와 유사한 사람을 선택한다. 유사성이 높을수록 만족하며 함께할 가능성이 높다.

배우자 선택의 과정을 여과 과정으로 보는 심리학적 이론은 배우자 선택이 단순히 사회적 배경의 유사성이나 보완 욕구에 의해 결정되는 것이 아니라 6단계의 여과망을 거쳐 이루어진다고 설명한다.[12] 1) 근접성 여과망으로 지리적으로 가깝고 만날 기회와 상호작용이 많은 사람들에게 가능성이 더 크다. 2) 매력여과망으로 신장, 체중, 연령, 용모를 통한 여과망으로 상호 매력을 느끼고 끌리는 사람들로 대상이 좁혀진다. 3) 사회적 배경 여과망을 통하여 인종, 종교, 직업, 교육 수준 등 당사자보다 부모에 의해 더욱 강조되는 것으로 특히 중매 결혼에서 절대 고려되는 사항이다. 4) 상호일치 여과망으로 자신의 인생관과 세계관, 견해, 태도를 같이하는 사람들을 좋아한다는 것이며 심리학에서 확고하게 정립된 사실 중의 하나이다. 5) 상호보완 여과망으로 상대방의 욕구와 필요를 충족하여 서로 보완되는 것

---

12 A. C. Kerchoff & K. D. Davis, "Value consensus and need comlementarity in mate selection," *American Sociological Review* 27 (1962): 295-303.

을 중요시하는 것으로 반대되는 것이 매력을 끈다는 통념과도 통하는 것이다. 6) 결혼준비성 여과망으로 결혼할 준비가 된 결혼상대자의 범위를 정하는 요인으로 연령을 들 수 있다. 여과망 초기에는 유사한 특성이 보다 중요하지만 후기로 갈수록 상호보완적인 요인이 더 크게 작용한다. 따라서 유사한 특성을 갖지 못하면 남녀는 초기에 관계가 형성되기 어렵고, 상호보완적 요인을 갖지 못하면 배우자로 선택되기 어렵다. 이처럼 배우자 선택 시 자신의 부모와 닮거나 자신과 공통적 특징을 가졌거나 정반대의 특징을 가진 사람을 선택하는 경우가 많으나 인종, 종교, 사회 계층 내 배우자를 선택하는 경우가 많다.

4. 결혼

결혼은 해도 후회, 안 해도 후회하는 딜레마라고 소크라테스는 말했다. 그래서 행복한 결혼은 알맞은 짝을 찾는 데에 있는 것이 아니라 알맞은 짝이 되는 데에 있기에, 결혼 전에는 눈을 크게 뜨고 결혼 후에는 눈을 반쯤 감으라는 벤저민 프랭클린의 말이 설득력 있다. 결혼은 가장 사랑하는 사람과 하는 것이 아니라 결혼할 수 있을 때 가장 사랑하는 사람과 하는 것이다. 요즘은 결혼이 '당연히 해야 할 것'에서 '할 수도, 안 할 수도 있는 하나의 선택'으로 변했다. 남성의 평균 초혼 연령은 1993년 28.5세에서 2015년 32.6세, 2021년 33.4세로, 여성은 25.7세에서 30세, 31.1세로 상승하였다. 초혼 연령의 상승은 학력이 높아져 경제활동 참가 진입 시점이 늦어진 것뿐만 아니라 경기상황과 취업 상태에 따른 청년층의 경제력 및 결혼에 대한 인식 변화 등이 원인으로 분석된다.

결혼은 친밀성과 성숙한 사회적 관계를 확립하는 데 매우 중요한 요소이다. 청년기의 친근감은 결혼을 통해 확립되어 간다. 그러나 결혼이 바로 친근감으로 이어지는 것은 아니며, 결혼 자체가 친근감 형성을 방해할 수 있다. 친근감이 형성된 청년은 타인과 아이디어나 계획을 의논하고, 개인적 감정표현도 서로 허용하고, 자신을 가치 있고 유능한 존재로 인식한다.

사람들이 결혼하는 이유는 자녀 출산, 경제적 안정, 사회적 지위, 사랑, 부모의 기대, 도피 수단, 혼전 임신, 교제, 성적 매력, 공통된 관심사, 모험, 사회적 기대, 심리적 보상 등 다양하다. 대표적인 이유로는 결혼을 통하여 얻을 수 있는 정서적 지지, 안정감, 애정, 사랑, 우정 등이라 할 수 있다.

결혼 후에는 모든 것을 배우자와 공유해야 하므로 개인의 자유를 어느 정도 조절하거나 희생해야 할 때도 있다. 그래서 결혼의 첫 2~3년간은 상호 적응과정이다. 서로 다른 가족문화에서 오는 갈등이나 기본적인 일상생활 관련 사항, 시간과 재산, 여가선용, 원가족과의 관계 등에 대해 서로 의논하고 협의하여 행동 노선에 대한 결정을 내린다면 갈등은 피할 수 있다. 따라서 이 시기에는 서로 심리적으로 상대에게 헌신하고, 결혼 관계가 허용하는 한계와 개인적 자유 허용 한계를 알고 지켜야 사랑이 지속된다. 결혼한 부부의 상호작용의 질은 사회경제적 지위와 결혼생활 기간, 부부의 심리-사회적 성숙도와 의사소통 능력과 유형에 따라 달라진다.

결혼 생활의 진정한 행복은 배우자와의 만족스러운 관계에서 비롯된다. 여성의 중요한 행복의 세 가지 원천은 사랑, 결혼, 배우자의 행복이며 남성은 개인 성장, 사랑, 결혼 순이다. 남성들은 여성에 비해 자신의 결혼에 대해 약간 더 행복하게 느낀다.

〈표 7-2〉 결혼 생활 전후의 만족요인

결혼에 기여하는 요인	만족한 결혼 생활에 기여하는 요인
— 부모의 행복한 결혼 생활 — 행복한 아동기 — 1년 이상의 교제 기간 — 결혼에 대한 부모의 인정 — 연령의 유사 정도 — 공통의 취미와 관심사 — 정서적 안정 정도 — 문화적 배경 유사성 — 직업에 대한 만족 — 배우자의 욕구에 대한 통찰력 — 삶에 대한 긍정적 태도	— 적절한 대화기술 — 민주적 · 평등적 관계 — 시댁이나 처가와의 원만한 관계 — 자녀에 대한 욕구 — 관심의 유사성 — 성생활의 조화 — 여가 활동 등의 공동 참여

(지표 출처: 여성가족부)

5. 직업

직업은 청년과 성인 발달과제의 하나이며 개인 정체감의 주요한 부분이다. 많은 사람이 "당신은 누구인가"라는 물음에 자신의 이름과 직업으로 답한다. 대부분의 남성은 직업을 자신의 정체감의 중심부로 느끼도록 사회화되고, 여성은 발달단계에 따라 복합적인 사회화를 가지며 특히 결혼 후 직업과 가정 사이에 갈등을 한다.

1) 직업에 대한 의식

뚜렷한 꿈을 가지고 미래를 설계하는 청년들은 용기와 열정으로 가득하지만, 직업이 갖는 의미는 사회문화적으로 변해왔다. 고대 봉건사회에서는 직업이 곧 개인과 가족의 신분을 말해주었으며, 직업 선택은 신분에 따라 엄격히 제한되었다. 오늘날까지 남아 있는 직업의 귀천을 따지는 봉건적 직업관은 바로 신분에 따라 직업이 정해졌던 신분제도에 그 원천이 있다.

그러나 노동 천시와 직업 귀천 의식은 루터(Martin Luther)나 칼뱅(John Calvin)의 종교개혁으로 변하게 되었다. 칼뱅은 직업을 하나님의 소명으로 규정하는 혁명적인 변화를 일으켰다. 자신의 직업이 무엇이든지 직업에 최선을 다하는 것이 하나님의 뜻에 따라 사는 것이며, 모든 개인은 직업을 통해 하나님의 뜻을 구현하고 하나님의 영광을 드러내도록 부르셨다는 소명으로서의 직업관을 제시하였다. 이로 인해 산업화 초기에 새롭게 성장하던 도시상공업자들은 자신들의 직업적 활동을 하나님의 소명으로 받아들이고 최선을 다했을 뿐아니라 근검, 절약, 정직 등과 같은 청교도 윤리를 생활화함으로써 자본주의 싹을 키우고 산업사회 문명개화에 기여하였다.

종교개혁과 함께 나타난 소명 의식은 인간이 의미 있는 삶과 자아실현을 위한 노력과 능력으로 직업을 선택할 수 있다는 긍정적인 생각을 갖게 되었다. 생계 수단과 신분과 지위로서의 직업관이 현대 사회에서는 자아실현과 사회 참여 및 봉사의 기회로 인식된다.

2) 직업 선택

청년기에 성취해야 할 중요한 발달과업 중 하나는 직업을 선택하고 준비하는 것이다. 직업 선택은 청소년기 이전부터 시작되는 점진적 과정이다. 어떤 직업을 선택해야 하는가? 그 직업은 어떤가? 어떻게 준비해야 하는가? 어떤 어려움이 있는가? 왜 내가 그 직업을 선택해야 하는가? 등 끊임없는 의문이 든다. 직업에는 사회가 기대하는 사회적 역할이 내포되어 있고, 성인기 삶의 방식을 결정할 수 있기에 직업 선택에 신중을 기하고 자신이 원하는 직업을 갖기 위해 노력한다. 직업 선호도는 시대적 변화 인식과 그 사회의 문화와 가치에 따라 변하며 직업을 선택하기까지에는 많은 요인이 영향을 미친다.

뉴먼 & 뉴먼(B. Newman & P. Newman)은 직업을 선택할 때 다음과 같은 사항을 고려해야 한다고 말한다.13 특정한 직업에서 요구되는 전문적 기술이나 능력이 있는가? 권위적 관계와 명령계통 구조와 정책 결정의 통로를 알고 자신이 영향을 미칠 수 있는가? 직업 고유의 규칙이나 규범 및 위험 등을 아는가? 동료들과의 인간관계가 협동적인가 혹은 경쟁적 관계인가?

수퍼(Donal Edwin Super, 1957)는 직업 선택은 자아개념 발달과 밀접한 관계가 있다고 보고 5단계로 나누었다. ① 직업을 하는 자신의 이미지를 자아개념에 포함시키는 직업 개념 형성 단계(14~18세, 결정 단계), ② 선택 가능한 직업의 범위를 좁히고 그에 필요한 기술과 전문지식을 습득하는 희망 직업 세분화 단계(18세~21세, 구체화 단계), ③ 직업훈련과 교육을 마치고 직업 세계로 진입하는 직업 수행 단계(21세~24세, 실행 단계), ④ 자신에게 적합하다고 평가한 직업에서 어느 정도 안정을 이루는 안정 단계(25세~35세), ⑤ 자신이 선택한 직업 분야에서 높은 지위를 획득하고 능력을 인정받고 성공하는 공교화 단계(35세~)이다.

오닐(O'Neil, 1980) 등은 고등학생, 대학생, 대학원생 총 1,436명을 대상으로 자기 보고식 방법으로 직업 선택에 영향을 미치는 요인

---

13 B. Newman & P. Newman, *Development Through Life: A Psychosocial Approach* (Boston: Cengage Learning, 2005), 32.

을 6가지로 분석하였다.[14] 즉, ① 가족 관련 요인(어린 시절의 경험과 역할모델로서의 부모의 직업), ② 사회적 요인(학교에서의 교육, 또래집단과의 경험, 대중매체 등), ③ 상황적 요인(적절한 기회), ④ 경제사회적 요인(출신 계통, 성차별, 직업의 수요와 공급), ⑤ 개인적 요인(자신 스스로에 대한 기대, 능력, 직업에 대한 태도, 성취욕구), ⑥ 사회심리적 요인(자신감 결여, 실패에 대한 두려움, 자기주장 능력의 결여, 역할 갈등) 등이다. 여기서는 가정환경, 학교 환경, 사회 환경으로 정리해 볼 수 있다.

가정환경은 가정의 물리적, 심리적 환경으로서 어린 시절 경험, 부모의 교육 정도와 직업, 가정의 사회경제적 수준과 지위, 자녀에 대한 부모의 기대 및 요구 수준, 가족 구성원, 가정 종교와 전통 등을 모두 포함한다. 이 모든 가정환경은 직업탐색과 선택 및 개발 과정에 큰 영향을 미친다.

학교 환경도 물리적 심리적 환경을 모두 포함하는 것으로 자신이 다녔거나 다니고 있는 학교 교육 방침, 역사와 전통, 교사, 학생들의 질적 수준, 시설, 친구와 선후배 관계 등이다. 특히 학교의 교육 환경은 물리적 환경도 중요하지만 이보다 중요한 것은 심리적 환경이다. 이것은 또래집단과의 경험을 통하여 자신이 속한 집단에서 행동의 기준을 배우며, 집단 규범에 따라 판단하고 행동하며 자아정체감도 형성된다. 또 미래가치 및 도덕성은 물론 개인의 인생관과 세계관이 달라지고, 직업 선택도 달라질 수 있다. 또래집단 친구들의 진로나 직업 선택이 자신의 직업과 진로 결정에 큰 영향을 미친다고 하는

---

14 J. M. O'Neil et al., "Factors, correlates, and problem area afecting career decision making of cross-sectional sample of students," *Journal of Counseling Psychology* 27, no.6 (1980): 571-580.

많은 연구들이 있다.

사회 환경은 개인의 사회심리 환경을 포함하며 현대 사회와 문화가 너무 급속하게 변하고 있다는 사실을 인식하는 것이다. 사회구조가 세기적으로 급변하고 능력 있는 인재들을 원하는 사회이기에 자신의 흥미와 재능, 자기 기대나 능력을 정확히 판단하고 고려하여 여러 가지 직업에 대한 탐구를 통해 선택해야 한다. 더욱이 자신감 결여나 실패에 대한 두려움, 자기주장 능력 결여, 역할 갈등의 요인을 살피고 주체적으로 선택해야 한다.

자신에게 맞는 직업을 선택하기 위해 이러한 영향요인에 대한 심사숙고 과정이 있어야 하지만 무엇보다도 자신의 흥미나 적성, 지능, 신체 조건, 자신의 지식과 능력, 성격과 가치관 등 다양한 요소를 고려하여 결정해야 하며 자기개발과 자아실현 그리고 자아 기대가 무엇보다 중요하다. 또한 직업 선택에 있어서 중요한 요인은 개인이 흥미가 있어도 그 직업에 대한 정보가 없으면 그 직업이 요구하는 기술과 지식이 무엇인지 알 수 없고 구하는 절차도 모르기 때문에 직업에 대한 정확한 정보가 필요하며 그에 따른 훈련을 받아야 한다.

3) 직업 준비

건강보험심사평가원 통계에 따르면 우울증으로 병원을 찾은 20·30대 '청년 우울증' 환자 비율은 2017년 23.4%에서 2021년 34.1%로 4년 사이의 증가폭이 제일 큰 것으로 나타났다. 우울증 환자 10명 중 3~4명이 청년이다. 20·30대를 다시 세분화하면 20대 우울증 환자의 증가 폭이 더 크다. 우울증으로 치료 받은 20대는 2017년 7만 6,246명에서 2021년 17만 3,745명으로 모든 연령대비 가장 큰 폭으로 늘었다.[15] 20대 청년 10명 중 4명이 심각한 우울증을 경험한 주요인은 취업 문제이다.

2010년대 중반 이후, 여러 국가에서 청년 고용률에 대한 이슈가 부각되었다. 일부 국가에서는 경제 구조의 변화, 기술 혁신, 금융 위기 이후의 불안정한 경제 상황이 청년 고용률에 영향을 미쳤다. 특히 새로운 산업 분야의 등장과 동시에 일부 전통적 산업 분야에서 일자리 감소가 일어나면서 청년들이 직면하는 고용 문제가 더욱 중요해졌다. 세계적으로는 COVID-19 대유행이 일어나면서 경제적 충격과 취업 기회의 감소가 고용률에 영향을 미치고 있다. 일부 산업은 위기에 직면하고 있으며, 이는 특히 청년들의 고용 상황에 영향을 주고 있다.

대학 진학을 하지 않고 직업을 준비하는 청년들에게는 자연스럽고 보람있게 직장으로 옮겨갈 수 있는 통로를 제공해야 한다. 독일은 다양한 직업 교육 프로그램을 갖추고 있으며 독일연방직업교육연구소에 따르면 2012년 기준으로 약 344개의 직업군 교육이 있고, 기술적인 직업부터 서비스 분야까지 다양한 옵션을 제공하고 있다. 2023년 기준으로 정확한 숫자를 제공하기는 어렵지만, 수백 가지 이상의 직업 교육이 제공되고 있다. Dual System 수련제도 형태로 청년들은 1주일 중 1~2일은 직업학교에서 이론적 교육을 배우고, 3~4일은 기업에서 현장 실무교육을 받는다. 독일의 직업 교육 시스템은 학생이 어린 시절 진로와 적성을 찾도록 돕는 것이 특징이다.

---

15 "청년 우울증이 심각하다 4년 새 약 50% 증가, 조기 치료 관심 가져야," 「힐팁」, 2022년 12월 27일 수정, 2024년 1월 10일 접속, http://www.healtip.co.kr/news/articleView. html?idxno=4693#rs.

10~12세 학생들은 진로 탐색 과정을 거쳐 종합학교, 인문계, 실업학교, 주요 학교 등에 진학한다. 이 중 직업 교육은 실업학교와 주요 학교를 졸업한 학생들을 대상으로 주로 이뤄진다. 일부 인문계 학교 학생들도 인문계 직업 교육을 받을 수 있다. 요즘 미국과 캐나다에서 운영되고 있는 소규모의 학교와 직장 협력 프로젝트는 이러한 취업 문제를 해결하고 학습과 직업 간의 다리를 형성해 보려는 시도이다.

VI. 청년기 기독교교육 과제

1. 청년들을 위한 신앙과제

요즘 청년들은 연애, 결혼, 출산 포기의 3포 세대가 아닌 인간관계와 주택 구입까지 포기하는 5포 세대에서 7포 세대를 넘어 9포 세대로 불리면서도 교회 공동체 내에서도 소외되고 있다. 일단 취직만 되면 잘 될 줄 알았는데 커져 버린 책임들 속에서 좌충우돌 부딪히며 길을 잃을 때가 많다. 사회 속에서 흔들리는 청년들의 신앙과 영적 성숙을 위해 교회는 말씀과 신앙적 가치 공동체, 배움과 확신 공동체, 관계와 나눔 공동체, 회복과 창조 공동체가 되어야 하며 이는 평생 교육의 과제가 되어야 한다.

에릭슨에 의하면 청년기는 새로운 사회적 압력과 요구에 부딪힌다. 청소년기의 자아정체감은 청년기에도 새로운 경험과 탐색으로 계속 흔들리면서 발달하며 자신이 속한 곳에서 자신의 위치, 능력, 역할 및 책임에 대한 인식을 확장한다. 그렇게도 갈망했던 대학교와 직장에 들어가면 오히려 더 막막해진다. 이성과 친구 관계도 더 이상 풋사랑과 우정만으로 설명이 되지 않고 마음과 마음 사이를 읽어야 하며 관계 풀이와 줄다리기 놀이를 해야 하고 그곳에서 친밀감이나 소외감을 형성해 간다. 즉, 청년기는 정체감, 사랑, 결혼, 직업 등이 엮여서 이를 타협하는 과정에서 친밀감이나 소외감을 경험하며 자신에 대해 깊이 성찰한다.

2. 청년기 신앙교육

1) 도덕교육

파울러(James Fowler)는 신앙을 상상력에 의해서 형성되는 이미지로서 이해하면서 청년기를 개인적이고 성찰적 신앙의(Individuative-Reflective Faith) 단계로 보았다. 청년기는 철학이나 신학적인 문제에 대한 막연한 관심이 구체화되어 개인적으로 그들이 믿는 신앙에 대해 탐구적이며 신념 체계에 대해 논리적인 연결성을 찾고 이웃 종교를 가진 사람들에게 자신의 신앙을 설명할 수 있기를 원한다. 종전의 예배나 의식 또는 습관적 신앙생활의 태도에서 벗어나 연구하는 태도를 지니게 되며 성경공부에 깊은 관심을 보이고 폭넓은 세계와의 부딪힘을 통해 끊임없는 도전을 받는다. 따라서 청년기 신앙교육은 신앙 공동체 안에서 관습과 제도 및 인습에 머무르지 말고, 끊임없이 자신의 신앙을 성찰하고 사회 속에서 책임적 존재로서 살도록 격려하며 친밀감을 형성하도록 돕는 일이다. 현대 사회의 자기중심성과 경쟁적 사고의 틀에서 벗어나 날마다 자기를 성찰할 뿐 아니라 서로를 돌아보아 소외감이나 고독감에 빠지지 않도록 친밀한 관계를 형성하며 자신의 약점을 인식하고 서로 돕는 관계를 만들어 나가야 한다.

오스카 와일드(Oscar Wilde)의 소설 『도리언 그레이의 초상』에 이런 말이 나온다.

그의 인생에서 죄를 범할 때마다 확실하고 즉각적인 처벌을 받았더라면 더 좋았을 것이다. 처벌은 정화가 뒤따르기 마련이다. "우리 죄를 용서하시고"가 아니라 "우리의 불의를 벌하여 주옵시고"라고 하는 것이 의로운 신에 대한 인간의 기도이어야 했다.[16]

2) 친밀감 교육

친밀감을 형성하지 못한 무관심은 고립감이나 소외감으로서 왕따, 모욕, 욕설, 무시로 지각되고 청년기 개인의 윤리적 가치와 신념 체계 형성에 커다란 영향을 미친다. 자기가 속한 집단 대다수가 적대적이라는 잘못된 지각 경험은 더 큰 고립감과 좌절을 낳고 결국 자아에 영향을 주면서 심리적, 신체적 변화에 직면한다. 분노는 괴물로 변하고, 상처받은 외로움은 자기조절능력을 통해 놀랍게도 치밀해지고 침착해지며 그 대담함으로 복수와 심판으로 합리화된 비극적 상황을 낳는다. 신앙은 청년들로 하여금 지적, 정서적, 성적 그리고 영성의 나눔을 통합하는 방법을 발견하도록 할 때 친밀감을 조성할 수 있다.

---

16 Oscar Wild/김진석 역, 『도리언 그레이의 초상』 (서울: 펭귄클래식 코리아, 2009), 32.

3. 청년들의 신앙교육 방법

따라서 청년들을 위한 신앙교육을 위해 자기 성찰적 친밀감을 형성하는 것이 주요한 발달과제이며 청년기의 자기 성찰적 친밀감을 어떻게 형성할 수 있는가를 살펴보는 것은 신앙교육의 방법에 단서를 제공할 것이다.

1) 청년기의 자기 성찰적 친밀함은 예배를 통하여 이루어진다

예배는 하나님을 만나고 하나님의 현존에서 친밀감이 형성되며, 기도를 통해 하나님과 개인적으로 친밀한 시간을 갖고 자신의 인생을 하나님께 의탁하며, 삶을 통해 가난, 질병, 고통, 상처, 외로움, 실망 등으로 소외된 사람들과 교통하며, 하나님의 정의를 이 땅에 세워가는 것이다.

2) 청년기의 자기 성찰적 친밀함은 코이노니아에서 이루어진다

코이노니아(koinonia)는 하나님의 말씀과 은혜를 서로 나누는 것이며 물질뿐 아니라 사랑을 주고받는 마음과 교제와 공감과 소통이다. 즉, 청년들은 코이노니아를 통해 갇혔던 자기에서 빠져나와 마음을 나누고 우정을 나누고 친밀함의 관계를 찾는다. 소외감을 느끼는 사람들에게 먼저 다가가서 마음과 친밀한 관계를 형성하는 것이다. 사람은 모두 잘난 척하고 살지만 알고 보면 모두가 외롭고 고독한 존재이다. 청년들과 대화를 통해서 교제하며 청년들을 이해하고, 그들의 입장에서 들어주는 노력을 아끼지 말아야 한다.

3) 청년기의 자기 성찰적 친밀함은 말씀을 배우고 익히는 데서 이루어진다

청년은 교회의 허리로서 윗세대와 다음 세대를 잇는 교량이기에 청년 상호 간에도 소통이 원활하여 친밀감을 형성하도록 말씀을 배우고 익혀야 한다. 말씀에 근거하여 사랑, 연애, 결혼, 직업, 자녀교육 등에 대한 정보와 교육 프로그램을 제공하여 서로 토론하고 대화하여 정보를 얻을 수 있는 기회를 제공하고 스스로 길을 찾아가도록 도울 필요가 있다. 말씀으로 다져진 청년기 신앙은 머리의 신앙이 아니라 가슴으로 신뢰하며 몸으로 행동하는 차원까지 성숙될 수 있다. 청년들이 성찰적 신앙으로 자신을 돌아보고 하나님과 신앙 공동체 구성원들과 친밀함을 유지하며 그들의 사명감을 발견하여 가정과 교회와 지역사회에서 봉사할 수 있는 기회를 만들고 말씀과 삶으로 교육해야 한다.

4) 청년기의 자기 성찰적 친밀감은 디아코니아를 통해 이루어진다

디아코니아(diakonia)는 식탁에서 남에게 시중드는 것으로 넓게는 섬김과 보살핌을 말하되 특별한 사랑의 섬김과 보살핌을 포함한다. 특히 신앙 공동체 안에는 서로 다른 사람들이 모여 있기에 다양한 은사와 직분을 통해, 섬기고 보살피는 것을 통해 친밀함을 형성할 수 있다. 그러나 무조건적으로 희생하고 복종하는 섬김과 보살핌이 아니라 자기를 돌아보면서 다른 사람을 돌아볼 때 진정한 친밀감이 형성된다. 따라서 청년기는 식탁 공동체를 통하여 친밀함을 나눌 수 있는 장과 기회를 제공하고 고독감과 소외감에서 벗어나도록 격려해야 한다.

5) 청년기의 자기 성찰적 친밀감은 서로를 돌보는 자율적 책임 의식에서 비롯된다

청년기는 부모나 기성세대의 지나친 관심이나 보호에서 독립되어 신체적, 지적, 정서적, 사회적 발달에서 놀라운 잠재력이 나타나는 시기이므로 스스로 의사결정을 하고 인생 방향을 결정하며 책임질 수 있도록 자율성과 책임 의식을 심어주어야 한다. 이 자율적 책임 의식은 고아와 과부를 돌보며 억눌린 자와 헐벗은 자, 의에 목마른 자, 애통하는 자들과 함께 그리스도의 형제와 자매로서의 고통과 친밀감을 기꺼이 나누려는 책임 의식이다.

자율적 책임 의식으로 형성된 친밀감은 소외감이나 고독감을 느끼는 사람들에게 자기를 재인식하고 적절한 심리-사회적, 사회문화적, 정서적 지원과 도움을 제공함으로 그의 정서적 균형은 회복되고 유지될 것이며 자아 함몰 상태에서 벗어나 대인관계에서 새로운 관계 형성 방식을 만들 수 있다. 더욱이 이들은 자신의 미래에 대한 방향 설정은 물론, 과거에 형성되었던 유대관계들을 재고하며, 개인적 가치와 목표를 설정하고 개인적 친밀감을 확립하려는 시도와 함께 타인의 입장에서 자신을 보고 평가할 수 있는 능력도 소유하게 된다.

중년기

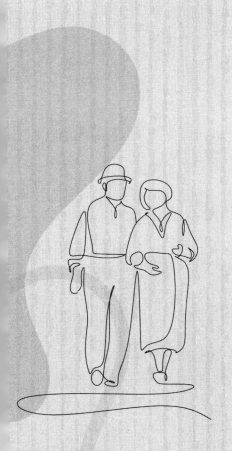

30대는 인생에서 분명 바쁜 시기이기도 하지만 당황하는 시기이기도 하다. 결혼하여 아기를 낳고, 초보 부모로서 자녀 양육과 교육에 시행착오를 거치며 매달리는 동안 서른 잔치는 끝나버린다. 40대는 불혹의 나이로 세상일에 정신을 빼앗겨 판단을 흐리는 일이 없는 나이라지만 실상은 사춘기 자녀와 자녀들의 대학 진학 문제로 온갖 정신을 다 빼앗긴다. 그래서 누군가는 젊음을 돌려달라고 노래하지만 대부분의 사람은 굳이 30~40대로 돌아가고 싶지 않다고도 말한다. 50대는 자녀가 대학교를 졸업하고 시집, 장가가고 나면, 인생이 거의 끝나는 것 같고 내가 해야 할 일은 마친 것 같은 기분이 든다. 그리고 언제인가부터 허전함과 허무감이 가끔 삶을 흔들어 외로움 앞으로 몰고 간다. 눈물이 많아지고 어디론가 훌쩍 떠나고 싶다. 도대체 우리는 언제 완벽한 어른이 되는 것인가? 어른이 된다는 것은 조심스럽게 자기 내면을 열고 들어가 무엇이 들어있는지 확인하며 정리하고 새로운 것을 찾아 담아가며 져야 할 짐을 정확한 무게로 질 수 있을 때일까? 이것이 중년의 일생일까?

1900년대에는 세계 인구의 평균수명이 50을 넘지 못하여 중년기가 짧고 곧 노년기로 들어갔으나 과학과 의학의 발달로 이제 평균수명이 길어졌기에 중년기는 짧지 않다. 인생의 3분의 2를 중년기로 보내지만, 성인으로 간주되는 보편적인 시기는 경제적으로 독립하고 결혼하여 부모 곁을 떠나 자녀를 낳아 부모가 되고 사회적 역할과 맡은 바 책임을 다하는 시기이다. 많은 사회학자는 중년기가 일생에서 가장 스트레스가 많은 시기라고 하는 것은 그만큼 다양한 변화를 겪는다는 것이다.

에릭슨(Erik Erikson)은 중년기가 30~60세로 생산성이나 침체성을 겪는 시기라 한다. 융(Carl Jung)은 중년기는 참 자기, 즉 진정한 자기를 찾아가는 시기라 했으며, 하비거스트(Havighurst)는 배우자와 친밀한 관계를 유지하며 자녀들이 행복한 성인이 되도록 도와주고 시민의 의무와 책임을 다하는 시기라 했다. 중년기는 완성과 성숙의 시기이다. 자신의 인생 목표를 점검하고 평가하며 여러 가지 경험을 통해 가정과 직장과 사회에서 자신의 역량을 발휘하는 시기이다.

그러나 본 책에서는 중년기를 에릭슨의 인간발달단계를 따르되 삶을 살아가는 과정으로 이해하고, 시대적 상황을 고려하여 30대 말에서 40대를 성인 초기, 50대를 성인 중기, 60대를 성인 후기로 보고자 한다.

중년기의 큰 과제는 자녀 양육과 부모 역할 뿐 아니라 자신의 전문적 기술과 능력을 전수하여 생산성을 획득하고 신체적, 경제적, 심리적으로 안정하는 것이다. 그렇지 못할 때에는 침체감을 갖는다. 자신의 부모 역할과 직업을 통해 느끼는 만족도는 중년기 성격발달에 중요한 역할을 한다. 성인 초기가 가장 바쁘고 스트레스가 많은 시기라면 중년 후기는 신체적, 심리적으로 변화를 경험한다.

I. 신체 발달과 변화

1. 신체 변화

성인 초기는 대부분 신체 발달과 성숙이 절정에 이르며 전반적으로 건강 상태는 좋고 힘이 넘치며 정력적이다. 속도와 강도, 협응 능력, 지구력 등 모든 신체 능력도 좋으며 30대는 활동력이 높고 더 많이 일할 수도 있다. 신체 발달의 절정기 이후에는 점진적인 감소가 일어나지만, 40대 중반에 이를 때까지 분명하게 확인될 수 있는 변화는 나타나지 않는다. 연령에 따른 신체 변화는 급격하지 않기에 적절한 계속적인 운동과 훈련은 성인 중기 이후에도 젊음을 유지하며 살 수 있다.

그러나 성인 중·후기로 들어가면 사람들은 노화 과정이 일어나고 있음을 분명하게 느낀다. 피부 탄력성이 떨어지고, 눈 가장자리와 이마에 주름이 생기며, 머리카락이 빠지고 흰 머리카락이 생기며 회복력이 늦어진다. 신장은 대개 55세까지는 일정하게 유지되나 뼈 밀도가 줄어듦에 따라 여성은 평균 2인치, 남성은 1인치 정도 줄어든다. 여성은 골다공증의 위험이 높아 신장이 더 줄어들 가능성이 있다. 신장이 줄어드는 것에 비해 체중과 체지방은 증가하는 경향이 있어 비만이 될 가능성이 커진다.

성인 중·후기는 특히 노화현상에 스트레스를 많이 받는다. 남성들은 지나온 삶을 보여주는 이마 및 눈가의 주름, 거칠어진 피부와 은발이 노련미와 안정감을 주지만, 여성들에게는 이런 모든 것들이 위기로 느껴진다. 이런 위기감은 더욱 젊어 보이고 젊게 행동하고 젊게 살고 싶은 욕구로 심리적 위기를 준다. 소위 말하는 '중년기 위기'의 한 원인이 된다. 건강한 마음으로 살면서 스트레스를 긍정적인 성취로 바꾸면 중년기를 인생의 황금기로 만들 수 있다.

2. 생리적 변화

중년기의 중요한 신체 변화는 갱년기(climacteric)이며 여성은 물론 남성에게도 나타난다. 여성의 난소와 남성의 고환에서 분비되는 성호르몬은 사춘기에서 시작하여 성인 초기까지 비교적 변화 없이 일정한 수준을 유지한다. 여성들은 30대 후반이나 40대 초반, 남성들은 50대 초반에 이르면 성호르몬 분비가 감소하기 시작한다. 여성호르몬 감소는 쉽게 감지될 수 있으나 남성호르몬 감소는 매우 점진적으로 일어나기 때문에 쉽게 감지되지 않는다.[1] 여성 갱년기는 신체적으로 극적 변화를 일으켜 신체적-생리적 불편을 경험하지만, 남성들의 갱년기는 보다 미묘하고 점진적이어서 여성들과는 차이를 보인다.

1) 여성 갱년기
초경은 빨라지고 폐경은 늦어지는 추세이지만 대부분의 여성들은 45세를 전후로 폐경(menopause)을 경험한다. 생리 주기가 불규칙해지면서 50~55세경에 완전히 중단되는 폐경은 월경이 종료되는 것으로 여성들 중 약 10%는 40세 이전에 폐경을 경험한다.[2] 폐경기

---

1 정옥분, 『발달심리학』 (서울: 학지사, 2016), 552.

2 J. E. Birren, *Unpublished reivew of J. W. Santrock's Life-span development* (New York:

에는 여성호르몬 분비가 감소하고 자궁과 유방과 생식조직들이 퇴화하여 여성들은 신체적 고통을 겪고 생식능력을 상실한다. 폐경 후의 여성들은 정상적인 생리 주기를 갖는 여성들의 1/6 정도의 여성호르몬을 생성한다.

여성에게 폐경기는 월경이 최종 정지된 시기이며, 갱년기는 폐경 전 생식이 가능한 상태에서부터 폐경 후 생식능력이 상실된 상태로 변화되는 시기 전체로서 폐경기는 갱년기의 중간에 해당한다. 갱년기에는 여성호르몬 감소로 때때로 얼굴이 화끈 달아오르고, 두통, 메스꺼움, 현기증, 기억력 감퇴, 관절통, 유방통, 질 건조증, 가슴 두근거림, 헐떡거림, 호흡장애 같은 신체적 증상을 동반한다. 여성들의 85%가 폐경기 증상으로 고통을 받고 그중 50%는 병원을 찾으며 15%는 의사의 치료를 받아야 할 수준이다.

갱년기 여성 중에는 우울, 불안, 집중력 저하, 심리적 동요, 신경과민 증상을 나타내고, 심리적 문제를 호소하지만 이런 증상들은 대부분 다른 상황적 요인과 연결되어 있다. 이들은 다른 시기에도 심리적 어려움이 있었기에 폐경이 여성들에게 어려운 시기라는 사회의 고정관념을 쉽게 수용하여 이 시기의 신체적 문제나 심리적 동요를 신체적 증상으로 돌리거나 폐경의 원인으로 돌린다.3 그러나 대부분의 여성들은 폐경이 대수롭지 않은 것으로 여기거나 자신의 생활에 별다른 영향을 미치지 않은 것으로 여기며 성적 관심이나 성생활에도 특별한 변화를 일으키지 않는다고 보고하였다.

McGraw-Hill, 2002), 32.

3 S. R. Leiblum, "Sexuality and the midlife woman. Special Issue: Wmen at midlife and beyond," *Psychology of Women Quartely* 14 (1990): 495-508.

폐경은 중년기 여성들에게 중요한 사건이지만, 대부분의 여성은 폐경기 이후에도 성공적인 부부생활과 여성성을 계속 유지할 수 있다. 성공적으로 자녀를 양육하고 개인적 성취감을 가진 여성들은 폐경기를 공동체 지향적인 과업에 에너지를 투자할 수 있는 시기라고 여기지만, 생산성을 확립하지 못하고 자식만이 자기 충족의 유일한 수단이라고 믿어 왔던 여성들의 폐경기는 침체감을 더욱 가중시킨다.[4]

2) 남성 갱년기

남성은 폐경과 같은 외적 표시가 없어서 변화에 적응하는 데 더 어려움을 겪을 수 있다. 테스토스테론과 정자 수는 감소되어도 생식 능력은 여전히 있기 때문에 심리적 증상이 나타난다 해도 여성처럼 그 원인을 생리적인 것으로 돌리기 쉽지 않다. 남성들 중에는 테스토스테론이 감소될 때 여성이 폐경 시에 경험하는 증상을 느끼는 사람들도 있다.[5] 특히 40대 중반부터는 젊었을 때에 비해 상대적으로 남성호르몬 결핍상태가 되는데 이를 남성 갱년기(male climacteric)라 한다. 남성들도 이 시기에 성적무력감, 발기불능 등의 심리적, 신체적 문제로 우울증에 빠지기도 하지만 이는 호르몬의 변화에 의해서라기보다는 중년기의 문제들, 즉 노화 과정, 부모 사망, 결혼 생활의 갈등, 직업 스트레스 등과 더 관련이 있다.[6] 중년기 남성은 여성보다 더 건강 상태가 주요 관심사로서 자신의 건강에 신경을 쓰며 중년기

---

4 정옥분, 『발달심리학』, 552.

5 P. Ebersole & P. Hess, *Toward Healthy Aging: Human Needs and Nursing Response* (St. Louis: Mosby, 1998), 482-486.

6 정옥분, 『발달심리학』, 557.

에는 심장질환, 암, 비만, 고혈압, 소화기 장애 등의 질병을 초래할 확률이 높다.

3) 생리적 변화의 문화적 차이

폐경 경험에는 문화적 차이가 있다. 멕시코의 마야문화에서는 폐경을 반기며 자연적인 현상으로 받아들이고, 라틴계 미국인과 아프리카계 미국인 노동 계층 여성들은 폐경을 긍정적으로 보는 반면 유럽계 미국 여성들은 부정적으로 인식한다. 인도 여성들은 폐경이 사회적 보상과 생리와 관련된 사회적 금기에서 벗어나 베일을 벗고 남성과 동등한 사회적 역할을 수행할 수 있다.

나이 든 여성을 존중하고 가치 있게 여기며 나이 듦을 지혜가 증가하는 것으로 바라보는 사회에서 폐경과 관련된 문제는 거의 없다.[7] 폐경기 증상을 경험하는 정도도 문화에 따라 큰 차이를 보인다. 아시아 여성들은 서구 여성들보다 더 적은 폐경기 증상을 보인다. 어떤 사람들은 출산과 양육에서 해방된 여성들을 보상하고, 바람직한 존재로 받아들이는 사회에서 살고 있는 여성들은 폐경기의 생리적 증상을 거의 경험하지 않는다.[8]

---

7 A. Koster & M. Davidsen, "Climacteric complaints and their relation to menopausal development-a retrospective analysis," *Maturitas* 17 (1993): 155-166.

8 Avis, N. E., "Woman's Health at midlife," in S. L. Willis & J. D. Reid, *Life in the middle: Psychological and social development in middle age* (San Diego: Academic Press, 1999), 100; 정옥분, 『발달심리학』, 555-557.

3. 감각 기능 변화

1) 시각

중년 초기 감각은 어떤 시기보다 예민하다. 동공의 신축성에서 약간의 변화가 있지만 시력이 나빠질 정도는 아니다. 40세까지 비교적 일정하게 유지되어 온 시각은 40세 중반부터 점점 원시성 시각으로 변하고, 눈의 수정체가 탄력성을 잃게 되면서 초점이 잘 맞추어지지 않아 가까이 있는 물체를 보기 어렵게 된다. 동공의 투명도가 떨어져 동공을 통과하는 빛의 양이 줄어들어 그 결과 어두운 곳에 적응하는 눈의 선명도(acuity) 능력이 떨어지고 더 밝은 조명을 필요로 하며(DiGiovanna, 1994),[9] 눈부심 현상(glare)도 나이가 들면 나타나는 현상이다. 60세경 망막에 도달하는 빛의 양은 20세 때의 30% 정도로 추산된다.

남성들은 60~70대에 가장 많이 시력의 선명도가 감퇴하고 40~50대에도 일정하지 않은 거리에서는 선명도가 급격히 감소한다. 수정체 조절작용은 생후 5세경에 최고 수준이었다가 성인 초기부터 서서히 감퇴하여 60세경까지 지속되고, 그 이후는 더 이상 감퇴되지 않는다. 노안(presbyopia)은 안구 형태가 원형에서 타원형으로 변하여 멀리 있는 것은 잘 보이나 가까운 것은 잘 안 보이는 원시(hyperopia)가 생기는 것이다.[10] 따라서 성인 초기에 근시였던 사람들은 오히려 시력이 좋아지는 경험을 한다. 성인 중기부터 눈에 공급

---

9 A. G. Digiovanna, *Human aging: Biological Perspectives* (New York: McGraw-Hill, 1994), 200.
10 성현란 외 4인, 『발달심리학』 (서울: 학지사, 2019), 439.

되는 혈액 양이 감소하여 시각장의 크기가 점차 감소하고 눈의 맹점은 커지기 시작한다. 또한 낮은 조도에 따라 망막의 민감성도 점차 감소한다.

2) 청각

청각 감퇴는 시각만큼 느껴지지 않는다. 젊은 성인은 조용한 곳에서 20피트 떨어진 곳에 있는 시계가 째깍거리는 소리를 들을 수 있고, 남성에 비해 여성은 높은 음조를 더 쉽게 탐지한다.[11] 청각 감퇴는 여자 37세경, 남자 32세경에 나타나며, 고음에 대한 민감성이 먼저 감소하고, 저음에 대한 민감성은 성인 중기까지 감퇴하지 않는다. 특히 높은 진동수의 소리에 대한 민감성 감소는 남성이 여성보다 더 빨리 감퇴된다. 남성들은 기계공이나 건설업과 같은 소리에 더 많이 노출되는 직업에 종사할 가능성이 높기 때문이다.

청각의 이러한 변화는 중년기 사람들에게 큰 영향을 미칠 정도는 아니다. 대부분 사람들은 다른 사람이 말할 때 더 주의를 기울이거나 큰 소리로 말해달라고 부탁하는 것으로 감퇴를 보상해간다.[12] 50대가 되면 청력 손상이 가속화되고 난청의 정도가 심해진다. 한국인들은 50세부터 2,000Hz 이상의 고음 영역에서 소리 역이 급격히 높아져서 음의 크기를 20dB 이상 높여주어야 들을 수 있다. 이것을 노인성 난청(presbycusis)이라고 하며, 45세에서 65세 사이에 있는 사람들의 12% 정도에서 나타난다.

---

11 D. McGuinness, "Hearing: Individual Differences in Perceiving," *Perception* 1, no.4 (1972): 465-473.
12 정옥분, 『발달심리학』, 551.

3) 촉각

촉각은 혈액순환의 영향을 받는 감각기관으로 피부의 촉각수용기가 감지하고 느끼는 변화이다. 50대에는 촉각수용기의 수가 감소하여 더위와 추위를 지각하는 열수용기의 반응이 민감하지 못하여 체온조절 능력이 감퇴된다.

4) 통각

성인들은 질병으로 고통을 당하면서도 잘 견딘다. 성인들의 통각에 대한 초기의 연구는 피험자의 이마에 잉크로 검은 원을 그려놓고 거리에 강한 빛을 쪼이며 통증을 느끼는 빛의 양을 측정했다. 그 결과 50대 후반까지는 통각의 차이가 발견되지 않았다.[13] 인간의 정신상태가 통증 지각에 영향을 미치는 사례들을 보면 병적인 통증 환자들의 35%가 가짜 약을 먹고도 진통 효과를 보이고, 전쟁터와 같이 스트레스가 심한 상황이나 공포에 질린 상황에서는 통증을 느끼지 못하는 경우들을 보면 통각은 신체적 아픔의 정도라기보다는 불안, 우울, 혹은 정신적 고통이 개입되어 있을 수도 있다.[14]

5) 후각

러비(C. K. Rovee)는 6~94세 120명에게 향기의 농도를 7가지로 달리해서 그 농도를 판단하게 했다. 그 결과 60~70세와 80~90세의 나이 든 집단이 20~50세의 젊은 집단보다 후각 기능이 더 민감했

---

13 J. E. Birren, H. B. Shapiro and J. H. Miller, "The effect of salicylate upon pain sensitivity," *Journal of Pharmacology and Experimental Therapy* 100 (1950): 67-71.
14 김애순, 『성인발달과 생애설계』(서울: 시그마프레스, 2004), 113-114.

다.[15] 그러나 다른 연구는 향기를 구별하고 확인하는 능력이 연령 증가에 따라 감퇴한다는 강한 증거들을 제시하고 있다.[16] 그런 감퇴가 후각 기능의 점진적인 상실에 기인한 것인지 60세 이후의 갑작스러운 상실을 반영하는지는 분명하지 않다. 대체로 후각 감퇴의 정도가 크게 나타난 경우는 건강이 좋지 않은 사람들을 대상으로 한 연구들에서 나타났다.[17]

6) 미각

음식의 맛은 미각과 후각의 조합으로 느끼며 나이가 들수록 입맛이 변한다. 여러 연령층의 피험자들에게 단맛, 쓴맛, 짠맛, 신맛이 섞인 물을 맛보게 하면 나이가 더 많을수록 더 농도를 짙게 해야만 맛을 변별할 수 있다.[18] 또 미각을 자극하기 위해서 혀에 약한 전류를 흐르게 한 연구에서는 나이 든 사람의 미각 반응을 유발시키는 데 젊은이보다 더 많은 양의 전류가 필요했다.[19] 향료나 소금 혹은 설탕에 대한 민감성도 50세부터 감소하지만 성인 후기에 이를 때까지 그

15 C. K. Rovee, R. Y. Cohen and W. Shlapack, "Life-span stability in olfactory sensitivity," *Developmental Psychology* 11 (1975): 311-318.

16 Dorty, R. L., "Aging and age-related neurological disease: Olfaction," in F. Goller & J. Grafman (Eds.), *Handbook of neuropsychology* (Amsterdam: Elsevier, 1990): 459-462; Murphy, C., "Taste and smell in the elderly," in H. L. Meiselman & R. S. Rivlin (Eds.), *Clinical measurement of taste and smell* (New York: Macmillan, 1988): 343-371.

17 김애순, 『성인발달과 생애설계』, 113-114.

18 P. B. Grzegorczyk, S. W. Jones and C. M. Mistretta, "Age-related differences in salt taste acuity," *Journal of Gerontology* 34 (1979): 834-840.

19 G. Hughes, "Changes in taste sensitivity with advancing age," *Gerontologic Clinica* 11 (1969): 224-230.

변화는 크지 않다. 성인 후기 대부분의 노인들은 미각 민감성을 크게 상실하고 더 많은 양의 소금이나 후추를 필요로 한다.[20]

7) 균형감각

몸의 균형을 잡고 똑바른 자세를 유지할 수 있는 감각수용기 (receptors)인 내이강(內耳腔, vestibular apparatus)은 속귀의 뼛속에 있는 미궁에 있다. 내이강은 대뇌동맥이 구부러지기 쉬운 머리 옆쪽에 붙어있어서 나이가 들수록 동맥이 굳어지면 혈액 공급이 원활하지 못하여 어지럽고 메스꺼우며 몸의 균형을 잡지 못하는 등 문제가 생길 수 있다.[21]

4. 건강과 질병 관리

직장인은 직장 내에서의 갈등, 가정 내에서의 불화 등으로 스트레스가 생기기 쉽다. 여성은 가사와 육아 등 심신의 부담이 증가하고 가정 내의 불화가 있을 경우 심한 우울증이나 노이로제에 걸릴 수 있다. 남성은 스트레스를 해소하기 위해 담배나 술에 의존하는 일이 많아 관상동맥질환이나 간질환 등에 걸릴 위험성도 높아진다.

우리나라 성인 5명 중 1명이 우울 위험에 노출되어 있으며, 여성이 남성의 2배이고 나이가 들수록 우울증 발병률이 높다.[22] 우울증

---

20 장휘숙, 『전생애 발달심리학』 (서울: 박영사, 2009), 353.

21 D. S. Woodruff-Pak, *The Neuropsychology of aging* (Malden, MA: Blackwell Publishers Inc, 1997), 50; 김애순, 『성인발달과 생애설계』, 117.

22 건강보험심사평가원, "최근 5년(2017~2021년) 우울증과 불안장애 진료 현황 분석" (서울: 건강보험심사평가원, 2022), 1-10.

은 증상의 정도에 따라 치료해야 하고 간단한 환경 조정과 대인관계 치료, 인지행동치료와 같은 특별한 치료법으로 효과를 보기도 한다. 그러나 증상이 지속되거나 심하면 항우울제를 투약한다. 걷기는 자연 항우울제인 엔드로핀이 분비되고, 코르티솔의 수치를 떨어뜨린다. 또 기분을 조절하는 신경전달물질인 세로토닌이 햇볕을 받으면 잘 분비되기 때문에 하루에 10분~30분 햇볕을 등에 지고 걸으면 우울증 완화에 도움이 된다.

우울증은 뇌의 노화와 관련된 뇌혈관과 고혈압, 당뇨, 심장질환, 고지혈증과 같이 관리가 중요하다. 중년기는 신체적인 건강을 위한 운동, 건강한 식단, 사회 활동 및 여가 활동, 기도와 명상 등 마음을 챙기고 살피며 긍정적인 마음으로 사는 태도와 생활이 필요하다.

II. 인지 발달과 변화

1. 중년기의 기본적 인지능력 발달과 변화

샤이에(K. W. Schaie)는 언어능력, 귀납적 추론, 단어 유창성, 공간지각력, 수개념 등과 같은 기본능력을 25~85세에 걸쳐 7년 간격으로 지능검사(Primary Mental Abilities Test: PMA)를 실시하고 검사 때마다 새로운 대상을 표집하였다. 동일한 개인에게 반복적으로 지능검사를 하면서도 4개의 서로 다른 출생동시집단을 포함시켜 출생동시집단 간 차이를 비교하였는데 이를 시애틀 종단연구(Seattle Longitudinal Study)라 불렀다.

시애틀 종단연구의 횡단연구에서 귀납적 추론, 단어 유창성, 공간지각력은 성인 초기에 절정에 이르다가 그 이후 감소하기 시작하며, 공간지각력과 귀납적 추론은 매우 급격히 감소하고 단어 유창성은 좀 완만하게 감소한다. 언어능력과 수개념은 성인 중기에 절정에 달하고 노년기에 감소한다. 시애틀 종단연구의 종단연구에서는 속도와 관련이 있는 언어 유창성을 제외한 대부분의 지적 능력들은 60세 이전까지 별로 감소하지 않는다.[23]

중년기의 인지 발달은 검사의 종류와 측정 방법에 따라 달라질 수 있다. 기본적인 학습 능력과 문제 해결 능력인 유동성 지능은 성년 초기에 감소하고 비언어적, 추상적 능력 또한 연령과 더불어 감소한다. 비언어능력을 측정하는 동작성 검사 역시 연령이 증가하면서 감소하지만 학습된 지식과 기술을 포함하는 결정성 지능은 중년기 동안 증가한다. 그럼에도 불구하고 중년기 인지 발달 검사들의 공통점은 지각 속도를 제외한 기본 정신능력은 30대 후반이나 40대 초까지 계속해서 향상되는 경향이 있고, 50대 중반이나 60대 초반까지 안정적으로 유지되다가 60대 후반이 되면 각 검사마다 일관되게 감소하는 경향이 있다.

2. 중년기 인지 발달 특징

과거에는 인간 지능이 20대 초반에 절정에 달하고 그 이후 점차 쇠퇴하다가 60대 이후 쇠퇴가 가속화된다고 생각하였다. 그러나 최

---

23 정옥분, 『발달심리학』, 590.

근의 연구들은 인간의 전 생애를 통한 지능 변화가 더 복잡한 것이라
한다. 중년기 인지 발달의 일반적 특징은 지능의 여러 요인이 일률적
으로 감퇴하지 않고, 교육 경험, 사회문화적·심리적 배경 등에 따라
개인차가 크고 과제에 따라 차이가 있다. 정보처리능력, 논리능력,
기억능력과 같은 유동성 지능 감퇴는 신경원의 정보전달 기제의 쇠
퇴가 정보능력을 떨어뜨리기 때문이며, 사람들이 학습과 경험을 통
해 배우고 문제 해결 상황에 적용할 수 있는 정보와 기술 및 전략과
같은 결정성 지능 감퇴는 교육 수준, 직업, 문화적 배경에 따라 차이
가 있다.

　샤이에는 인지 발달을 지식의 획득 단계와 적용 단계로 구분하고
일생 동안 5단계를 거쳐 이루어진다고 하였다. 개인의 인지능력은
연령 증가와 함께 지식 획득에서 지식 적용 방향으로 발달하며 중년
기는 지식을 적용하고 책임지는 단계에 해당한다.[24]

　중년기 인지 발달에서 기억력을 호소하는 사람들이 많다. 40대
가 되면 자연스럽게 자신의 기억력이 감퇴되고 있다는 것을 느끼고
화젯거리가 된다. 자기 집 초인종을 눌러놓고 "누구세요?"라고 묻는
다든가, 매일 드나들던 현관문 비밀번호를 몰라 들어가지 못하는 일,
자신의 핸드폰으로 다른 사람과 통화하면서 핸드폰을 찾는 행동, 자
기 아들의 이름이 생각나지 않아 부르지 못하거나 집을 찾지 못하는
등 연령이 증가하면서 기억력 감퇴는 다양하다. 실질적으로 성인 초
기에는 그 증상을 잘 모르지만 50세가 되면 저장된 정보를 인출하는
데 20~50세 사이의 사람들이 걸리는 시간보다 60%가 증가하는 것

---

24 장휘숙, 『전생애 발달심리학』, 359-360.

을 보면 성인 중기에는 기억력이 감퇴하고 있음을 보여준다.

그러나 엄밀히 말해 중년기 기억의 변화는 그 이전부터 있었으나 큰 관심을 갖지 않다가 나이가 들면서 건망증을 기억능력의 감퇴로 인식하는 경향이 커지는 것이다. 감각기억과 단기기억은 중년기에 약화되지만 장기기억은 기억 손실이라기 보다는 저장된 정보를 인출하는 데 비효율적이기 때문이다. 열쇠를 어디에 두었는지 기억을 못 하는 것은 기억감소가 아니라 그것을 둘 때 주의를 기울이지 않았기 때문이다.

또한 추상적인 문제 해결 능력은 성인 초기에 감소하나 현실적이고 실제적인 문제 해결 능력은 중년기에 절정을 이루는 것도 이와 같은 맥락에서 말할 수 있다. 즉, 전문가로서 오랜 시간 종사해오면서 전문지식과 능력을 획득하여 그 분야에서 인지능력이 발달한 것이다. 과학과 수학 분야에서 괄목할 만한 발견은 중년기에 이루어졌으며, 평범한 과학자나 수학자의 생산성과 창의성은 40대와 50대까지도 활발하며 단순히 양보다는 질을 따질 때 50대, 60대에도 심지어는 90대에도 창의적 업적이 계속되는 것으로 나타난다.

III. 직업발달과 직업전환

1. 중년기 직업

직업에 대한 의미는 연령에 따라 변한다. 특히 산업화된 사회에서 직업은 나이와 밀접한 관련이 있다. 성인 초기는 직업을 선택하고 적응하고 진급하는 일에 바쁘지만, 중년기는 직업을 가지고 일하는 직장인으로 안정을 유지하며 자신의 전문성을 드러낸다. 따라서 성인 초기에는 연봉, 직업 안전보장, 상사와 동료와의 관계 등에 관심이 많은 반면 중년기에는 직업의 자율성, 개인적 도전과 성숙의 기회, 성취감, 자신이 하는 일이 사회에 얼마나 기여할 수 있는지 등에 관심이 많다.

그러나 지식정보화 세대의 평생학습사회에서는 전 생애 동안 배워야 하고 자신의 능력에 따라 계속 새로운 직업을 선택하며 평생직장도 평생직업도 아닌 계속적인 역량개발과 기술 및 직업개발에 힘써야 한다. 중년기는 자신의 직업에 대해 가졌던 기대와 목표를 어느 정도 달성했는가를 재평가한다. 대개 이 시기까지 사람들은 직업적 야망을 달성했거나 처음에 기대했던 정도에는 못 미치지만, 어느 정도 성공을 하고 거기에 정착한다. 자신의 직업에서 절정에 이르고 돈을 벌고 보다 많은 영향력을 행사하고 다른 어떤 시기보다 더 존경을 받는다. 경험과 지혜의 축적으로 많은 사람들이 권력과 책임적 지위도 얻는다. 공무원, 사업가, 학계의 중진들, 그 밖의 사회에서 뛰어난 업적을 이룬 사람들 대부분이 성인 중기에 있는 사람들이며, 속도와 관련 없는 대다수의 직업에서 직무수행 능력은 중년기 동안 높은 편이다. 40세 이하나 65세 이상인 사람들의 뛰어난 업적은 특별한 경우에 속하지만 잘 훈련된 기술은 일반적으로 나이에 구애 받지 않는다.

2. 중년기 직업전환

황금 같은 대학 생활을 다 바쳐, 들어간 회사가 기대와는 전혀 다르고 적성에도 맞지 않아 남들이 뭐라든 지금이라도 어릴 적부터 품어온 꿈을 더 늦기 전에 다시 찾아가려 한다는 한 성인에게 우리는 어떻게 조언할 수 있을까?

중년기는 직업의 새로운 전망과 보다 높은 수준의 개인적 충족을 찾아 스스로 직업을 바꾸기도 하고 타인에 의해 직장을 잃기도 한다. 그러나 직업을 전환하려고 할 때 스스로를 좀 더 객관적으로 들여다보아야 한다. 업무가 정말 적성에 맞지 않는가, 과다한 업무가 피곤한가, 해 내야 할 일에 대한 내 능력이 부족한가, 직장 분위기나 시스템이 불합리한가, 동료나 상사와의 인간관계가 힘든가, 급여나 복지 수준이 너무 낮은가, 내 능력을 인정받지 못하는가 등이다. 정말 이런 이유로 직업을 전환하거나 떠나려는 것인지 아니면 이런 이유로 직장을 떠나고 싶은데 스스로를 합리화하기 위해 꿈 이야기를 떠올리는 것인지를 먼저 살펴야 한다. 만일 후자라면 '꿈' 같은, 아름답지만 모호한 단어를 사용하지 말고 최대한 차갑고 분명한 단어로 스스로를 냉철하게 돌아본 후 결단해야 한다.

중년기의 직업전환은 성인 초기나 은퇴기보다 더 복잡하고 정신적 에너지가 소모되며 불안과 절박한 감정이 뒤따른다. 많은 중년들은 가능하다면 직업전환을 하지 않으려 한다. 의사나 변호사 등 전문직에 종사할수록 직업전환을 하지 않는다.

그러나 시대적 흐름에 따라 직업전환이 점점 보편적인 현상이 되고 있다. 레빈슨은 이를 중년기의 전환점으로 묘사한다. 적극적으로 직업전환에 필요한 기술을 습득하기 위해 부가적인 공식교육을 받고 이를 계획하고 고려하는 데 보낸 시간이 많을수록 직업전환은 더 성공적이다. 그러나 아주 정반대로 어울릴 것 같지 않은 일을 이루어

내는 경우도 적지 않다. 의사가 음악가로 변신하고, 물리학 박사가 세탁소 경영자로 전환하고, 펀드매니저가 화가로 변신하는 것은 더 이상 이상한 현상이 아니다. 일반적으로 직업전환은 이미 습득한 기술, 교육, 취미, 개인의 동기나 성격, 취업 기회에 따라 달라진다.

직업전환은 가족 구성원들의 삶에 직접적인 영향을 주기 때문에 배우자 역할, 부모 역할 그리고 직업 역할이 요구하는 기대를 동시에 충족시킨다는 것은 매우 힘든 일이다. 특히 자녀의 학비 부담이 큰 시기에 이루어지는 가장의 직업전환은 가족 구성원 모두를 불안하게 한다. 또한 배우자가 부부의 역할을 어떻게 규정하는가에 따라서도 직업전환이 주는 의미는 달라진다. 비록 맞벌이 가족이기는 하지만 남편-생계유지자, 아내-가정주부의 고정관념을 지니고 있는 여성들은 남편의 일시적 실직이나 직업전환에서 오는 일시적 불안정조차도 감내하기 어렵다.[25]

특히 중년기 여성이 처음으로 직업 세계에 들어서거나 성인 초기에 자녀 양육 문제로 잠시 쉬었다가 성인 중기에 다시 시작하는 경우가 많다. 성인 초기와 달리 중년기 여성들이 직업을 가지면 전적으로 몰두할 수 있고, 잃어버린 자아를 다시 찾는 기회가 되기도 한다.

3. 중년기 실직

예기치 않은 갑작스러운 실직에서 오는 스트레스는 수입 상실의 경제적 곤란과 자아존중감에 영향을 준다. 직업에서 정체감을 찾는

---

25 위의 책, 380.

사람들, 가족부양을 남성다움으로 여기는 남성들, 자신의 가치를 자신이 벌어오는 돈으로 정의하는 사람들은 직업을 잃을 때 봉급보다 더 큰 그들 자신의 일부를 잃는 것이다.

중년기에 실직하면 새로운 직업을 택할 기회가 적어진다. 특히 50세 이후에는 새 직장을 구한다 해도 이전보다 봉급이 적을 수 있다. 이때 많은 중년들은 덫에 빠져 자신의 직업 목표를 달성할 수 없고 탈출구가 없다고 느끼며, 이것은 중년기에 발생하는 우울증이나 기타 다른 심리적 문제의 원인이 된다.

실직의 심리적 효과는 노년보다 중년기에 더 심각하다. 중년기는 새로운 직업을 구하는 데 훨씬 낙관적이고 현실적이며, 노인들은 은퇴하면 된다고 생각하지만, 실직 당한 중년들은 그에 상응하는 새 직장을 구할 기회가 적을 뿐 아니라 은퇴할 준비도 되어 있지 않다. 중년기에는 직업 선택의 폭과 기회가 적어서 실직은 불안, 우울증, 공허감, 신체적 건강 쇠퇴, 알코올 중독, 심지어 자살로 이어질 수 있다. 실직은 당사자뿐 아니라 부부관계, 자녀 관계에도 영향을 미친다.

그러나 초심으로 다시 돌아가 새로운 출발을 준비해야 한다. 마치 인공위성을 쏘아 올리는 로켓이 성공적으로 궤도에 진입하려면 한 번의 추진으로 불가능하기에 1단 분리, 2단 분리… 단계별로 연료를 연소시키고 그것을 분리해버리면서 본궤도에 들어가는 것과 같다. 이처럼 지금까지 쌓아왔고 누려왔던 기득권, 자존심, 타성 같은 것들을 떨어버리고 가벼워진 본연의 자신을 발견하며 한층 새로워진 모습과 초심으로 돌아가 몸을 낮추고 문을 두드리고 찾으면 전혀 예상치 못했던 새로운 가능성이 열리게 된다.

IV. 사회심리 발달과 변화

1. 중년기 성격발달

중년기는 생산성 대 침체감(Generativity vs. Stagnation)을 경험한다. 생산성이란 자녀 출산과 양육으로 다음 세대를 돌보고 이끌어 감으로써 자신의 존재가치를 확장하며, 직업과 친사회적 활동을 통해 자신의 기술과 능력을 전수하여 사회 존속과 유지 및 발전에 헌신하는 것이다. 생산성은 젊은 세대의 삶을 개선시키기 위한 자원과 창조적 기술이며 사회의 존속을 위한 중요한 능력이다. 자녀에 대한 자애로운 부모 역할과 직업에서의 탁월한 업적 그리고 접촉하는 다양한 사람들에 대한 존경의 표현은 젊은 세대들 사이에 낙관주의와 인내심을 증진시키는 모델의 역할을 한다.[26] 생산적으로 활동하는 40~50대 성인들은 친사회적 성격 특성을 가지고 부모 역할에 전념하며 직업에서도 생산적 태도를 나타내며 가족 이외의 타인에 대해서도 관심을 가지며 배우자 역할도 잘한다.[27]

중년기 사회-심리적 위기의 부정적 해결은 침체감으로 나타난다. 침체감은 심리적 성장의 결핍이며 매사에 불평하고 비판적인 사람이 된다. 부모 또는 어른으로서의 역할수행이 원만하지 못하고 자신이 할 일이 없다고 느끼며 자신의 에너지와 기술을 오직 자기 확대와 자기만족을 위해서만 사용한다. 가정관리나 자녀 양육 혹은 직업

---

26 위의 책, 381.
27 김태련 외, 『발달심리학』(서울: 학지사, 2004), 478-479.

역할을 만족스럽게 수행하지 못하는 성인들은 침체감을 경험한다.[28]

2. 중년기 자아실현과 개성화

매슬로우(Abraham Maslow)는 인간의 욕구위계에서 자아실현 욕구가 가장 높은 수준이라 하였다. 인간 행동의 동기는 단순히 쾌락을 추구하고, 고통을 회피하거나 내적 긴장을 감소하려는 노력 이상의 것이다. 인간은 자아실현을 위해 생존 욕구에서 해방되어 자신이 하는 일에 자긍심을 가지고 가족원이나 직장 동료로부터 인정을 받으며 자신을 존중하는 마음이 있어야 한다.

스위스 심리학자인 융(Jung)은 환자를 치료한 임상적 경험과 그 자신의 자아분석을 통해 중년기 성격발달을 제시하며 발달의 궁극적 목표는 자아실현으로 보았다. 그는 40세를 인생의 전반에서 후반으로 바뀌는 전환점으로 보았다. 성인 초기에는 가족과 사회가 요구하는 책임과 의무를 완수하려는 외적 목표로 에너지가 분산되고 그에 따른 성격을 발달해 나간다. 그러나 중년기에는 이런 욕구를 대부분 충족시키고, 자아 성숙과 자아실현을 향한 내부적 노력에 정신에너지를 집중하면서 억압되고 방치되어 있던 내면의 진정한 자아를 찾기 위한 탐색이 시작된다. 즉, 청년기나 중년기 목표였던 돈, 명예, 지위, 출세 등이 중년기까지 계속된다면 삶의 의미를 잃고 허무감을 느끼며 고독감에 정체된다. 그러나 고통스럽지만 의미 있는 내면적 여행을 통해 진정한 자아와 맞닥뜨려 직면할 때 성장이 이루어진다.

---

28 장휘숙, 『전생애 발달심리학』, 381.

이러한 자아 탐색을 통한 내적 성장 과정이 개성화(individuation)이다. 개성화는 일반적인 가치나 목적에 일상적으로 동조하는 것이 아니라 자신의 삶을 주체적이고 개체적인 방식으로 살아가는 것이다. 따라서 중년기에는 급격한 가치관의 변화가 일어나며, 보다 내향적이고 충동성이 적어지며 생물학적이 아닌 사회문화적인 새로운 관심으로 대체되며 개성화가 나타난다.

또한 중년기 이후는 남녀 모두 자신이 이전에 소유하지 않았던 생물학적 다른 성의 특성과의 통합을 추구하는 성격을 나타낸다. 즉, 남성은 자신 속의 억압된 여성적 특성인 아니마(anima)를 표출하여 덜 공격적이 되고 대인관계에 보다 많은 관심을 보이며, 여성은 자신 속의 억압된 남성적 특성인 아니무스(animus)를 표출하여 보다 공격적이고 독립적이 된다. 따라서 중년 남성은 점차 가정과 자녀에 대한 관심이 많아지고 내향적이 되는 반면에 가정에서 자녀와 가족에게만 관심을 갖던 여성은 사회적 활동에 참여하고 사회문제에 관심을 가지며 적극적이고 외향적이며 독립적인 성향으로 바뀐다.[29]

3. 중년기 위기

1) 중년 위기

에릭슨, 레빈슨(Levinson), 베일런트(Vaillant) 등은 성인 중 · 후기에 대부분의 사람들은 강한 심리적 혼란을 느끼며 위기를 경험한다고 말한다. 융도 성인 후기는 외부 지향적인 관심에서 내부 지향적인

---

29 조복희 · 도현심, 『인간발달: 발달 심리적 접근』 (서울: 교문사, 1991), 456.

자기 안에서 의미를 찾고 죽음에 대한 인식을 하며 자신의 인생 목표에 의문을 가지고 중심을 잃게 될 수 있다고 하였다.[30] 남녀 모두 생물학적, 사회적 및 직업적 변화를 경험하는 시기이며 가족주기에도 변화가 일어나는 시기이다. 자녀들은 하나씩 가정을 떠나기 시작하고(텅 빈 둥지 시기) 샌드위치 세대로서 고령의 노부모를 모셔야 하는 책임이 있다. 남성들은 신체적 노화와 직업에서의 성공 여부로, 여성들은 자녀의 독립과 폐경이라는 생물학적 변화로 어려움을 겪는다. 부모 역할 감소와 자신이 직면하는 노화와 죽음에 대한 지각은 남녀 모두가 자신을 돌아보는 계기가 된다.[31]

레빈슨은 40~45세 남성의 80%가 정서적 갈등이나 실망감을 포함한 위기를 경험한다고 하였다. 여성들은 자녀에 대한 염려, 남편이나 노부모에 대한 걱정, 노화로 인한 생리적, 심리적 변화에 대한 적응 등과 함께 자아실현 문제에 직면하게 됨으로써 지금까지 살아온 세월에 대해 회의하고, 이제 무엇을 할 수 있기에는 너무 늦었다는 생각 때문에 남성들보다 더 심각한 위기감을 경험한다는 연구도 있다. 여성의 관심사는 자녀 출산과 자녀 양육 및 돌봄, 관계인데 남성의 관심은 정의, 진출, 발전, 직업, 성공, 사회 등이다. 여성은 자신의 인생주기를 자신의 연령이 아니라 남편과 자녀의 연령 또는 가족생활 주기로서 정의하지만, 성인 후기인 중년기에 접어들면 남편과 자녀 주위를 맴돈다. 여성은 인생이 무의미하며, 자신이 이제 더 이상

---

30 Jacques, E., "The mid-life crisis," in R. Owen (Ed.), *Middle age* (London: BBC, 1967); C. G. Jung, *Two Essays on Anaalytic Psychology*, in Collected Works Vol. 7 (Princeton, NJ: Prenceton Universty Press, 1966), 100.

31 장휘숙, 『전생애 발달심리학』, 381.

쓸모없게 되었다는 느낌을 갖는 '빈 둥지화'는 가족 중심적 생활이었던 여성에게 강하게 나타난다. 부모의 책임에서 벗어나 자신을 더 이상 어머니와 아내로서 정의하기보다는 정체성에 다른 의미를 부여하는 과정은 심리적으로 건강한 것이다.

2) 중년기 위기의 보편성

최근의 연구들은 중년기 위기의 보편성을 지지하지 않는다.[32] 대부분의 사람들은 성인 중년기가 비교적 안정적이라고 생각하지만, 일부 문화권에서는 이런 개념조차 없다. 바룩(Baruch)은 20대 여성이 35-55세 성인 여성보다 삶에 대해 더 불확실해 하고 만족하지 못한다고 하였다. 중년기 여성은 출산, 폐경과 같은 삶의 예측 가능한 사건보다는 이혼, 전직과 같은 예측 불가능한 사건이 심리적 위기를 더 일으켰다. 또한 대부분의 중년기 남성들은 자신의 직업에 만족했으며 남녀 모두 중년기에 보다 자기 확신적이고, 통찰력 있고 내관적이고 개방적이며 삶의 스트레스를 더 잘 다룰 수 있다고 하였다.[33]

맥크레(McCrae)와 코스타(Costa)도 레빈슨의 중년기 위기를 검증하기 위해 중년기 성격에 대한 방대한 연구를 한 결과, 중년기 성격의 모든 차원에서 안정성을 발견하였다. 단지 매스 미디어가 중년기 위기를 사람들의 관심을 끌 수 있는 흥미 있는 주제로 삼음으로써 보편적인 것으로 받아들여지게 하였다고 한다.

32 E. Wethingion, H. Cooper and C. S. Holmes, "Turning points in midlife," in I. H. Gotlib & B. Wheaton, *Stress and adversity over the life course: Trajectories and turning points* (New York: Cambridge University Press, 1997), 215-231.

33 N. Hann, R. Millsap & E. Hartka, "As time goes by: Change and stability in personality over fifty years," *Psychology and aging* 1 (1986): 220-232.

중년기를 획득과 상실의 시기로 보는 것이 바람직하다. 이런 관점은 변화에는 긍정적인 것과 부정적인 것이 동시에 포함되어 있음을 의미하고, 변화가 일어나는 중년기 내내 지속될 수 있다는 것이다. 중년기는 개인의 능력, 스트레스를 다루는 기술, 개인적 통제감, 생의 목적, 사회적 책임감 등은 모두 절정에 있으나 신체 능력과 여성의 출산 능력은 감퇴가 이루어진다. 따라서 중년기를 특별한 위기의 시기로 여기기보다는 지난 삶을 재평가하고 삶의 의미를 획득하는 시기로 보는 것이 더 타당하다.[34]

3) 중년기 변화

많은 후속 연구들은 중년기 동안 위기를 경험하는 것이 아니라 단순히 변화를 경험한다고 말한다.[35] 이를 과도기 모델(transition model)이라 하며 중년기 동안 각 개인은 여러 가지 사건이나 변화를 경험할 수 있지만, 대부분의 중년들은 중요한 인생 변화에 대해 미리 예상하고 있으므로 특별한 위기를 경험하지 않는다고 주장한다.[36] 성인발달 종단연구들은 중년기 동안 성격특성이나 생활 적응에서 극적 변화의 증거가 없으며, 오히려 문제 해결이나 성격특성, 생활양식 혹은 삶에 대한 지향성이 그대로 유지되고 있음을 확인하여 과도기 모델을 지지한다.[37] 더욱이 친구나 부모의 죽음, 갑작스러운 질

---

34 김태련 외, 『발달심리학』, 483-484.
35 Rosenberg & Farrell (1999)은 많은 미국 남성이 자신이 늙어가는 과정에서 인식하는 신체적 및 심리적 변화를 비유적으로 표현하기 위해 "중년 위기"라는 용어를 사용한다고 했다.
36 장휘숙, 『전생애 발달심리학』, 382.
37 위의 책.

병, 실직, 취업, 이혼과 같은 위기적 사건들은 중년기뿐 아니라 전 생애 어떤 시기에도 일어날 수 있으므로 특별히 중년기에 국한된 문제는 아니다.[38] 따라서 대부분의 성인 중년기는 점진적인 변화의 시기로 경험할 뿐 특별한 위기로 지각하지 않는다는 것이다.[39]

4) 중년기 행복

또 한편, 다른 모든 발달단계와 마찬가지로 중년기를 나름대로의 발달과업과 도전이 있는 인생의 또 다른 단계로 보는 시각도 있다. 중년기 발달과업이 다른 단계의 발달과업보다 더 복잡하거나 격렬한 것은 아니며, 심지어 어떤 이들은 중년기를 인생에서 가장 행복한 시기로 보기도 한다. 중년기를 위기가 아니고 전환기로 보는 이들은 중년기의 경제적 안정, 직업에 대한 열정, 부모의 책임에서 벗어나는 자유 등을 강조한다.

4. 중년기 가족발달

중년기 부모는 청소년기, 청년기 자녀와 함께 살게 된다. 또 평균수명의 증가로 노부모를 모시는 기간도 길어서 자녀와 부모 세대 사이에 낀 세대 혹은 샌드위치 세대로서 부모 역할뿐 아니라 자녀 역할도 해야 하는 책임이 무거운 세대이다.

---

38 위의 책.
39 위의 책.

1) 부부관계

현대 사회는 남성은 남성다워야 하고, 여성은 여성스러워야 한다는 전통적 성역할 기대에 많은 변화가 있지만 성역할 정체감(sex role identity)을 통해 남자와 여자는 서로 다른 특성으로 자기 이미지를 드러내며 성적인 선호, 애정 대상 선택 등의 역할을 한다. 성역할 정체감은 성에 따른 사회의 역할기대를 내면화한 것이며, 자신의 성역할 동일시와 성역할 확신으로 성정체감을 확립하지만 실패하면 자신의 성에 적합한 행위양식을 상실하는 양성적 혼돈에 빠진다.

성역할 정체감은 아동기부터 형성된다. 성은 육체적 욕망의 표현이기도 하지만 심리적 친밀감을 표현하는 하나의 방법이며, 하나님이 인간에게 주신 합당한 종족 번식의 통로이다. 사랑이란 인간의 가장 근원적인 감정이며 생존과 밀접한 관련이 있고 부부생활의 바탕이 된다. 사랑의 감정은 사람마다 그 색깔과 멋과 맛이 다르고 시간과 장소에 따라 변한다. 그럼에도 불구하고 서로 다른 두 사람이 일생을 함께 결혼이라는 이름으로 살아가는 것이 기적이다.

나이가 들수록 부부는 동반자적 사랑(companionate love)으로 발전한다. 동반자적 사랑이란 우정과 같은 사랑이다. 부부는 일생의 동반자로서 친구처럼 대화를 나누며 서로를 이해하고 신뢰하고 존중하며 서로의 성장을 촉진한다. 기쁨과 슬픔, 고통과 근심을 함께하며 일생을 함께하고자 하는 의지를 가지고 책임을 지며 서로를 소중히 여기고 보살피려는 마음이다.[40] 중년기 아내들은 남편 옆에서 선생님 역할을 하지 말고 아내 역할을 해야 하며, 자녀들에게는 엄마 역할을 할 뿐 선생님 역할을 하지 않아야 한다. 자기가 있는 자리에서

---

40 김애순, 『성인발달과 생애설계』, 287.

그 역할을 잘해야 명품 인생이며 이것이야말로 스스로 인생의 주인 공이 되는 길이다.

성인 초기부터 행복한 결혼 생활을 한 부부들이 지속적으로 성공 적인 결혼 생활을 하지만 가족 생활주기에 따라 달라지며 일반적으로 U자형 곡선을 그린다.[41] 즉, 결혼 초기에는 만족도가 높지만 자녀를 양육할 때에는 만족도가 낮아지며 자녀 독립 이후 다시 높아진다. 특히 자녀가 어릴 때는 과중한 부모 역할, 십대 자녀와의 관계, 중년의 정체감 등이 부정적 영향을 준다. 자녀가 분가하면 만족도는 다시 증가하지만 계속해서 갈등상태로 지내는 부부도 있고 황혼이혼으로 이어지는 경우도 있다.

결혼 만족도는 서로에게 의존하는 정도에 따라서 달라진다. 의존성이 상호적이고 동등할 때는 성공적 결혼 생활의 가능성이 높지만, 한쪽의 배우자가 일방적 도움만을 줄 때에는 스트레스와 갈등이 높아질 수 있다. 또한 어느 한 배우자에게 변화가 일어나 의존성의 균형이 한쪽 배우자에게 치우칠 때 이러한 변화를 어떻게 다루느냐가 성공 여부의 요인이 될 수도 있다.

중년기는 결혼 만족도에 대한 부부간의 지각에 차이가 있다. 남성의 80%가 중년기 이후 결혼 생활을 긍정적으로 평가하며, 여성은 40%만이 같은 반응을 보인다. 나이가 들면서 아내의 주된 의존 상대는 친구나 자녀이지만, 남편은 아내를 더 중시하는 경향이 있다.[42]

41 R. B. Miler, K. Hemseath & B. Nelson, "Marriage in middle & later life," in T. D. Hargrave & S. M. Hanna, *The aging family: New vision in theory, practice, and reality* (New York: Brunner/Mazel, 1997), 178-198.

42 B. F. Turner, "Sex-related difference in aging," in B. B. Wolman (Ed.), *Handbook of developmental psychology* (Englewood Cliffs, NJ: Prentice-Hall, 1982).

부부관계의 질은 그들이 가진 취약성과 자원 내에서 스트레스로 지각되는 사건을 다루는 능력과 부부가 스트레스 상황에 적응하는 능력이 점차 좋아짐에 따라 결혼의 질이 향상된다.

2) 자녀 관계

요즘은 평균수명이 길어져 은퇴 이후에도 오랫동안 활동하며 살아야 하고 부모와 자식 간에도 각자의 삶을 더 중요시하는 풍조가 되고 있다. 부모들은 본인의 미래를 고려하지 않고 자녀 양육에 모든 걸 쏟아부으면 어려운 인생 후반을 맞을 확률이 높기 때문이다. 부모는 자녀에게 최대한의 지원을 해줄 의무와 책임감이 있지만 과다한 자녀 양육비로 부모들의 노후 준비를 하지 못하는 경우가 많다. 노후 준비에 가장 큰 걸림돌은 자녀 교육과 자녀 결혼 비용이다. 옛날 가족공동체 중심 시대에는 자녀에 대한 지원이 결국 부모의 삶에 행복으로 돌아왔고 수명도 그리 길지 않았으니 큰 문제가 되지 않았다.

또한 성인 초기 부모들의 과다한 자녀 양육비는 출산율에 영향을 미친다. 경제적으로 여유 있는 결혼 생활을 시작한 사람들 외에는 양육비 부담을 갖는다. 우리나라 신생아 수 감소 원인 중 하나는 '자녀 양육비'와 '교육비 상승'이며 성인 초기 젊은 부부들의 고민이기도 하다. 높아져만 가는 양육비 마련을 위해 맞벌이를 해야 하기에 자녀를 보살필 시간도 없다. 결국 과다한 교육비가 출산율 저하로 이어지고 고령화된 인구 구조는 국가의 성장 동력을 떨어뜨린다.

자녀가 성장하여 청년기에 들어서면 부모와 청년 자녀 간의 갈등은 불가피해진다. 청년과 부모 갈등의 근원을 청년기 자녀의 발달 상의 변화 때문이라고 생각해 왔으나 부모 쪽의 요인들도 갈등에 영향을 줄 수 있다. 청년과 부모는 각기 자신의 인생에 있어 결정적인 시기에 있지만 서로 반대 방향에 있다. 청년 자녀는 빠른 신체적 성장과 성적 성숙, 신체적 매력과 성적 매력이 증가하여 인생의 황금기인 중년기 문턱에 서 있지만, 부모는 중년기와 관련된 신체 변화, 건강 문제, 에너지 감소 등의 감퇴를 경험하며 그들 스스로도 심리적·생리적·사회적으로 힘든 시기를 맞이한다. 청년 자녀와 부모 모두가 일종의 정체감 위기를 경험하는 것이다.

많은 연구들은 부부의 결혼 만족도가 성인 중년기에 가장 낮은 것은 긴 결혼 기간이나 중년기의 변화 때문일 수도 있고, 십대 자녀와 청년 자녀의 교육비 등 경제적 부담이라고 한다.

3) 노부모 관계

새로 부모가 된 성인 초기는 새로운 가족을 형성함에 따라 자신의 원가족과 조화로운 관계를 맺고, 아기를 돌보는 것에 육체적, 경제적, 정서적으로 전적인 책임을 지지만 그런 보살핌의 수고는 아이가 자라면서 점점 줄어든다. 그러나 대부분 사람들은 자신이 부모를 돌보리라고 예상하지 않으며, 부모가 병약해질 가능성을 고려하지 않고 준비 없이 그것을 거부할 수 없게 되었을 때 자신의 계획에 장애가 되는 것으로 여긴다.

중년 후기는 부모 세대가 신체적 노화와 질병 등으로 어려움을 경험하고, 경제적으로나 심리적으로 의존하는 시기이므로 이들에 대한 부양자로서의 역할이 강조된다. 중년들에게 노인이 된 부모는 더 이상 의지할 수 있는 존재가 아니라 오히려 보살피고 돌보아야 할 존재이다. 노부모가 건강하고 활기찬 생활을 할 때에는 세대 간

관계가 원만하지만 병약해지고 정신적 쇠퇴나 성격 변화를 겪게 되면 이들을 돌보는 부담 때문에 관계가 위축되는 경우가 많다. 노부모가 중년 자녀에게 갖는 효에 대한 기대감이 클수록 세대 간의 갈등과 긴장이 크며, 아들에 대한 기대감은 고부갈등을 증가시킨다. 노부모를 모시는 성인 자녀의 절반 이상이 크고 작은 스트레스를 받았고, 1/3이 지속적인 스트레스를 받는다.

평균수명 증가로 60대 중년 후기 사람들은 자신의 노부모를 모시는 일이 가장 힘들게 느껴진다. 자녀에 대한 부모로서의 책임이 막 끝났거나 곧 끝날 예정인 부모들은 그리고 이제는 자신이 살날도 얼마 남지 않았음을 절실히 느끼는 이들은 노부모를 돌보는 일로 자신의 삶을 살 수 있는 마지막 기회를 빼앗긴다고 느끼기도 한다. 그러나 노부모를 모시는 일이 쉽지 않지만 그에 따른 보상도 없지 않다. 자신의 자녀에게도 부모와의 관계를 보여줄 수 있는 좋은 모델이 되며, 노부모로부터 삶의 지혜도 얻고 사람의 가는 길이 다 그와 같음을 깨달으며 노화에 대한 지식을 습득하면서 인간적으로 성숙하며 부모와의 관계를 증진하며 인간다움을 느낄 수 있다.

IV. 중년기 기독교교육 과제

중년기는 가정과 교회와 직장과 사회 안에서 그 어느 연령층에 있는 사람들보다 중요하지만 많은 심리적 · 생리적 · 신체적 · 사회적 변화를 경험하면서 안전성을 찾아가고 안정되는 시기이다. 따라서 성인들을 위한 기독교교육은 하나님 안에서 자기실현과 개성화를 돕고, 교회와 하나님 나라 실현을 위한 청지기로 소명을 다하며 사는 것이 그들의 기쁨이 되고 희망이 되도록 도와야 한다.

1. 중년기 신앙교육

중년기 신앙교육은 성인들이 삶의 문제를 자율적이고 적극적으로 해결하며 자신이 속한 사회에서 주도적으로 빛과 소금의 역할을 할 수 있도록 돕는 것이다. 성인 초기는 결혼하여 가정을 이루고 자녀를 낳고 양육하고 교육하는 등 가장 역동적이며 책임 있는 성인이 되는 때이다. 이들이 그리스도 안에서 자신의 부족한 점과 한계성을 성찰하고 보다 자기다운 개성화로 자기실현을 이루도록 교회는 든든한 후견자나 멘토와 교사가 되어주어야 한다. 따라서 성인 초기 신앙교육의 과제는 건전한 직업관과 직업을 통해 하나님이 무엇을 이루시고자 하는지에 대한 성찰, 직업윤리, 부의 축적과 나눔 교육, 하나님의 소명 교육, 기독교 가정교육과 결혼 교육, 자녀 교육, 성경에서 말하는 평등 부부 되기, 부부간의 의사소통 기술, 가정경제 운영 방법, 신앙생활상의 관점 좁히기, 양 가족의 원활한 관계 등 너무나도 많다. 교회는 풍성한 부부 생활 프로그램과 함께 가족들 사이에서 의미 있는 성장들, 즉 임신, 출산, 아기가 처음 말을 한 것, 유아 봉헌(유아세례) 등 공동체 안에서 일어나는 크고 작은 것들을 축하할 수 있는 장을 마련하여 공동체의 하나됨과 기쁨을 심화시켜 나갈 수 있다.

중년기는 자녀 독립과 분가 등으로 과거 삶에 대한 재평가가 이루어지는 시기이므로 삶의 구조가 수정된다. 자신의 꿈과 관계를 수정하기도 하고 멘티에서 멘토로, 종속적 부부관계에서 동반자적 부부

관계로 변한다. 또한 남성과 여성이 서로 다른 성을 융합하여 다른 성격특성을 나타내는 시기이므로 통전적 신앙으로 나아갈 수 있는 방향을 제시해야 한다. 즉, 나이 드는 것을 아름답게 받아들이고 지나친 권력, 명예, 재물, 일 중독에서 벗어나 자신을 객관화하는 훈련, 공동체와 사회에 환원할 것과 기여할 것을 찾도록 안내한다. 포기와 나눔의 인생관을 수립하여 행복한 중년기를 살 수 있도록 도와야 한다.

교회 공동체가 이 세상을 아름답게 살려면 삶의 위기가 닥쳐왔을 때 과감히 대처하고 그 위기를 성장의 기회로 활용하도록 촉진하며, 숨겨진 재능과 가능성을 개발하고 교회에서 실시하는 행사에 적극 참여하도록 유도하는 것도 좋다. 내면의 친구, 즉 자신과 더욱 친해져 내면의 자아를 더욱 풍요롭게 만들고, 자신이 돌보고 있는 가정 등을 더 풍요롭게 만들고 강화시키도록 돕는다. 흥미를 느끼고 몰두할 수 있는 일을 발견하여 자신을 투자하며, 쓸데없이 힘을 낭비시키는 분노와 죄의식 그리고 슬픔의 짐을 벗도록 돕는다.

2. 자기실현을 위한 개성화 교육

누구든지 나를 따라오려거든 날마다 자기를 부인하고 자기 십자가를 지고 나를 따르라는 예수님의 말씀은 자아를 찾아가는 과정을 말해준다. 중년기는 에너지가 내면으로 향하여 의식 너머에 있는 무의식을 통합하여 자아를 찾아가는 과정의 시기이다. 내면의 존재를 만난 사람은 심리적으로 건강하고, 자신이 진정 무엇을 원하고 어떻게 살아가야 진정한 자신이 되어 가는가를 알게 되는 개성화 (individuation)가 이루어진다. 개성화는 정신적 균형을 이루며 자신의 개체적 방식을 찾아내어 자기를 찾아가는 것이다.

쇼펜하우어는 이렇게 말한다. "지금까지 자신이 진실로 사랑한 것은 무엇이었는가? 자신의 영혼이 더 높은 차원을 향하도록 이끌어 준 것은 무엇이었는가? 무엇이 자신의 마음을 가득 채우고 기쁨을 안겨주었는가? 지금까지 자신은 어떠한 것에 몰입하였는가? 이들 질문에 대답하였을 때 자신의 본질이 뚜렷해질 것이다. 그것이 바로 당신이다."[43]

그러나 현실의 삶에서 사람들은 모두 가면을 쓰고 살아간다. 세상이라는 연극무대에서 배우처럼 때에 적절한 역할을 부여받아 이미지를 관리하며 연기하고 있는 자신을 진짜 참 자기라고 착각한다. 그 가면을 가짜로 알았지만, 시간이 지나고 익숙해지면 그것이 참 자기라고 믿는다. 그렇다면 진정한 자기란 어떤 것인가?

성인 초기에는 자녀 양육과 직업과 사회적 적응에 몰두하지만 중년 중기에는 그토록 원했던 목표나 야망의 의미를 재점검하며 성공과 우울과 침체의 느낌을 복합적으로 갖게 된다. 개인과 가정과 사회적으로 성공한 사람들에게도 이러한 현상이 있다. 사회적 성취와 성공은 또 다른 어떤 것의 희생과 포기의 대가로 얻어진 것이기 때문에, 경험했어야 할 인생의 너무도 많은 측면이 어두운 창고 속 잿빛 기억 속에 묻혀 있기 때문이다.[44]

사회가 복잡해지면서 내가 써야 하는 가면의 종류도 많아지기에 나 자신과 내가 써야 하는 가면을 분별하고 나의 가면을 분별할 수 있는 또 하나의 객관적인 내가 필요하다. 객관적인 나는 하나님과의

---

43 사라토리 하루히코/김난도 역, 『초역 니체의 말』(서울: 삼호미디어, 2010), 120.
44 이금만, 『발달심리와 신앙교육』(서울: 크리스찬 치유목회연구원, 2000), 203-207.

만남과 계속적인 교통의 시간을 통해 이루어지며 이를 통해 자아실현이 이루어진다.

　진정한 개성화 교육과 자아실현 교육은 이런 어두운 창고에 희미한 빛이 비춰지는 것이며 억압되었거나 간절히 원했던 소원, 희망, 바람 등이 인생에 의미를 음미하도록 촉구한다. 억압되고 잊힌 것들에게 빛이 비춰지면 무의식의 영역에 잠재되어 있던 것들이 소리를 내기 시작한다. 이때 하나님의 말씀과 직면할 때 변화된 자아를 만나며 인생의 관점과 사고가 변하고 통전적 사고로, 감사로 삶을 받아들인다. 하나님의 말씀과의 만남은 현재의 곤경에서 벗어나도록 우리를 인도하는 창조적 힘이 될 수 있다. 중년기에는 내면에 들려오는 소리에 귀 기울이고 자신이 소홀히 해 온 측면과 직면할 때 인간은 개성화되는 것이다.

3. 중년기 신앙교육 방법

　중년기 교육은 비판 의식과 실천이 포함되어야 하며 개인의 영성 발달은 물론 문화 속에 나타난 허위 신화를 비판적으로 볼 수 있도록 도와야 한다. 성인들의 신앙교육은 신뢰에서 출발하며 공동체와 연결되고 삶의 의미를 제공해 주어야 하며, 삶의 긴장들을 이겨내기 위한 힘이 있어야 한다. 그래서 파울러는 종교 전통을 초월하여 세상 속으로 침투하여 확장되는 신앙개념을 발전시켰으며 모란(Gabriel Moran)은 성인교육의 마지막 운동으로 에큐메니칼 교육을 제안한다. 중년기는 자기완성을 꾀하는 시기로서 이 세상을 살아갈 사람들과 전 세계, 전 인류 가족의 잠재력을 키우는 데 도움이 될 사람들,

가치들, 이념들을 위해 자신의 일부를 투여함으로써 미래를 걱정하고 돌본다.[45] 따라서 중년기 사람들이 신앙 공동체에서 자신의 정체성을 형성하며 자아를 찾아가는 길은 다음과 같다.

1) 예배 의식

각종 예배와 의식을 통하여 신앙은 보존된다. 중년들은 연대적 의식으로서의 공동예배를 통하여 하나님과의 관계를 회복하고, 하나님이 하나님 되게 하며, 인간이 인간답게 되는 정체성의 질서를 회복한다. 중년들은 종교의식을 통하여 하나님의 백성이 되고 함께 성화되어 간다. 또한 개인 삶의 변화인 출생, 생일, 부모됨, 회갑, 죽음 등과 결혼, 졸업, 취직, 은퇴 등 사회적 신분의 변화와 사고, 병, 가뭄, 전쟁 등 삶에 당면하는 위기에 드리는 예배를 통하여 개인 삶의 전 과정을 하나님과 연결 지어 의미를 부여한다. 참된 예배자는 개인의 안녕과 집착에서 떠나 초연히 자신을 비울 수 있다.

2) 공동체 삶에서의 경험

신앙으로 사는 사람들은 교회학교 성경교육, 교회력에 의한 축하 행사, 성도 간의 교제 및 보살핌, 각종 모임, 행정 절차와 의사결정 과정, 지도력의 행사 유형 등 이 모든 것이 학습의 장이다. 따라서 코이노니아의 삶(나눔), 레이투르기아의 삶(기도), 디다케의 삶(가르침, 교육), 케리그마의 삶(말씀 선포, 신학, 성서, 설교 포함), 디아코니아의 삶(봉사)의 경험의 장에서 성인교육의 기회에 참여해야 한다.

---

45 위의 책, 239-242.

3) 세상을 향한 청지기

기독교 신앙으로 회심하고 하나님의 길을 따르는 성도들을 세상의 증언자로 파송하고 세상에서 돌아와 다시 회심하도록 양육하는 것이다. 특히 세상이 타락할 때 기독교 공동체는 등불 공동체와 소금 공동체가 되기를 하나님은 요구하시며 성인들은 이 세상을 위한 책임 있는 청지기로서 배우고 확신함에 거해야 한다. 정직하고 충성된 청지기 신앙인들은 보다 포괄적인 정의를 구현하고 사랑을 실천하기 위해, 정의와 평화를 위해 자신을 희생할 수 있다.

제9장

노년기

노년기의 변화는 신체적, 생리적, 뇌 기능, 감각 기능, 노인성 질병 및 건강관리, 인지 변화 그리고 사회심리적 측면에서 광범위하게 나타난다. 신체적으로는 피부와 머리카락의 변화, 근육과 뼈의 약화, 척추와 관절의 변형 등이 일어나며 생리적으로는 소화, 배설, 신경계, 혈액순환, 호흡 기능이 감소하고, 감각 기능도 시력과 청력 감소와 같은 변화도 겪게 된다. 뉴런 손실과 신경 전달 속도의 감소가 주요하며, 이는 기억력과 반응시간에 영향을 미치게 된다.

하지만 지혜와 영적 발달은 노년기의 중요한 성취로 간주된다. 사회심리적으로는 자아통합, 수동성의 증가, 지혜의 전달 등이 주요한 과제로 이는 노년기의 삶의 질과 밀접한 관련이 있다. 또한 이 시기에 나타나는 큰 변화 중 하나로 은퇴가 있는데 이는 직업적 정체성에서 벗어나 새로운 삶의 방식을 찾는 과정을 의미한다. 은퇴는 단순히 직장을 떠나는 것 이상의 의미를 가지며, 은퇴 이후 여가생활은 노년기의 중요한 구성요소가 되어 개인의 취미와 흥미를 탐색하고, 새로운 활동에 참여함으로써 삶의 만족도를 높일 수 있다.

노년기의 가족관계도 중요한 변화를 겪게 되는데. 부부관계는 노년기에 새로운 도전과 기회를 맞이하게 되고 성인 자녀와의 관계, 손

자녀와의 상호작용은 새로운 가족 역동성을 일으키게 된다. 또한 죽음과 임종에 대한 태도가 중요한데, 죽음을 인식하고 준비하는 과정은 개인의 심리적 안정과 평화를 갖게 한다.

마지막으로 노년기의 신앙교육은 이 모든 변화를 수용하고 긍정적으로 대처하는 데 중요한 역할을 할 수 있다. 이러한 교육은 죽음을 준비하고, 남은 생애를 의미 있게 보내는 데 도움을 주어 노년기를 더욱 풍요롭고 만족스러운 시기로 만들 수 있다.

I. 노인

인간발달의 단계를 세월의 연령으로 명확히 구분하는 것은 쉽지 않다. 연령보다 중요한 것은 마음가짐과 태도이며, 노년기의 전형적 분류기준인 은퇴는 더 이상 신뢰할 만한 기준이 되지 못한다. 40세에 이미 은퇴한 사람이 있는가 하면 80이 되어도 계속해서 일을 하는 사람들이 있다. 현대 사회는 노인 인구가 많아지고 나이에 비해 여전히 젊기에 이제 노인은 60이 아니고 70세부터 시작된다. 80세가 되어도 자신의 인생을 더욱 값지게 살뿐 아니라 인생 후반부를 전반부보다 더 의미 있게 산다.

1. 고령화

전체 인구수 대비 65세 이상 노령 인구가 7% 이상은 고령화사회, 14% 이상은 고령사회, 20% 이상은 초고령사회라 한다. 유소년 대비 고령 인구 비율을 나타내는 고령화지수는 65세 이상 인구/0~15세 인구×100으로 계산된다. 고령화지수는 2012년 76.1, 2016년 98.4에 달했고 2024년 181.2가 되었다. 이는 65세 이상 노령 인구가 15세 미만의 유소년에 비해 약 1.8배 많다는 것을 의미한다.[1] 미국 국제고령화연구소는 2026년 한국이 65세 이상 노년층 인구가 전체 인구의 20%를 넘어서는 초고령사회에 진입할 것이라고 전망했다. 우리나라는 고령사회에서 초고령사회로의 증가 소요 연수가 7년이며 미국 15년과 일본 12년 및 유럽 국가들에 비해 매우 빠른 고령화 진행 속도이다.

또한 우리나라는 1970년 노인 인구 비율이 3.1%로 G20 가운데 최하위였으나 2030년에는 네 번째로 노인 비율이 높은 노인 국가가 될 전망이다. 2014년 경제협력개발기구(OECD)에 따르면 2030년 총인구 대비 65세 이상 인구 비율은 일본(31.8%)이 가장 높고 독일(27.8%), 이탈리아(27.3%), 한국(24.3%)이 뒤를 이을 것으로 전망한다. 이어 프랑스(23.4%), 캐나다(23.1%), 호주(22.2%), 영국(21.9%)도 노인 인구 비율이 20%를 넘을 것으로 예상됐다. 노인 인구 비율이 한 자릿수로 예상되는 국가는 인도(8.8%), 남아프리카공화국(7.5%)뿐이다. 일본 정부가 발표한 데이터에 따르면 1억 2,500만 인구 중 65세 이상 인구는 29.1%로 사상 최고치를 기록했다.[2] 국립사회보장 인구문제연구소는 일본 노년층 인구가 2035년에는 전체 인구의

---

1 "고령화 지수," 국가지표체계, 2023년 10월 23일 접속, https://www.index.go.kr/unify/idx-info.do?idxCd=5064.

2 "일본, 사상 처음으로 인구 10명 중 1명 80세 이상," 「BBC 뉴스 코리아」, 2023년 10월 23일 접속, https://www.bbc.com/korean/articles/c51rl72jy5eo.

3분의 1이 될 것이라고 전망한다.

　일본, 독일, 이탈리아는 100여 년 이상의 산업화를 거친 선진국이라 노인 복지 시스템이 잘 갖춰진 반면 한국은 50여 년 만에 급속한 성장을 이룬 신흥국이어서 초고령 사회를 감내하기가 쉽지 않을 것으로 예상할 수 있다.

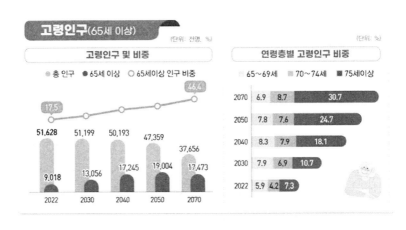

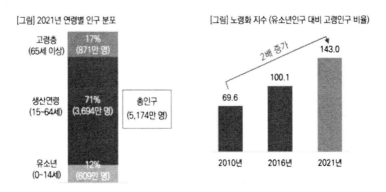

* 자료 출처: 통계청, 2021년 인구주택총조사 결과 보도자료, 2022. 07. 28.

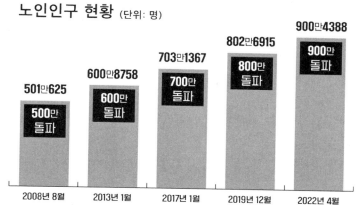

노인인구 현황 (단위: 명)

				900만4388
			802만6915	900만 돌파
		703만1367	800만 돌파	
	600만8758	700만 돌파		
501만625	600만 돌파			
500만 돌파				
2008년 8월	2013년 1월	2017년 1월	2019년 12월	2022년 4월

*자료: 행정안전부 주민등록인구

* 자료 출처: 머니 투데이

2. 평균수명(0세 기대여명) 및 건강수명

1) 기대수명(life expectancy at birth)

인간에게 죽음이란 피할 수 없다. 인간이 살 수 있는 연령은 평균적으로 70~110세이며 최대 예상수명은 약 120년 정도이고, 이것은 기대수명과 기대여명으로 표현한다. 기대수명이란 0세 출생자가 향후 몇 년을 더 생존할 것인가를 통계적으로 추정한 기대치로서, 0세에 대한 기대여명을 뜻한다. 즉, 인구통계학에서는 기대수명이 출생 이후에 생존하는 평균 햇수를 나타내는 수치이지만 구체적인 개인의 미래 생존 기간을 예측할 수는 없다.

한국인의 기대수명은 2008년 80.1세로 80세를 넘긴 후 꾸준히 높아지고 있으며, 남녀 기대수명의 차이는 2007년 6.6년에서 2010

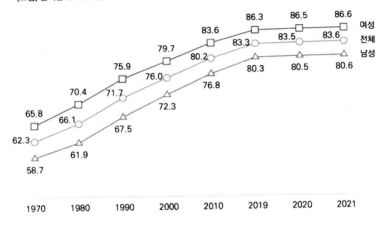

[그림] 한국인의 기대수명 추이 (세)**

* 자료 출처: 통계청, 2021년 생명표, 2022. 12. 06.
** 기대수명: 0세 출생자가 앞으로 생존할 것으로 기대되는 평균 생존 연수

년 6.9년으로 벌어졌지만 2023년 6년으로 다시 좁혀졌다. 2010년에 태어난 아이의 기대수명은 80.8년(여자 84.1세, 남자 77.2세)이고, 2012년 출생아의 기대수명은 81.4년(여자 84.6세, 남자 77.9세) 그리고 2023년 출생아의 기대수명은 82.7세(여자 85.6년, 남자 79.9년)로 나타났다.[3]

2023년 한국인의 기대수명은 83.6세로 OECD 회원국의 기대수명 80.3세보다 약 3.3세 높다. 남자의 경우 OECD 평균 78년보다 1.9년이 높았고 여자는 OECD 평균 83.2년보다 2.4년이 높은 수치다. 이는 OECD 국가 중 3위에 해당하는 것으로 기대수명이 가장 긴 일본의 84.5년보다 0.9년 차이에 불과하다.[4]

---

3 통계청, "생명표" (서울: 통계청, 2023), 3-4.
4 위의 자료, 3-4.

평균수명 예상은 성차가 존재하며 인간을 포함한 모든 종에서 암컷이 수컷보다 더 오래 산다. 건강 습관이나 생활양식 등의 사회적 요인과 생물학적 요인에 의해 영향을 받기 때문이다. 여성 호르몬인 에스트로겐은 동맥경화 예방, 여성의 X염색체는 질병에 대항하는 항체 생성과 관련이 있는 것으로 보이며 여성은 감염이나 퇴행성 질환에 대한 저항력이 높다.[5]

〈표 9-1〉 2023년 OECD 가입국 평균수명(0세 기대여명)

일본	스위스	한국	호주	스페인	노르웨이	OECD 평균
84.5	83.9	83.6	83.3	83.3	83.2	80.3

* 자료 출처: OECD Health Data 2012

3. 기대여명(life expectancy)

기대여명은 현재 특정 연령에 있는 사람이 향후 얼마나 더 생존할 것인가 기대되는 연수를 뜻한다. "2022년 생명표"에 따르면 2022년 40세인 사람의 기대여명은 43.7세로 남성 40.9년, 여성 46.4년이다. 이들의 사망 연도 추정은 현재 나이와 기대여명을 합하여 남자는 83.7세, 여자는 86.4세까지 생존할 것으로 조사됐다.[6] 따라서 기대여명은 현재 나이가 많을수록 오래 살아남았음을 의미하므로 앞으로 살 가능성도 높다는 것이며, 단순히 평균수명에서 현재의 나이를

---

5 정옥분, 『발달심리학』 (서울: 학지사, 2016), 663.

6 통계청, "간이생명표"(5세 별), 2023년 12월 1일 수정, 2024년 1월 23일 접속, https://kosis.kr/statHtml/statHtml.do?orgId=101&tblId=DT_1B41&vw_cd=MT_ZTITLE&list_id=&scrId=&seqNo=&lang_mode=ko&obj_var_id=&itm_id=&conn_path=E1&docId=01396&markType=S&itmNm=%EC%A0%84%EA%B5%AD.

뺀 수치가 아니다. 평균수명=출생 시 기대여명=출생 시 기대수명이라 할 수 있으며, 결국 노후 시간이 계속 길어지고 있다는 것이다.

4. 건강수명(disability adjusted life expectancy)

〈표 9-2〉 건강수명 추이

	2000	2005	2010	2015	2019
전체	67.4	69.9	70.9	72.0	73.1
남자	67.9	67.2	68.7	70.2	71.3
여자	69.7	72.2	72.9	73.7	74.7

* 자료 출처: 통계청, 국민 삶의 질 2021 보고서, 2022. 03. 15. (단위: 연도, 세)
** 건강수명: 기대수명에서 질병이나 장애를 가진 기간을 제외한 수명(신체적, 정신적으로 건강하게 생활하는 기간)

건강수명은 전체 평균수명에서 질병이나 부상으로 활동하지 못한 기간을 제외한 건강한 삶을 유지한 기간이다. 온전히 건강한 상태로 살아갈 수 있는 평균 연수로서 얼마나 오래 살았느냐가 아니라 실제로 활동을 하며 건강하게 산 기간이 어느 정도인지를 나타내는 지표이다. 건강수명은 생명을 다해 살다가 죽는 경우만 해당하며 자살이나 교통사고로 인한 생존 기간은 평균치 계산에 포함하지 않는다. 영양상태, 의료기술, 건강에 따라 측정 시기를 포함한 건강기대수명은 다르다.

우리나라 건강수명은 2010년 70.9세에서 2019년 73.1세로 증가하였고, 남자 71.3세, 여자 74.7세로 여자가 약 3.4년 정도 더 높

다. 이는 삶의 질이 양적인 측면뿐 아니라 질적으로도 꾸준히 향상되고 있음을 보여준다.[7]

건강수명은 일본이 74.1세로 1위였으며 한국이 73.1세로 그 뒤를 이었다. 스위스는 72.5세, 스페인은 72.1세였으며 OECD 평균은 70.3세였다.[8]

〈표 9-3〉 OECD 국가 건강수명 추이

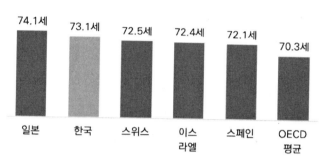

* 자료 출처: 통계청, 국민 삶의 질 2021 보고서, 2022. 03. 15.

5. 노화 이론

사람이 늙는 것은 의심할 필요도 없는 자연의 법칙이다. 노화란 나이가 들면서 누구에게나 나타나고, 신체의 구조와 기능이 점진적으로 저하되고 질병과 사망에 대한 감수성이 급격히 증가하면서 쇠약해지는 과정이다. 학문적으로는 세포분열 능력이 없어지고 장기

---

7 "건강수명," 국가지표체계, 2021년 1월 8일 수정, 2024년 1월 23일 접속, https://www.index.go.kr/unify/idx-info.do?idxCd=5067.

8 통계청, "국민 삶의 질 2021 보고서" (서울: 통계청, 2022), 9.

나 조직의 고유 기능이 점점 감소하여 죽을 가능성이 높아지는 현상이다. 젊을 때는 어떤 조직이나 세포에 스트레스가 가해지면 그 세포의 분열이 증가해 손상을 치유하지만 더 이상 세포분열을 할 수 없으면 그 부위의 기능이 감퇴되어 죽을 가능성이 높아진다. 그런데 나무는 수백 년씩 사는데 인간 수명은 왜 기껏해야 100세 전후일까? 성경의 무드셀라는 969세까지 살았으니 지금의 인간 수명을 다시 그때로 돌이킬 수 있는 것일까? 생물학적으로 노화를 설명하려는 이론들이 많이 있으나 이를 설명하는 이론들 가운데 프로그램 이론과 텔로미어 이론을 살펴보자.

1) 프로그램 이론(programmed theory)

사람의 형질을 결정짓는 유전자 속에는 각 개인의 노화와 수명에 관한 모든 정보가 미리 입력되어 있다는 이론이다. 즉, 사람 몸은 사람마다 미리 정해진 시간표에 따라 태어나서 죽을 때까지 신체의 성장 및 발달과 노화 과정이 있고 노화가 진행된다. 즉, 어떤 가계(家系)나 가족력에 따라 이미 유전자 속에 노화 프로그램이 설계되어 있다. 식사나 운동 등 생활 습관 개선이나 의학적 치료로 어느 정도 조절할 수 있지만, 이런 후천적 요인을 배제한다면 한 사람의 노화와 수명은 유전자에 프로그래밍된 대로 진행된다.

현대 과학자들은 질병이나 노화, 수명과 관련된 많은 유전자를 찾아냈고, 그 유전자의 돌연변이나 발현 정도에 따라 노화와 장수에 직접 영향을 미친다는 사실을 알았다. 특정 유전자의 돌연변이는 노화를 급속히 진행시키고, 항산화효소 유전자 발현으로 수명이 늘어나며, 인슐린이나 성장호르몬 관련 유전자의 발현 억제는 수명이 연장된다는 사실을 발견했다. 결국 노화와 장수에 관계되는 유전자의 발현 정도를 조정하면 미리 프로그램된 수명과 질병은 어느 정도 조절할 수 있다는 것이다.

2) 텔로미어 이론(telomeres theory)

프로그램화된 노화 이론은 각 종마다 고유한 노화유형과 고유의 평균 예상수명을 가지고 있으며 정상적인 체세포 분열 횟수는 한계가 있다는 '헤이플릭의 한계'(Hayflick limit)를 인정한다. 미국의 해부학자 헤이플릭(Hayflick)은 여러 종류의 동물세포를 연구한 결과, 정상적인 세포가 분열하는 횟수에는 한계가 있음을 발견하였다. 사람의 정상적인 체세포는 약 50~60회에 걸쳐 세포분열을 한 후 그 활동이 점차 둔해지며, 더 이상 분열되지 않아 정지하게 결국 세포가 죽게 된다.[9] 세포분열의 횟수를 결정하는 것은 텔로미어(telomere)이다. 텔로미어는 막대 모양의 염색체 양쪽 끝에 있는 DNA인데, 세포가 분열할 때마다 텔로미어 길이는 조금씩 짧아져 나중에는 매듭만 남게 되고 세포 복제가 멈추어 죽게 된다. 텔로미어의 남은 길이는 개체의 수명을 예측하는 중요한 지표가 된다. 텔로미어 길이가 길면 세포가 아직 젊어 앞으로도 여러 번 세포분열을 할 수 있으며, 텔로미어 길이가 짧으면 이미 세포가 많이 분열해서 더 분열할 수 있는 여유가 거의 없다는 의미이다. 결국 텔로미어 길이를 측정함으로써 한 사람이 자기 수명의 어느 지점에 와 있는지 알 수 있게 된 것이다. 텔로미어의 남은 길이가 수명과 연관이 있다면 인위적으로 텔로미

---

9 L. Hayflick & P. S. Moorhead, "The serial cultivation of human diploid cell strains," *Experimental Cell Research* (V25, 1961), 585-621.

어 길이를 연장시켜 수명을 연장할 수 있을까? 생쥐를 대상으로 하는 실험에서 텔로미어를 길게 해주는 효소인 텔로머레이즈(Telome-rase)의 발현을 증가시키자 실제로 생쥐 수명이 늘어났다. 그러나 현실적으로 텔로머레이즈는 정상세포에서는 발현되지 않고 줄기세포, 생식세포, 암세포에서만 발현되어 텔로미어 길이를 일정하게 유지할 수 있다. 그러나 암세포는 텔로머레이즈 효소가 계속적으로 텔로미어 길이를 복원시키기 때문에 계속 분열해 암이 점점 커지게 된다.[10]

II. 신체 발달과 변화

기대수명이 늘어난 것은 유아와 아동 사망률 감소와 새로운 약품 발달과 의학 발전의 영향이 크다. 노년기와 노화 과정에 관한 연구를 하는 노인학(gerontology)은 노년기에 신체적 변화가 많이 일어나기 때문에 노화와 연관이 있는 신체 변화에 주목한다. 노년기의 신체 발달과제는 신체 쇠약과 건강 저하에 적응하는 것이다.

1. 신체적 변화

머리카락은 희게 되고 가늘어지며 빠지고, 피부는 점차 메마르고 건조하여 탄력성이 없어지고, 주름이 잡히며 혈색이 사라지고 창백

---

10 "남은 수명 알려주는 텔로미어, 다시 늘릴 수 있다," 「SBS News」, 2019년 10월 19일 수정, 2023년 10월 23일 접속, https://news.sbs.co.kr/news/endPage.do?news_id=N100548 5866& plink= ORI&cooper=NAVER.

해진다. 얼굴과 손에는 반점이 발생한다. 근육의 힘이 감소되어 정맥이 울퉁불퉁 튀어나오며 뼈 조직이 약해지고 여러 신체 조직이 느슨해진다. 척추 사이의 연골 조직이 얇아지면서 척추 수축으로 인해 신장이 감소하고, 척추 사이에 있는 콜라겐 감소는 등과 목, 허리를 구부러지게 만들어 체격이 줄어들게 한다. 폐경 이후의 여성은 골밀도가 낮아져 골다공증으로 골절상이나 관절염 등의 질환을 가질 가능성이 높다. 또 뼈에 직접 붙어 있는 힘줄인 수의근은 50세 이후 근육 섬유질 수축력을 감소한다. 연령의 증가로 치아가 빠지므로 소화 흡수와 영양 유지에 악영향을 미치게 된다.

2. 생리적 변화

노화는 소화, 배설, 신경계통 및 혈액순환, 호흡, 생식 따위의 모든 작용에도 영향을 미친다. 맛을 느끼는 세포 감소와 후각 기능의 저하로 미각이 둔화되며 짠맛에는 둔해지고 쓴맛은 잘 느낀다. 타액과 위액분비, 위액의 산도 저하로 소화능력이 떨어지고 충치, 치아의 탈락, 잘 맞지 않는 의치로 인한 불편감 등으로 음식을 씹기 어렵다. 소화능력의 저하와 씹는 것이 어려워 영양상태 악화와 식이섬유 섭취 부족으로 변비가 생기며 가스가 차고, 설사, 구토 증상 등이 생긴다.

신체 활동 감소와 신진대사 저하로 체열 생산이 감소하여 심장박동이 약해지며 호흡수가 감소하고, 폐활량이 적어지며 혈액순환이 느리고 불규칙하여 호흡작용의 효율성을 떨어뜨린다. 폐포의 탄력성 저하로 폐활량이 줄어들어 쉽게 숨이 차고, 혈관경색 및 심장 기능 저하로 순환장애를 초래하며 유기체의 생리적인 적응력이 감소되어 피로 회복이 원활하지 못하여 피로를 빨리 느낀다. 피하지방의 감소로 체온 유지 능력이 감퇴되어 추위를 자주 느낀다.

신장의 여과 기능이 약해지고 방광 기능과 대뇌 기능의 저하로 인한 빈뇨증, 요실금, 야뇨증이 생긴다. 여성은 유방 위축과 질 수축 및 분비물 저하로 질에 감염이 되기 쉽고, 남성은 전립선 비대로 배뇨곤란과 배뇨 시에 통증을 경험한다.

3. 뇌 변화

뇌의 무게는 중년기 동안 지속적으로 줄어들고, 60세 이후에는 뉴런의 손실이 증가한다. 뇌에서 일어나는 변화는 뇌 무게 감소, 뇌수의 회백질 감소, 수지상돌기의 밀도 감소, 신경세포의 자극 전달 속도 감소 등이다. 특히 노년기에는 수지상돌기의 밀도가 감소하는데 이것은 뇌 전역에서 골고루 감소하는 것이 아니라 소뇌와 같은 특정 뇌 영역에서 뚜렷하다. 소뇌의 손실은 운동기능이나 평형감각에 대한 조절과 정밀한 움직임을 어렵게 하며 걸음걸이를 불안정하게 만든다. 뉴런의 연결체인 시냅스의 손실은 신경세포의 자극 전달 속도를 감소시켜서 반응시간이 둔화되고 몸과 팔의 움직임이 느려지고 근육이 굳고 손 떨림 등의 증상이 나타난다. 또한 뉴런이 뇌 영역 사이를 빠르게 움직일 수 있도록 자극하는 수초가 감소하여 신경 전달이 원활하지 못해 인지 및 작업 기능이 감퇴하여 일상생활에서 반응시간이 길어진다. 노년기에는 뇌세포가 많이 감소하고 휴지기에 들어가지만 한꺼번에 죽어 없어지는 것은 아니다.

4. 감각기능 변화

  인간은 시각, 청각, 미각, 촉각, 후각을 통해 외부 세계와 연결된다. 몇몇 연구에 의하면 감각장애, 특히 시각과 청각의 손상은 일상생활에서 의존성을 증대시키는 기능 쇠퇴의 위험요인이 된다. 노년기에는 수정체의 탄력성이 떨어져 안경 없이 사물을 보기 어렵고, 노란색 안경을 쓰고 사물을 보는 것과 같은 황화현상과 글자나 직선이 휘어져 보이며 글자나 그림을 볼 때 어느 부분이 지워진 것처럼 보이는 황반변성이 나타난다. 노안과 원시안이 나타나며, 수정체가 혼탁해져서 생기는 백내장과 눈 안의 안압이 높아져서 시신경이 눌려 손상을 받아 시야가 이상하게 보이는 녹내장의 발병률도 높아진다.

  귀에는 노인성 난청이 발생하며 TV 볼륨을 키우거나 질문에 적절하지 않은 대답을 한다. 여성보다 남성에게 청각의 변화가 더 크고, 오른쪽 귀보다 왼쪽 귀의 청각 능력의 감퇴가 심하다. 노인성 난청의 가장 큰 문제점은 타인의 말을 잘 알아듣지 못하여 의사소통이 어려워지므로 자존감이 저하되고 사회적 관계의 위축과 사회적 고립, 우울증 등 정서장애가 일어나기 쉽다.

  또한 노인은 근육의 긴장과 자극 반응성의 저하로 신체 활동이 감소되고 운동 부족으로 인해 불면증이나 수면장애를 갖는다. 수면 시간이 감소하고 깊은 숙면을 취하지 못하는 불면증이나 수면장애는 불안정한 감정, 불안, 가족과의 갈등, 죽음에 대한 공포, 우울증, 정신분열증, 신경증을 유발된다. 신체 활동의 감소로 기초대사율이 감퇴된다.

5. 노인성 질병과 건강관리

노화와 질병은 구분해야 한다. 노화는 육체적 쇠퇴의 과정이며 세월의 흐름과 함께 진행된다. 노화로 인해 질병이 생기기도 하지만 나이 든 사람들이 모두 똑같은 병을 앓는 것은 아니다. 단 노인성 질환의 특징은 한 사람이 여러 가지 질환을 가지고 있어서 정확한 임상 진단이 쉽지 않기에 주의 깊게 진찰하여야 한다. 질환의 병태나 증후는 젊은 사람들과는 달리 비전형적이다.

노인성 질환은 젊어서 생긴 질병이 지속된 것으로 고혈압, 당뇨, 관절염, 만성폐질환, 암, 만성위염, 만성간질환 등이 있고 열심히 살아온 증거이다. 또 노인성 난청, 노안, 노인성 백내장, 노인성 치매, 노인성 우울증, 노인성 골다공증 등과 같은 특정 상태의 질환도 있다. 현재 우리나라 노인들의 6~37%는 어떤 종류의 정신병리를 가지고 있다고 추정되며 이 중 치매 유병률은 6.3~10.8%에 달한다.

1) 치매

치매(dementia)라는 말은 라틴어 dementatus에서 유래되었으며 '정신이 없어진 것'을 의미한다. 치매에 걸린 사람은 정말로 정신을 놓아버린다. 치매는 정상적인 생활을 해오던 사람이 다양한 원인으로 뇌 기능이 손상되면서 판단력이 떨어지고 건망증이 점차 심해지면서 일상생활을 하는 데 어려움을 겪는다. 치매란 어떤 특정 질병을 일컫는 것이 아니고, 인지적 기능과 행동적 기능이 쇠퇴하는 정신장애 전반을 일컫는다.

치매는 다양한 종류의 원인에 따라 알츠하이머형 치매, 혈관성 치매, 알코올성 치매, 루이체 치매 등으로 분류할 수 있는데 일반적으로 치매라고 하면 알츠하이머형 치매를 말한다. 알츠하이머는 초기부터 주로 최근 기억력 감소가 현저히 나타나서 과거에 입력된 기억보다 최근에 일어난 일에 대한 기억이 상대적으로 많이 감소한다. 자주 다니는 길을 더 이상 기억하지 못하고 잘하던 요리법을 잊어버리거나 사람들의 이름이나 주소 등을 기억하지 못한다. 물건을 자주 잃어 버리거나 다른 사람들이 일러준 사실을 기억하지 못하여 의심이 많아지고 가족 간에 불화를 초래하기도 한다. 대개 의미기억보다 일화기억의 저하가 더 뚜렷하다. 말기에 이르면 사지 경직, 보행 장애 등의 신경학적 증상이나 신체적 증상이 출현하는데 이것은 비교적 일정한 진행 패턴을 보인다.

혈관성 치매는 뇌혈관 질환 위치나 침범 정도에 따라 증상이 나타나는 시기가 매우 다양하다. 보행 장애나 운동마비, 발음 이상 등 다양한 신경학적 증상이 비교적 치매 초기 단계에서부터 동반되므로 혈관성 치매는 조기에 발견하면 치료 가능성이 높다. 치료는 1차적으로 donepezil이나 memantine과 같은 콜린에스터레이즈 억제제를 복용하여 진행을 늦춘다.

치매의 원인은 아직 알려져 있지 않으나 유전적 영향, 신경화학물질의 결핍 또는 불균형, 바이러스 감염, 면역체계의 결함 또는 심지어 알루미늄 중독 등이 원인이 된다. 대한치매학회에서는 치매의 예방과 관리를 위한 10계명으로 손을 바쁘게 움직이고, 머리를 쓰고, 금연하고, 과도한 음주를 피하고, 건강한 식습관을 가지며, 몸을 많이 움직이고, 사람들과 만나 어울리고, 정기검진을 받으며, 가능한 빨리 치료를 시작하고 꾸준한 치료와 관리를 할 것을 권장하였다.

2) 당뇨

노인성 질환 중 하나인 당뇨는 인슐린 분비량이 부족하거나 정상적인 기능이 이루어지지 않는 대사질환이다. 혈중 포도당의 농도가 높아지는 고혈당으로 여러 증상이 생기고 소변에서 포도당이 배출된다. 혈당이 오르면 갈증이 나서 물을 많이 마시고, 소변량이 늘어 화장실을 자주 간다. 공복 시 혈당이 126mg/dl 이상이거나 식후 2시간 혈당이 200mg/dl 이상이면 당뇨이다. 당뇨는 뇌혈관에 동맥경화성, 뇌경색, 뇌출혈 등을 일으킨다. 당뇨 환자가 혈관성치매가 될 위험이 정상인의 1.7배가 된다.

3) 고혈압

혈압이란 혈액이 혈관 벽에 가하는 힘으로서 심장이 수축하면서 혈액을 내보낼 때 혈관에 가해지는 압력인 수축기 혈압과 심장이 확장(이완)하면서 혈액을 받아들일 때 혈관이 받는 압력인 확장기 혈압으로 나누어 읽는다. 고혈압은 수축기 혈압이 140mmHg 이상이거나 확장기 혈압이 90mmHg 이상인 경우이다. 고혈압의 원인 질환이 발견되지 않는 경우를 본태성(일차성) 고혈압이라 하고, 원인이 밝혀진 고혈압은 이차성 고혈압이라고 한다. 전체 고혈압 환자의 약 95%는 본태성 고혈압이다. 본태성 고혈압의 원인은 명확하지 않으나 심박출량(cardiac output; 심장에서 1분 동안 박출하는 혈액의 양)의 증가나 말초 혈관 저항의 증가에 의한 것으로 본다. 고혈압과 관련된 위험 인자에는 고혈압 가족력, 음주, 흡연, 고령, 운동 부족, 비만, 짜게 먹는 식습관, 스트레스 등의 환경적 · 심리적 요인이 있다.

이외에도 노년기는 신체 활동 감소와 이에 따른 근육 약화는 신경의 노화 및 골 관절염 등 다른 여러 가지 만성 질환을 가져올 수 있다. 따라서 적절한 근육운동이 필요하다. 노인의 근력 감소는 노화나 질병에 의한 비가역적인 현상이 아니라 회복될 수 있고 예방할 수 있다. 노인들도 근육운동을 하면 근력이 증가하고 보행 속도와 계단을 오르는 힘이 많이 향상된다. 자신에게 맞는 규칙적인 운동을 하지 않으면 골격과 근육의 손상과 노화를 촉진한다. 또 음식물 소화와 대사 과정이 원활하지 않기에 음식을 많이 씹고 다소 소식하며, 풍부한 야채나 과일을 섭취하여 균형 있는 식사를 해야 한다.

하버드 의대 연구팀이 장수 노인의 신체적 건강 상태뿐 아니라 정신적 건강 상태, 가계도, 생활환경, 성격 등을 철저하게 분석하여 100세까지 건강하게 살기 위한 방법을 제시하였다. 그 결과 장수 노인들은 식습관이나 교육 수준보다는 긍정적인 성격과 정신적 안정, 친숙한 환경에서 사람들과 함께 사회의 일원으로 사는 것이 치매 예방은 물론 건강 장수 비결이라는 객관적 자료를 보여주었다.

III. 인지 발달과 변화

노년기의 인지적 특성을 평가할 때에는 지능, 기억, 창의성, 지혜 등 전 생애에 걸쳐 축적된 많은 경험과 지식에 따른 개인차를 고려해야 한다. 노인의 개인차 외에 한 개인의 발달 과정에서도 인지 기능의 여러 영역 발달 및 감퇴 속도에 차이가 있기 때문이다. 노년기의 중요한 변화는 일반지능과 기억력 감퇴가 두드러지는 반면에 삶을 통해 축적된 지혜와 영적 발달이 이루어진다.

1. 지능 변화

샤이에(Warner Schaie)는 시애틀 종단연구(The Seattle Longitudinal Study)를 통해 노년기의 언어적 의미, 단어 유창성, 수 계산능력, 공간 능력, 귀납적 추리, 지각 속도 등 6가지 주요 정신 능력을 측정하여 노년기 지능 변화에 대한 시사점을 제시하였다.[11] 첫째, 노년기 지능 변화는 종류에 따라 변화의 종류가 다르다. 판단력, 언어 등의 학습과 경험의 영향을 받는 결정성 지능은 70대 전후까지도 증가하지만 속도나 기능에 의존하는 유동성 지능은 성인 전기부터 감소한다. 둘째, 지적 능력의 차이는 개인차가 심하여 80대 후반까지 하나혹은 그 이상에서 지적 능력이 유지되었다. 셋째, 지적 능력 감퇴에서 연령의 영향력은 그리 높지 않다. 연령 이외의 환경과 교육 수준, 직업, 생활사건, 스트레스, 신체적 건강, 삶의 동기 등 여러 요인이 작용한다. 노화에 따른 중추신경계 기능 쇠퇴는 몸에 익숙한 습관이나 생각은 잘하지만 다른 과제나 익숙하지 과업은 다소 반응시간이 길어진다.

클리마이어(Ken Kleemeier)는 12년 동안 13명의 남성 노인을 대상으로 지적 능력 변화에 대한 종단연구를 한 결과, 지적 능력이 갑작스럽게 감퇴한 노인들이 감퇴가 적은 노인들에 비해 더 일찍 사망하는 것을 발견하였다. 이런 지적 능력의 급강하 현상은 죽음 전 5년

---

11 K. W. Schaie, L. S. Wills and G. I. L. Caskie, "The Seattle Longitudinal Study: Relationship between personality and cognation," *Aging Neuropsychology and Cognition* 11, no. 2-3 (2004): 304-324, 신명희 외, 『발달심리학』 (서울: 학지사, 2017), 482에서 재인용.

정도가 될 때 확실히 나타나기에 죽음이 멀지 않았음을 예언해 주는 지표가 될 수 있다.

2. 기억력 변화

노년기에는 노화 또는 제반 여건에 따라 기억력이 감소한다. 정상적인 노화 과정에서 변화되는 인지 기능 중 가장 흔히 관찰되는 것은 전두엽의 기능 저하이다. 즉, 주의 집중력 감소, 외부의 간섭 자극 통제 능력 감소, 사고의 융통성 저하, 자발적 반응생성의 양이 감소되는 등 다양한 변화가 일어나는데, 이는 전두엽에 손상을 입은 환자들과 양상이 흡사하다. 노인들의 기억 기능은 작업 기억폭이 줄어들고, 미래지향적 기억이나 출처 기억, 메타 기억이 저하되며, 재인은 잘 되지만 단서 없는 자발적인 회상이 어렵다.[12]

노인들은 옛날 일은 잘 기억하지만, 최근에 일어난 일은 잘 기억하지 못한다. 이것은 옛날 일에 대한 강력한 기억과 의미 있는 일의 재현과 반복 입력이 최근의 기억에 대한 주의집중을 방해하기 때문이다. 기억력 감소는 빠르면 30대부터 시작되고 중년 이후 기억력 감소 현상은 흔하며 노화 관련 기억력 감소는 다양한 원인이 있을 수 있다.

존스 홉킨스 대학교의 미첼라 갤라거 심리학 교수는 노화와 연관이 있는 기억-인식 기능의 감소는 뇌세포 상실이 아니라 신경원의 기능 변화가 원인이라는 주장을 하였다. 즉, 늙으면서 기억력이 감소

---

12 이경민, 『신경학』 (서울: 서울대학교 출판문화원, 2005), 100.

하는 것은 뇌세포 소멸과는 무관하다는 것이다. 그는 8백 마리의 쥐를 대상으로 신경 통로를 추적한 결과, 뇌세포 상실은 젊었을 때부터 시작해 평생 진행되며 사람의 신경원도 수십 년에 걸쳐 서서히 숫자가 줄어드는 것으로 추정하였다.[13] 실제로 노인의 기억력 감퇴가 심각하지 않다는 연구들과 나이가 들어도 뇌를 계속 사용하면 뇌 신경 세포가 계속 발달된다는 이론도 있다.[14]

그러나 뇌신경 세포의 사멸이 많아지면 기억력 감퇴, 건망증, 집중력저하, 뇌기능 저하 등의 증세가 나타날 수 있다. 모든 사람이 가장 흔하게 경험하는 건망증은 경험의 일부 중 사소하고 비교적 덜 중요한 일을 잊었다가 힌트를 주거나 곰곰이 생각을 하면 다시 기억해 낼 수 있으며 일상생활에 지장이 없는 생리적인 뇌의 현상이다. 노년기에는 주의 집중하기가 쉽지 않고 감각기억은 민감하지 못하므로 더 많은 감각 자극이 필요하다.

3. 지혜와 영적 발달

수천 년 동안 지혜는 인간 지식의 극치로 여겨져 왔다. 중세의 유명한 예술품인 〈지혜의 나무〉(wisdom tree)는 서양인들의 이런 견해를 구체적으로 보여주고 있다. 천문학, 기하학, 음악, 산술, 문법, 수사학, 논리학 등은 지혜를 정점으로 한 나무의 가지처럼 배열되고,

---

13 「동아일보」 뉴스, 1998년 12월 1일.

14 A. L. Benton, P. J. Eslinger and A. R. Damasio, "Normative observation on neuro-psychological test performance in old age," *Journal of Clinical Neuropsychology* 3 (1981): 33-42.

지혜는 일곱 가지 학문을 결합하여 지식의 통일적인 총제를 이룬 것이었다. 따라서 지혜를 획득하려면 평생의 시간이 필요하고, 소수의 사람만 가능하다고 여긴 것은 당연한 일이었다.[15] 지혜는 현실의 다양한 현상을 빨리 깨닫고 정확하게 식별하여 이를 통합하여 이해하는 마음의 작용이기에, 현실의 감각적 작용을 초월해서 전체를 파악하는 초월적 의미도 포함한다.[16]

최근 심리학 연구에서 주요한 주제가 되는 지혜는 추상적인 개념에서 벗어나 경험적 연구에 의해 사물의 본질에 대한 이해, 쇠퇴나 한계수용과 삶의 궁극적 의미 인식으로 정의한다. 지혜에 대한 이해는 노년기 성격발달의 한 측면, 인지능력, 지능과 감정의 통합, 영적 발달의 하나로 보는 관점 등으로 접근하고 있다.[17]

1) 에릭슨의 고전적 접근법

에릭슨(Erik, H. Erikson)의 마지막 발달 8단계에서 자아통합감 대절망감의 갈등을 성공적으로 해결한 결과 나타나는 덕목이 지혜이다. 자신의 죽음에 직면하여 얻게 되는 인생의 의미에 대한 통찰로서 지혜는 커다란 후회 없이 자신이 살아온 인생을 인정하는 것이다. 즉, 자신이나 자신의 부모 그리고 자신의 인생의 불완전함을 현실적으로 받아들이는 것인데 어떤 노인들은 죽음에 직면하여 지혜를 얻게 된다고 주장한다.

---

15 R. Stenburg/최호영 역, 『지혜의 탄생 — 심리학으로 풀어낸 지혜에 대한 거의 모든 것』 (서울: 21세기북스, 2010), 142.

16 『종교학대사전』 (한국사전연구사, 1998).

17 정옥분, 『발달심리학』 (서울: 학지사, 2016), 649-652.

2) 클레이튼과 메캄의 상황적 접근법

클레이튼(Clayton, V. P.)은 지혜를 조작적으로 정의한 최초의 인지 연구가 중 한 사람이다. 지혜는 역설에 대한 이해, 모순에 대한 화해와 타협의 능력이다. 지혜로운 사람은 자신의 행동이 자신뿐 아니라 다른 사람에게 미칠 영향을 가늠하기 때문에, 지혜는 특히 사회적 상황에서 실제적인 의사결정을 할 때 매우 적합하다. 지능은 어떤 일을 어떻게 해야 할 것인지를 아는 것이지만, 지혜는 우리가 그 일을 해야만 하는지 의문을 갖게 한다. 지혜로운 사람은 인종 간의 긴장을 완화하는 문제 또는 가치관이 관련되는 사회적 문제에서 해결을 잘할 수 있다.

메캄(Meacham, J. A.)은 지혜로운 사람이 지식의 습득과 지식의 본질적 오류를 인식하는 것 사이에 균형을 이룬다고 한다. 지혜로운 사람은 자신이 알고 있는 사실을 실제상황에 잘 적용할 줄 아는 것이며 지혜롭지 않은 사람보다 반드시 더 많이 아는 것은 아니다. 경험은 지혜에 큰 위협이 되는데, 특히 경험이 정보의 축적이나 성공 또는 권력으로 이어질 때 더욱 그러하다.

3) 라보비-비에프의 지능과 감정의 통합

라보비-비에프(Labouvie-Vief)는 지혜를 객관적, 분석적, 이성적인 로고스와 주관적, 경험적, 정서적인 미토스(Mythos)의 통합이라고 정의한다. 따라서 지혜로운 사람이 되려면 특별한 지식을 소유해야 하는 것이 아니라 자신의 감정을 이해하고 다른 사람의 것과 구분할 줄 아는 도덕 윤리를 갖는 능력이며 그 이해를 이성적으로 이용할 줄 아는 능력이다. 이것이 건강한 성인의 주요 발달과제라고 하였다.

그녀는 지혜가 중년기에 절정에 달하는 것으로 보고 지혜가 반드시 연령과 정비례하는 것은 아니라고 말한다.

4) 지혜와 영적 발달

노년기 발달과 성숙을 드러내는 대표적인 특성은 지혜이다. 그러나 연령이 증가함에 따라 반드시 지혜로워지는 것은 아니다. 자신과 가족과 사회적인 삶을 통해 얻어진 지혜는 지식과 경험을 바탕으로 성숙을 통한 문제 해결 능력과 사고 능력을 요하기에 노년기에 이르러 지혜의 발달이 두드러지는 것이다. 다시 돌아갈 수 없는 과거에서 느끼는 부족함이나 실망을 받아들이고 현실과 미래에 대해 통찰력을 갖는 것이 노년기의 지혜이다.

동양철학의 영향을 받은 연구자들은 지혜가 영적인 발달에 기초한 것이며 노년기에 나타난다고 믿는다. 여기서 지혜는 자기성찰과 자아통합의 개인 내적(intrapersonal) 지혜, 감정이입과 인간관계의 성숙 등을 포함하는 개인 간(interpersonal) 지혜 그리고 자아를 초월하여 영적 성장을 추구하는 초개인적(transpersonal) 지혜가 서로 관련되어 있다.

성종 임금 때, 어떤 사람이 일찍이 딸 하나를 낳아 길러서 시집보낸 후 늦게 아들을 하나 보게 되었다. 이 사람이 나이가 많아 죽을 때가 되었는데, 아들은 아직까지 강보에 싸여 있는 어린아이였다. 이 사람이 죽으면서 유언을 하여 재산을 시집간 딸에게 모두 물려주고, 어린 아들에게는 자기 자신의 얼굴 모습이 그려진 족자 1개만 주었다. 딸은 친정 재산을 모두 물려받았으니 살림은 넉넉해졌지만, 살길이 막막한 친정의 어린 동생이 가엾어서 동생을 데리고 와서 자기 자식처럼 돌보아 길렀다. 노인의 아들은 점차 나이가 들어가자 옛날 부친이 돌아가실 때 모든 재산을 누나에게 다 주고 자기의 몫은 족자 하나뿐이었다는 사실을 의아하게 생각하기 시작했다. 결국 족자를 들고 관청에 나아가 소송을 제기하기에 이른다. "누나가 저를 자식처럼 잘 길러주어 고맙게 생각하고 있습니다. 그러나 부친이 무슨 뜻으로 재산을 누나에게 모두 주고, 저에게는 이 족자 하나만 물려주었는지 그 참뜻이 궁금합니다. 결코 누나를 원망해서가 아니라 이 족자의 뜻을 알고 싶을 따름입니다." 이렇게 해 청원이 접수되었는데, 관장이 도저히 밝힐 수가 없어서 성종 임금에게 보고하고 그 족자를 바쳤다. 성종 임금이 족자를 펴보니 족자에는 노인이 한 사람 그려져 있을 뿐이었다. 무슨 뜻인지 알 수가 없어서 고민하다가 족자를 벽에 걸어놓고 멀리 앉아 쳐다보니, 그림 속의 노인이 손가락으로 아랫부분을 가리키고 있는 것이었다. 이것을 본 임금은 문득 생각이 떠올라, 사람을 시켜서 그 족자 끝의 축을 쪼개 보도록 했다. 그랬더니 그 속에 종이쪽지가 들어 있었다. "내가 재산을 딸에게 모두 다 준 것은 딸에게 어린 동생을 잘 돌보게 하기 위한 것이다. 아이가 자라고 나면 내 재산을 균등하게 나누도록 하라." 이러한 내용이었다. 그래서 성종 임금은 문서를 작성하여 재산을 남매에게 균등하게 분할해 주고 다음과 같이 말했다. "당시 재산을 어린 아들에게 물려주었다면, 누나는 재산 때문에 어린 동생을 돌보지 않고 해쳤을 가능성도 없지 않다. 따라서 지금처럼 동생을 잘 거두어 기르지 않았을 것이다. 노인의 지혜가 놀랍다."

IV. 사회심리 발달과 변화

노년기 사회심리는 개인이 타고난 성향과 살아오면서 체험한 것에 반응하여 얻어진 결과이다. 그러나 과거를 돌아보는 현재와 오늘의 현재와 미래를 보는 현재가 노년기 불안의 요소로 작용할 수 있다.

1. 자아통합과 절망감

사람은 노년기에 이르러 자신의 지나온 삶을 돌아보며 삶을 통합하고 점검할 뿐만 아니라 또 다른 자신의 정체성을 자리매김한다. 지금까지 인생을 살아오면서 과거의 모든 잘못, 실패, 결점, 절망 등을 인정하고 이를 수용함으로써 자아통합을 이룰 수도 있으나 그렇지 않을 때는 절망할 수 있다. 에릭슨은 인생의 마지막 8단계에서 얻어지는 것은 자아통합이든지 아니면 절망감이라 한다. 자아통합이란 자신의 죽음에 직면하여 얻게 되는 인생의 의미에 대한 통찰이며 지혜이다. 지혜는 노년기에 이루어야 할 발달과제이다. 지혜는 자신이 살아온 인생을 인정하는 것이며 주변의 사람들이나 가족, 친구들과 화해하고 인생의 불완전한 부분을 현실적으로 받아들이며 최선의 삶을 살았다는 자기 위로와 함께 자신의 삶을 다시 살 수 없다는 무력한 좌절감에 빠지기보다는 자신의 삶에 대한 통합성, 일관성 그리고 전체성을 느끼는 것이다. 죽음은 인생에서 피해 갈 수 없는 것이기에 자신의 삶에서 두려움, 혼란, 무력감 없이 기꺼이 맞이하게 된다면 자아통합에 근접하게 된다.

어떤 노인은 노년기 이전부터 쌓여온 갈등과 위기가 해결되지 않고 소외감, 고립감, 침체감, 분노, 원망, 질투, 씁쓸함, 불만족스러운 마음으로 자신의 삶을 되돌아본다. 자신이 바라던 삶을 창조할 수 없었다고 느끼거나 자신의 인생을 실패라고 인식하며, 죽음이 억울하다든가 이런 실망감에 대해 다른 사람을 비난한다면 절망감을 경험하게 된다. 그러므로 자아통합은 지나온 삶의 열등감과 결핍을 어떻게 해석하고 무엇을 실행에 옮기는가에 달려 있다.

에릭슨은 발달단계에서 특정 단계의 과업이나 갈등을 완전히 해결하지 않고서도 다음 단계로 진행될 수 있지만 마지막 단계인 노년기에는 이전 단계에서 해결하지 못한 과업이나 갈등의 결과는 절망감으로 이어져 자아통합을 이루고자 할 때 장애가 된다. 반대로 갈등 해결로 축적된 생애의 마지막 단계에서는 삶을 돌아보고 자아통합을 성취하는 지혜를 얻게 된다.[18]

2. 수동성 증가

노인들이 사회 심리적으로 건강하게 삶에 적응하고 생기있게 살려면 처한 환경에서 자신의 가치를 재정립해야 한다. 즉, 자신의 가치를 직업이 아닌 다른 방법으로 찾아야 하며 살아있음에 대한 감사의 마음으로 인생을 바라보는, 시야를 넓혀야 한다. 이런 면에서 개인적 특성과 장점을 발견하여 서로 나눌 수 있는 사람은 사람들과의 관계를 중시하고, 사회적·심리적으로 몰입할 수 있는 활동을 통해 활력과 자신감을 유지할 수 있다. 그러나 건강에만 몰두하면 노년기

---

18 박성연 외 9인, 『인간발달』 (서울: 파워북, 2011), 218.

에 적어도 한두 가지의 질병이 생긴다는 것을 인정하지 않고, 신체적 기능 저하나 고통과 아픔으로 쉽게 절망감에 빠진다. 신체적 불편을 극복할 수 없기에 성격은 내향성이 되며 겁이 많아지며 고집이 세지고 소심해지며 자녀에게 의존하거나 문제를 회피하려는 수동성이 증가한다.

3. 지혜의 전달자

지혜는 지식과는 달리 인생 경험과 통찰력과 관련이 있으며 연령과도 상관이 있다. 그러나 모든 노인이 지혜를 지녔다는 것은 아니다. 지식은 배움을 통해 획득되지만, 지혜는 인생 경험과 전문지식과 통찰력이 만들어 내는 문제 해결 능력이며 판단이라 할 수 있다. 따라서 지혜는 삶의 의미나 인간 조건과 연결된 중요하고 까다로운 문제를 합리적으로 해결하고, 지혜 속에 반영된 지식과 판단 및 충고가 탁월하다. 지혜와 연합된 지식은 예외적으로 깊고 넓을 뿐 아니라 균형적인 시각과 구체적 상황에서 쉽게 적용할 수 있다. 지혜는 마음과 덕을 결합하여 인류의 이익은 물론 개인적 안녕을 위하여 사용하고, 지혜를 획득하는 것이 어려운 일이지만 인간 지능의 극치로서 타인들에 의해 쉽게 인식된다.[19]

가족 가운데 노인이 있다면 그 가족은 보석을 가지고 있는 것이라는 중국 속담과 노인 한 사람이 죽으면 도서관 하나가 불에 타 없어지는 것과 같다는 아프리카의 속담도 있다. 이는 생존에 필요한 정보

---

19 장휘숙, 『전생애 발달심리학』 (서울: 박영사, 2009), 365.

를 연장자에게서 전수 받아야 했던 시절에 노인이 가진 지식과 정보를 칭송하는 말이다.

노년기는 인생의 사회적 직업과 권위로부터 멀어지지만, 가정적으로는 성장한 자녀에게 유용한 삶의 지혜를 전달하며 심리적 지원자 역할을 하고, 손자녀에게는 조부모의 역할로서 삶의 지혜를 남겨줄 수 있다. 때로는 정신적인 허전함과 허무함을 느낄 수도 있고, 신체적 퇴화로 위기를 느낄 수도 있으나 다음 세대를 위한 든든한 버팀목이 된다는 의식은 삶을 의미 있게 한다.

노년 후기는 주변의 친구들과 배우자가 죽어가는 과정을 보고 자신의 죽음을 준비하며 자연의 이치를 깨닫기도 한다. 노인들은 자아에 대한 궁극적인 관심과 인생이 과연 무엇인가에 대해 최종적으로 마음의 정리를 하게 되는데, 레빈슨(Barry Levinson)은 이것을 삶의 끝자락에서 하게 되는 '다리 위에서의 조망'(one's view from the bridge)이라고 표현한다.

V. 은퇴와 여가

1. 노년기 은퇴

은퇴는 노년기에 대처해야 할 하나의 발달과제이다. 산업화가 진행되면서 강제 은퇴와 명퇴를 제외한 은퇴는 60세를 전후로 이루어진다. 직업은 지위, 소속감, 인정, 사회적 관계망, 권위와 힘을 주지만, 은퇴란 익숙하여 잘 할 수 있던 자리에서 더 이상 사회의 중심이 아님을 깨닫는 사건이다. 직장에만 몰두했던 사람이 은퇴를 하면 갑자기 해야 할 것이 없어져 행동적 지침의 부재를 경험한다. 따라서 은퇴자들은 직업인으로서 책임적인 역할에서 벗어나 개인적으로서 자율적 시간 관리와 건강관리는 물론 나머지 삶을 설계하고 관리해야 한다. 노인 은퇴자들은 은퇴 후에 일 지향적인 사회에서 주변 인물로 살아야 한다는 것 때문에 무능감이나 낮은 자아존중감, 소외감 등을 느끼거나 여가 중심의 생활로 시간을 보낸다. 노년기는 심신의 노화와 인체 생리기능의 감소, 직업이나 사회적 지위에서 물러남으로 인한 수입 감소 등으로 스트레스를 받을 수 있다.

사람들은 각기 다른 이유로 은퇴하기 때문에 모든 사람이 일률적으로 이런 단계를 모두 거치는 것은 아니지만 애칠리(Robert C. Atchley)는 은퇴 과정을 6단계로 제시하였다.[20]

① 은퇴 준비 단계(pre-retirement Phase)에서는 언제, 어떻게 은퇴할 것인지 구체적으로 생각하고, 은퇴 이후의 경제문제, 신체적, 정신적 건강 문제를 생각한다.

② 은퇴 단계(retirement Phase)에서는 더 이상 직업전선에 있지 않은 단계로서 은퇴 바로 후에 밀월 단계(Honeymoon Phase)로 들어가거나 휴식과 기분전환 단계(rest and relaxation)로 들어간다. 밀월 단계에서는 은퇴에 행복감을 느끼며 평소에 하고 싶었지만 시간이 없어서 못했던 일들을 하면서 여가 시간을 즐긴다. 그러나 강제퇴직이나 건강 문제 등으로 은퇴한 사람은 이런 긍정적 느낌을 경험하지

---

20 R. C. Atchley, *Social forces and aging* (Belmont, CA: Wadsworth, 1996), 300.

못한다. 휴식과 기분전환 단계는 매우 바쁜 직장생활로 인해 자기 자신의 시간을 갖지 못했거나 자신에 대한 시간 투자를 하지 못했던 사람들은 은퇴 직후에 일을 적게 할 가능성이 있다. 그러나 몇 년간의 휴식과 기분전환 후에는 활동 수준이 증가한다.

③ 환멸 단계(Disenchantment Phase)는 은퇴 전에 세웠던 은퇴 후 계획이 환상이었으며 현실적이지 못한 것임을 경험하면서 밀월 단계 이후에 깨닫게 되고 실망하는 단계이다. 즉, 권력, 특전, 신분, 수입, 인생의 의미에 대한 상실을 경험하며 심한 우울증에 빠지는 사람도 있다.

④ 새로운 방향 설정 단계(Reorientation Phase)는 은퇴 후 생활에 대해 보다 현실적인 경제적 · 신체적 · 정신적 대안을 생각하며, 보다 안정적이고 생활에 만족을 가져다줄 생활양식에 대해 새롭게 탐색하고 평가하는 단계이다. 결국 적응 단계에서는 새로운 취미를 다시 갖거나 공동체 활동에 더 적극적으로 참여하여 자신이 감당할 수 있는 은퇴 생활을 새롭게 설계한다.

⑤ 안정 단계(Stability Phase)는 은퇴자로서의 변화를 수용하며 새로운 역할과 자아정체감을 받아들이는 단계로서 새로운 행동 기준, 사회적 규범, 기대를 습득한다. 사람에 따라 은퇴 후에 안정기까지 오는 데 걸리는 시간은 다르지만 만족스럽고 편안한 은퇴 안정기가 되면 이 단계는 오래 지속된다.

⑥ 종결 단계(Termination Phase)는 은퇴자가 재취업을 함으로 은퇴가 종결되기도 하지만 대부분은 장애나 질병, 쇠약 등으로 더 이상 독립적으로 기능하지 못하게 되어 은퇴자의 역할이 끝나게 되는 시기이다.

2. 노년기 여가생활

　세상에는 하고 싶었으나 해보지 못한 아쉬움에서 오는 후회와 실컷 용기를 내어 했으나 기대보다 성과가 좋지 않은 서운함에서 오는 후회가 있다. 어떤 후회가 더 나쁠까? 당연히 해보지 못한 데서 오는 후회이다. 하지만 노년기는 이제 아쉬움과 서운함에서 오는, 후회되는 것들을 해 볼 수 있는 기회이다. 때가 되면 언젠가는 꼭 해보리라고 생각하며 쌓아 놓은 청춘의 꿈들을 꺼내 보고 이룰 수 있는 마지막 기회이다. 그 청춘의 꿈을 전문가가 아니라 아마추어와 여가로 한다 해도 문제 되지 않는다. 단지 미뤄두기만 한다면 그 꿈들은 죽는 날 한 줌의 재가 되어 연기와 함께 날아가 버릴 것이다.

　노년기는 생활의 대부분이 여가라 할 수 있으며, 노인의 여가 활동은 그들의 생활만족도와 직접적 연관이 있다. 노인의 여가 활동 참여도는 휴식 활동(52.7%), 취미 오락 활동(49.8%), 사회 및 기타 활동(44.4%) 순으로 나타났다. 휴식 활동 중으로는 산책이 가장 많았고, 취미 오락 활동에서는 등산이, 사회 및 기타 활동에서는 종교 활동이 가장 높은 비율로 나타났다.[21] 문화 참여 활동보다는 쉬거나 자신이 원하는 취미, 사회 활동을 하는 것으로 나타났다. 노인들의 생활 수준이 높고 가정 분위기가 좋으며 건강이 좋을 때 여가 활동에 더 많이 참여한다. 여가 활동에 따른 삶의 만족도는 오락 및 사교 활동, 자기개발 활동, 가족 중심 활동에 많이 참여할 때 높으며, 여가 활동을 많이 한 노인일수록 생활만족도가 높았다.[22] 이러한 여가 활동은

21 보건복지부, "2020년도 노인실태조사" (서울: 보건복지부, 2020), 455.
22 정유리, "노년기 여가활동 활성화 교육을 위한 기초 연구 — 노인의 여가활동과 생활만족도

노인들이 고독, 허탈, 소외감을 극복하는 데 도움이 된다. 따라서 길어진 노후생활과 삶의 질 향상을 위해서 체계적이고 우리 문화에 맞는 노인 여가 프로그램이 개발되고 이에 대한 참여와 독려가 필요하다.

3. 노년기 가족관계

1) 부부관계

한국 가족에서는 부부관계보다 부모 자녀 관계가 더 핵심적이며, 남편과 아내로서의 역할보다 아버지와 어머니로서의 역할을 우선시한다. 따라서 자녀 양육 기간에는 부부 갈등이 증가하여 부부만족도가 낮으나 자녀들이 출가하고 나면 결혼 만족도가 높아진다. 노년기에는 신체적 쇠약, 질병, 은퇴 등으로 부부 부적응이나 상호 소외감 및 인생의 덧없음을 경험하기 쉽다. 특히 배우자의 신체적 무기력은 다른 배우자에게는 스트레스 요인이 된다.

그러나 오랜 기간 동안 쌓아 온 이해와 신뢰를 바탕으로 부부관계를 다시 정립할 수 있는 시기이기도 하다. 쌓였던 갈등으로 인한 황혼이혼은 적응이 어느 시기보다 더 힘들다. 남자는 주로 가사 활동과 고독감으로, 여자는 경제적 이유로 재혼한다. 재혼 비율은 여자보다 남자가 3배 더 많다. 상대방에 대한 이해, 재정적 안정, 재혼으로 형성된 가족관계가 원만해야 행복한 재혼 생활을 할 수 있다.

노인의 교육 수준, 배우자 유무, 경제력, 성별, 연령, 및 건강 상태 등에 따라 차이는 있지만 대체적으로 성에 대한 욕구는 노인이 되어

간의 관계를 중심으로," 「한국가정과교육학회」 25, no. 2 (2013): 49-63.

도 지속적으로 남아 있어서 건강 상태가 양호하고 배우자가 있는 노인들은 지속적인 성생활을 유지할 수 있다.[23] 다만 노년기에 들어서면 배우자의 사망이나 배우자의 시설 입소, 신체적 기능 저하와 기회 부족 등으로 성생활을 자유롭게 유지할 수 있는 환경 여건이 나빠질 뿐이다.

2) 성인 자녀와 손자·손녀 관계

부모가 장성한 자녀와 아무리 친구처럼 지낸다 해도 자녀를 속속들이 알 수 없고, 또 알고 싶어 하지만 쉽게 묻지 못한다. 부모가 물으면 대충 얼버무리며 대답하고 속마음을 말하지 않는 것이 자연스러워진다. 부모는 장성한 자녀의 10%만 알고 있어도 그것으로 충분히 행복할 수 있다. 대화해 주지 않는다고, 말하지 않는다고 불평하지 말고 그 10%로 대화의 물꼬를 트고 소통하며 살 수 있어야 한다.

통계청이 발표한 "2023 사회조사 결과"는 노인의 78.8%가 앞으로 성인 자녀와 같이 살고 싶지 않다고 했다. 60세 이상 노인 중 67.8%가 자녀와 떨어져 사는 주된 이유는 따로 사는 것이 편해서(37.1%), 독립생활 가능(29.6%), 자녀에게 부담이 될까 봐(19.6%) 순이었다.

한편 현대 사회는 부모의 역할에 정년이나 은퇴가 없어지는 가족 관계로 많이 바뀌고 있다. 부모와 결혼한 자식이 한집에 살아도 공간을 구분해 독립적으로 생활하거나 부모가 자녀와 가까운 곳에 살면서 손자·손녀를 돌보는 수정(修正)핵가족 형태가 많다. 또 취업난

---

23 김윤정, "노인의 성에 대한 인식과 성생활에 관한 탐색적 연구," 「한국가정관리학회」 21, no. 5 (2003): 133-143.

등으로 자녀가 자립할 나이가 되었어도 부모에게 계속 의존하는 캥거루가족도 급증하고 있다. 노년기가 성인 자녀들에게는 경제적 활동 지원이 되며 자녀 양육 스트레스 완충 역할을 해준다. 또한 노부모는 손자·손녀 양육을 위한 안전망이 되기도 한다. 노년기의 정체감은 조부모가 되는 것을 통해 전환된다.

VI. 인생의 마무리와 죽음

1. 죽음

세계보건기구(WHO)는 죽음을 '소생할 수 없는 삶의 영원한 종말'이라고 정의하지만 사망을 판정하는 기준은 명확하게 정의하기 어렵다. 의학적 죽음에 대한 법적 정의는 일정 기간 심장의 박동이 멈추거나 뇌 활동의 정지를 뜻한다. 우리나라는 심장사로, 서구에서는 뇌사를 사망으로 정의한다. 특히 뇌사(brain death)는 죽음에 대한 신경학적인 정의인데 일정 기간 뇌의 전기적 활동이 멈추는 것이며 장기이식의 가능성을 말해 준다.

죽음에 대한 사회문화적 정의도 다양하다. 모든 문화와 종교에서는 죽음이란 존재가 사라지는 것이 아니라 본래의 상태로 돌아가 영원히 존재한다는 것이며, 사후에 대한 견해를 반영하는 것과 장례식과 애도 의식 및 권리와 재산의 법적 재분배에 관한 것이다. 특히 기독교에서는 죽음이 하나님이 준비하신 영원한 천국으로의 이사이다. 흙에서 왔다가 흙으로 돌아가는 것이 마땅한 자연의 섭리이며 그

것으로 끝나는 것이 아니라 부활을 믿는다. 단지 애도하고 슬픔을 나누는 것은 이 세상에서 다시 볼 수 없음이며 남은 유가족을 위로하는 것이다.

죽음의 심리적 정의는 한 사람도 예외 없이 맞이하게 될 자신의 죽음에 대해 생각하고 잘 살고 잘 죽을 수 있는 웰다잉(well dying)의 중요성을 마음에 새기는 기회이다. 또 유족들이 그들의 슬픔과 비탄을 자연스럽게 표현할 수 있는 심리적 배출구를 마련해 주는 것이다.

2. 임종과 죽음에 대한 태도

사람이 죽는다는 것은 정해져 있는 사실이고 그 이후에는 심판이 있다고 성서는 말한다. 그래서 일반적으로 사람들은 죽음에 대해 불안해하고 죽음 자체보다는 죽음 이후의 세계에 대한 절망감과 무력감, 고통 속에서 천천히 죽어가는 과정을 두려워한다.[24] 죽음에 대한 불안은 성인 집단이 가장 높고 청년 집단과 노년 집단 순이다. 여성이 남성보다 죽음을 더 두려워하지만 남성보다 자신의 죽음을 더 인정하는 편이며, 중년기 여성들은 자녀 양육자의 책임으로 죽음 불안이 높으나 노년기로 갈수록 자신의 죽음을 덜 두려워하고, 삶을 점검하는 자아통합이 이루어질수록 절망에 이르지 않고 죽음을 받아들인다.

신앙과 신념도 죽음에 대한 태도에 영향을 미친다. 신앙인들에게 죽음은 영생에 이르는 문이기 때문에 신앙심 깊고 신앙생활을 잘하

---

24 J. A. Thorson & F. C. Powell, "Elements of death anxiety and meaning of death," *Journal of Clinical Psychology* 44, no.5 (1990): 691-701.

는 사람들은 죽음을 덜 두려워하지만, 신앙심이 약간 있는 경우에는 죽음에 대해 가장 큰 두려움을 가진다. 종교 간에도 죽음에 대한 태도를 보이는데 기독교, 가톨릭, 불교, 무교의 순으로 죽음에 대해 좀 더 긍정적으로 생각하고 있는 것으로 나타났다.[25]

죽음에 대해 약간의 불안을 경험하는 것은 매우 정상적이지만 죽음 불안에 사로잡히거나 강렬하게 느끼고 인식하는 것은 정신건강에 해롭다.

3. 죽음 전의 심리적 변화

정신과 의사 퀴블러 로스(Elizabeth Kubler-Ross)는 죽음이 임박한 사람을 관찰하고 문학과 예술에서 죽음이 어떻게 다루어지는지를 보며, 죽음에 관해 연구하고 논의함으로써 인생의 마지막 단계에 대한 준비를 할 수 있도록 도와야 한다고 말한다. 그는 대다수 환자가 그들의 죽임에 임박한 상태에 대해 솔직하게 이야기할 수 있는 기회를 원하며, 자신의 죽음이 임박했음을 알고 있다는 것을 발견하여 죽음과 타협하게 되는 다섯 단계를 제시하였다. 물론 개인차가 있어서 어떤 사람은 특정 단계를 건너뛰거나 특정 단계에 오래 머무르며, 한 단계에서 다음 단계로 진행하기를 주저하거나 몇 개의 단계가 중복되는 경우도 있다.[26] 그러나 이 모든 단계에서 기초가 되는 정서는 '희망'이다.

---

25 김난예, "죽음 준비교육을 위한 죽음에 대한 태도 분석,"「기독교교육논총」제10집 (2004), 9.
26 정옥분,『발달심리학』, 694-686.

① 부정: 자신이 죽게 된다는 사실을 알았을 때 첫 번째 심리적 반응은 부정으로서 그 충격을 받아들이기 어렵다는 것이다. "나는 아니야, 잘못된 거야, 그럴 리가 없어"라는 외침은 거의 모든 환자나 죽음을 앞둔 사람에게서 나타나는 현상이다. 가족과 의사는 이런 부정을 환자의 심리적 충격으로 받아주고, 환자 상태에 대해 알려줌으로 환자가 부정 단계를 연장하지 않게 하라고 충고한다. 임박해서 죽음을 맞이하면 필요한 준비를 할 시간이 없기 때문이다.

② 분노: 죽음이 부정할 수 없는 사실임을 알게 되면 '왜 하필이면 나야!'라는 감정이 주변 사람들에게 분노, 격분, 질투, 원한을 품고 그 탓으로 돌리며 감정을 토로한다. 이런 분노는 특정한 대상을 향한 것이 아니라 자신이 어찌할 수 없는 죽음을 곧 맞이한다는 사실에 대한 분노이다. 이런 분노는 신앙심이 깊거나 죽음을 대비해온 사람들에게는 거의 나타나지 않는다.

③ 타협: 자신의 죽음을 사실로 받아들이면서 의사, 절대자, 자신이 믿는 신 또는 자기 자신과 어떻게 해서든 죽음을 연기시키거나 지연시키려는 비현실적이고 불가능한 타협을 시도한다. "~까지만 살게 해 주신다면…", "몇 년만 더 살게 해 주신다면…" 이런 타협은 죽음이 연기되거나 지연되기를 바라는 것으로 삶의 시간을 좀 더 벌기 위한 시도이다. 가족들은 심리적인 공감으로 그 타협적 희망을 경청하고 따뜻한 마음으로 긍정적인 수용을 하는 것이 좋다.

④ 우울: 타협을 하면서도 자신의 병세가 악화되기에 죽음을 확신하면 말이 없어지며, 지인들의 방문을 거절하고 혼자서 울며 슬퍼하는 시간을 가지며 우울감에 빠지기 쉽다. 이 시점에서는 자신의 임박한 죽음에 대해 슬퍼할 시간이 필요하기 때문에 죽어가는 사람을

위로하지 않는 것이 좋다고 퀴블러 로스는 말한다. 이 단계에서 사람들은 울며 생명을 잃는다는 것을 슬퍼할 필요가 있다. 왜냐면 슬픔을 감추려고 억누를 때보다 자신의 깊은 고뇌를 표현함으로써 좌절을 빨리 극복할 수 있기 때문이다.

⑤ 수용: 죽음에 임박한 사람들은 자신의 운명에 대해 우울해하지도 않고 분노하지도 않는 마지막 단계에 도달한다. 앞의 4단계를 거쳐 자신의 감정을 표현할 시간을 가지고 사랑하는 사람들과 이별하는 슬픔도 나누었다면 죽음을 평안하게 수용하게 된다. 그리고 자신과 세상에 대해 평화로운 마음을 갖고 '갈 준비가 되었다'는 느낌을 가지며 가족과 의사를 제외한 모든 사람과 관계를 정리하고 죽음을 준비한다.

죽음을 맞이하는 모든 사람의 경험은 다 같은 것은 아니므로 이 과정을 건강한 죽음의 준거로 여길 필요는 없다. 죽음에 대한 준비와 임종은 개인적인 경험이기에 어떤 사람에게는 부정이나 분노가 수용보다 더 건강한 방법이 될 수도 있다. 단 죽음을 맞이하는 사람들의 감정에 대한 우리의 이해를 돕는다는 점에서는 유용하다.

4. 사별

탄생은 주변 사람들이 웃으며 맞이하지만 죽음은 울며 보내는 사건으로 어떻게 살았는지를 결산하는 삶의 총체로서 매우 중요한 순간이다. 노년기는 건강과 능력 상실만으로도 사회적, 심리적 충격이지만, 배우자와 자녀 등 가족 구성원과 친구의 죽음은 노년기에 맞이하는 가장 힘든 경험이며 스트레스이다. 중년기나 노년 초기일수록 사별 후 나타나는 애도의 과정은 격렬하고 거칠지만 노년 후기는 좀 더 약하다. 그러나 사별은 부정과 분노, 불안과 죄책감 등 심리적 불안뿐만 아니라 불면, 식욕부진과 같은 신체적 양상을 동반한다. 남성이 혼자 남으면 의지하는 사람과 대화 상대의 부재로 인한 감정적 고통이 정서적 장애로 발전한다. 여성이 혼자 남으면 남편과 함께했던 사교모임 등에 참여할 수 없어 사회적 관계가 무너지지만 다른 미망인으로부터 정서적 지원을 받을 수 있게 된다.

사별에 대한 적응은 각 개인이 갖고 있는 여러 사회 심리적 요인에 따라 다르게 나타난다. 결혼 관계의 질이 높고 부부만족도가 높을수록 사별 직후의 적응이 어렵지만, 장기적으로는 긍정적인 역할을 한다. 사별 이전에 갈등이 많았던 배우자는 비탄의 정도가 깊지 않다. 노년기의 일반적인 사별 반응은 대체로 두 달 정도 지속되고, 시간이 지나면서 슬픔과 외로움 같은 우울 증상이 점차 줄어들면서 현실에 적응한다. 비탄으로부터 회복을 위해 서두르고 조언하기보다는 묵묵히 함께 있어 주고 그들의 이야기를 경청하며 정서적인 공감을 해야 한다. 고통과 외로움을 벗어나기 위해서는 충분히 슬퍼하고 상실의 감정을 긍정적으로 승화해야 한다.

VII. 노년기 신앙교육 과제

1. 노년기 신앙교육

사람들은 나이 드는 것을 두려워한다. 나이가 들수록 뭔가를 잃어가고 있다는 것과 가야 할 길이 얼마 남지 않았다는 불안감 때문이다. 그러나 없어진 것을 보지 말고 내게 남아 있는 것을 소중하게 돌아보고 사랑하며 산다면 두려울 필요가 없다.

이 세상의 삶을 마치는 순간, 영결식장에서 드러날 나의 가치는 과연 어느 정도일까? 나를 잃어서 슬픈 사람들과 내가 헤어져서 슬픈 사람들, 즉 나를 사랑하는 사람들과 내가 사랑하는 사람들이 나의 가치이다. 이것은 내가 얼마나 많은 돈을 벌었고 얼마나 지위가 높았으며 내가 얼마나 성공했느냐 하는 것과는 무관하다. 또 많은 사람도 꼭 필요하지 않다. 내 인생의 가치를 알아줄 사람은 한둘이어도 충분하다. 마음을 다해 누군가를 사랑했고 또 누군가에게 사랑받았다면 그 인생은 이미 가치 있는 것이다.

대리석과 황금으로 만들어진 궁전에 눕지 않아도, 비바람과 추위를 막아주고 지친 몸을 감싸줄 수 있는 따뜻한 담요 한 장과 사랑하는 사람들이 있다면 그곳이 궁전이다. 따라서 노년기에는 날마다 자기를 버리고 간소화하며 이사 갈 준비를 하면서 이 세상에 있는 것들을 아름다운 마음으로 사랑하는 자아통합을 이루는 시기다. 자신의 유한성을 받아들이고 지나간 과거에서 어떤 부분은 어쩔 수 없이 실패할 수밖에 없었던 사실과 화해하도록 도와야 한다. 또 지금 여기라는 이 귀중한 순간을 가능한 최대한도로 살고 누리도록 도와야 한다.

자신의 인생이 비극과 상실이었다 해도 삶의 결국은 하나님이 좋은 것으로 인도하신다는 신앙은 자책, 무의미, 절망 등에서 벗어나 죽는 순간까지 생명력으로 생활하고 성장하도록 돕는다. 자아통합은 인생 전체 과정에서 축적된 성장의 결과이며 신앙적 자아통합에서 지혜가 흘러나온다. 신앙적 자아통합을 이룬 노인들은 현실이나 대인관계에 잘 적응하고 창조적인 사고와 활동을 하게 되어 자신과 하나님, 세계, 역사 앞에서 자기완성을 해간다. 그렇지 못한 사람은 인격이 분해되어 절망에 빠지게 된다.

2. 노년기 신앙교육 방법

나이가 든다는 것은 누구나 좋아하지 않는다. 하지만 누구에게나 오는 것이기 때문에 받아들여야 한다. 나이 들면서 좋은 일, 즐거운 일, 신나는 일, 재미있는 일을 만들어 가겠다는 마음가짐이 중요하다. 젊어서의 재미를 생각한다면 노년은 불행하겠지만 바로 지금 여기서 자신에게 맞는 일을 만들어 재미있고 즐겁고 행복하게 살겠다는 마음을 갖는 것이 하나님의 자녀 된 사람들의 생각이다.

향후 우리가 맞게 될 고령사회에서는 인구 시한폭탄(demographic time bomb), 인구 지진(population earthquake), 고령화 충격(aging shock)이라는 말로 고령화를 인류발전에 위협적인 현상으로 보는 부정적인 이미지가 있다. 그러나 이러한 시각에서 벗어나 새로운 패러다임으로 전환이 필요하다. 새로운 패러다임은 '연령통합적 사회체계 모형'으로 모든 연령층이나 모든 세대를 사회체계 속에 참여시키는 한편 생애과정을 통한 훈련과 교육을 통해 노년기에도 생산성을 유지하고 향상시킬 수 있는 가능성을 수용하여 적절한 역할을 부여하는 관점을 의미한다.[27]

이것은 기독교 신앙공동체가 추구하는 모델의 하나이다. 신앙교

---

27 여성가족부, "100세 사회 가족생활 재설계 및 가족 돌봄 지원방안 연구" (서울: 여성가족부, 2013), 16.

육은 태어나기 전부터 시작하여 죽음 이후까지 계속되므로 노인들은 엄연한 공동체의 일원으로 그들이 해야 할 일이 많이 있다. 유태인들은 문화적 전통을 공기와 물처럼 소중히 여기고 노인들은 전통의 메신저로 생각하여 존경한다. 그들은 노인을 늙거나 노화하여 쇠퇴하는 육체가 아니라 경험과 지혜가 풍부한 정신으로 보며 자녀들이 살아가는 데 지혜와 충고를 주는 사람으로 존경한다. 노인들의 오랜 경험과 지혜는 후세에 전하고 젊은이들은 노인들의 말에 귀를 기울여 유태 5,000년 역사를 일관하는 삶의 방법을 터득한다. 기독교교육에서 생각해야 할 과제는 노인을 존경하며 그 교훈을 가볍게 여기지 않도록 존재 자체에 경청하며 공감하는 것이다.

또 기독교교육에서 중요하게 생각해야 할 과제는 죽음 자체의 극복이 아니라 인간적인 따뜻한 보살핌 속에서 절망감 **없이** 자아통합적인 죽음을 맞는 일이다. 살아온 연수와 상관없이 인생을 깊이 있게 여기며 살고, 죽음이 가까이 오기 전에 일상의 삶 속에서 자신의 죽음을 맞이할 준비를 해야 한다. 즉, 언제, 어디서, 어떻게 찾아올지 아무도 모르고, 단 한 사람도 피할 수 없는 죽음의 보편성 때문에 죽음 준비는 살아있는 모든 사람에게 필요하다. 죽음이 노년기에만 해당되는 것은 아니지만 노년기에서 죽음과 임종을 배제할 수 없기에 노년기에 절실하게 필요한 것이 바로 죽음 준비이다.

죽음 준비는 죽음에 대한 두려움에서 벗어나 남은 생을 의미 있고 더 가치 있게 살도록 도와준다. 따라서 죽음 준비는 삶의 시간이 제한되어 있음을 유념하여 삶을 의미 있게 살아야 한다는 것과 피할 수 없는 죽음을 정직하게 받아들이고 존엄한 존재로서 소망이 있는 죽음을 맞이할 수 있도록 죽음의 방식을 미리 선택해 두자는 것이다.

즉, 죽음 준비는 '죽을 준비'가 아니라 '삶의 준비'이다. 삶이 행복하다면 죽음도 행복할 것이고, 삶이 의미 있다면 죽음 또한 의미 있기에 죽음이 삶의 마지막 성장 과정이 되도록 준비해야 한다. 죽음 준비는 의식이 분명하게 있는 동안에 해야 하기 때문에 너무 빠르다고 느껴지는 시점이라도 괜찮다. 너무 늦으면 불가능하기 때문이다.28

일반적으로 노인은 젊은 청년이나 성인보다 죽음을 덜 걱정한다. 살아가면서 친구와 친지를 잃으면서 노인은 점차 자신의 죽을 운명을 받아들일 수 있도록 생각과 느낌을 재조정한다. 따라서 신앙 공동체 안에서 죽음을 자연스럽게 이야기하고 죽음에 대해 바르게 이해할 수 있는 정보를 제공하며, 관계와 정서 면에서 풀어야 할 문제를 내놓고 살아있는 동안 더욱 사랑하고 감사하며, 용서하고 용서받으며 삶을 나눠야 한다. 또 친구나 배우자, 주변 지인들의 장례식에 참석하는 것은 노인들이 자신의 죽음을 준비할 수 있게 해 주는 좋은 교육의 기회이다.

이렇게 죽음준비교육이란 지나온 삶을 체계적으로 정리하고 변화된 현실에 적응하며 다가올 죽음에 대하여 개방적이고 수용적인 태도로 맞이할 수 있는, 죽음에 대해 준비할 수 있도록 교육하는 것이다. 노인은 자신이 두 번 다시 젊어질 수 없다는 것을 알고 있지만 젊은이는 자신이 늙는다는 사실을 잊고 있다는 말처럼 모두 죽음을 향해 가고 있다. 공감과 소통 없이 자신에게 갇혀 삶을 내어 던지는 일이나 인간적인 따뜻한 보살핌을 받지 못한 채 차가운 의료 기계에 의존하여 죽음을 연장하고 있는 모습은 우리를 슬프게 한다. 따라서

---

28 김선숙, "한국교회 노인을 위한 죽음준비 교육과정 개발에 관한 연구" (박사학위, 서울기독대학교, 2007), 100.

노년기 기독교교육의 과제는 노인에 대한 존경과 죽음 준비와 죽음 준비를 위한 교육이라 할 수 있다.

에 필 로 그

네이버 국어사전을 찾아보니 '시간'이라는 의미가 무려 9가지입니다. 그중에 '어떤 일을 하기로 정하여진 동안', '어떤 행동을 할 틈'이라는 시간 개념이 눈에 들어왔습니다.

처음에 '인간발달과 기독교교육'을 한국기독교교육학회로부터 위촉을 받은 이규민 교수님은 저와 공동 집필을 시작하며, 우리의 첫 계획은 짧은 시간에 이 책을 마무리하는 것이었습니다. 그러나 인간 발달 중에서 가장 활발히 그리고 생산적으로 사회적 활동과 학문적 활동을 하는 것은 물론 위로는 부모를 돌보고 아래로는 자녀들의 결혼과 가정을 지켜보고 손자녀의 재롱으로 잠시 기쁨과 위로를 얻는 긴 세대 중년기였기에 그야말로 어떤 행동을 할 틈(시간)이 없었습니다. 중년 중기에 이 책을 집필하기 시작하여 중년 후기에 드디어 마무리하게 되었습니다. 시간은 우리를 기다려 주지 않기에 이 책을 마무리할 즈음 사물의 변화를 인식하기 위한 개념으로서의 '시간'(時間)을 몸과 마음으로 경험하게 되었습니다.

그래서 우리는 본인과 가족 또는 수정 확대 가족관계 안에서 인간 발달의 각 단계를 생생하게 경험하고 있거나 단계 반추의 시점에 막 들어선 다양한 경험과 학문성을 가진 교수님들과 함께 시간을 집필하여 통전적인 인간발달과 기독교교육을 만들어 보기로 하였고 이에 김재우 교수님과 김희영 교수님이 함께하게 되었습니다. 이번에 우리가 함께한 인간발달과 기독교교육에 대한 공동 집필은 매우 유익하고 혁신적인 경험이었습니다. 이 연구를 통해 우리는 세대, 성별 그리고 다양한 문화적 배경을 고려한 포괄적 관점에서 주제를 다루었고, 이는 우리의 연구와 통찰을 더욱 풍부하게 만들었습니다. 집필자들의 다양한 전문성과 배경으로 각자의 전문성을 존중하고 협력하며 통합함으로써, 접근 방식과 다양한 시각을 공유하고 포괄적 이해를 도모했을 뿐 아니라 이 분야의 다양한 측면과 새로운 시야를 탐구하고 제공하고자 했습니다.

우리의 연구는 에릭슨의 인간발달에 대한 이해를 바탕으로 그 시대적 상황을 존중하면서도 지금 이 시대의 시간적 상황과 100세 시대를 살아가는 인간 현실의 포괄적 이해를 도모했습니다. 이는 우리의 연구를 더욱 전략적이고 유익하게 만들었습니다. 우리의 연구에서 가장 중요한 측면 중 하나는 세대에 대한 고려였습니다. 과거에는 한 세대를 대략 30년으로 간주했으나 본 책에서는 세대를 한 단계로 보고자 했습니다. 2020년대를 동시에 살아가는 각 연령 단계에 있는 사람들의 발달 과제는 무엇이며, 그 발달과제를 어떻게 순조롭게 적응 또는 성숙, 발달시킬 수 있도록 돕기 위한 일은 무엇인가를 찾기 위한 노력이었습니다. 세대에 따른 인간발달과 기독교교육을 탐구함으로써, 우리는 세대에 따른 요인들이 어떻게 개인의 성장과 교육에 영향을 미치는지에 대한 통찰을 얻었습니다.

더욱이 각 발단 단계 세대마다 세대 간의 차이를 이해하는 것의 중요성을 인식하였습니다. 세대마다 다른 가치관과 전통이 있으며, 이를 고려하지 않고는 효과적인 기독교교육을 제공하기 어렵다는 것을 알게 되었습니다. 우리는 이러한 다양성을 존중하고 이를 바탕으로 더 나은 교육방법을 모색하고자 했습니다. 이는 우리의 연구를 더욱 깊이 있는 것으로 만들었습니다. 종합하면, 이번 인간발달과 기독교교육에 대한 공동 연구 및 공동 집필은 매우 유익하고 성공적이었습니다. 이규민 교수님, 김재우 교수님, 김희영 교수님 그리고 제가 함께한 공동 집필은 두 분의 남성과 여성 교수, 40대에서 60대, 대도시와 중소도시, 해외 유학과 국내 등 다양성이 있습니다. 이러한 우리의 접근 방식은 서로에게 새로운 통찰을 제공하였고, 이 분야에 학문성과 경험성에 기여하고자 하는 우리의 의지를 보여주었습니다. 앞으로도 이러한 다양성을 존중하고 포괄적인 연구를 통해 보다 나은 교육을 위한 노력이 계속되기를 기대합니다.

이 책이 나오기까지 오래 기다려 주신 기독교교육학회 선배님들과 회장님 및 임원들께 진심 어린 감사를 드립니다. 그러나 무엇보다 학회를 세우시고 인도하시고 이끌고 가시는 하나님께 감사를 드립니다. 기독교교육의 불모지에서 한 송이 꽃을 피우시고 정원으로 만들어 가시는 하나님의 놀라운 섭리를 찬양합니다. 이제 다시 정원을 회복시키시고 각양각색의 아름다운 꽃들이 피어날 수 있기를 기대하며 소망합니다.

2023년 12월 31일 소담골에서

김난예

참고문헌

국내 도서

단행본

강경미 · 구광현 · 백경숙. 『아동 발달』. 서울: 대왕사, 2005.

곽금주. 『발달심리학 ― 아동기를 중심으로』. 서울: 학지사, 2016.

권석만. 『인간 이해를 위한 성격심리학』. 서울: 학지사, 2017.

김난예. 『아이들의 발달과 신앙교육』. 대전: 침례신학대학교출판부, 2014.

김애순. 『성인발달과 생애설계』. 서울: 시그마프레스, 2004.

김태련 · 장휘숙. 『발달심리학』. 서울: 박영사, 2004.

김태련 외. 『발달심리학』. 서울: 학지사, 2004.

민영순. 『발달심리학』. 서울: 교육출판사, 1996.

박상진. 『유바디 교육목회』. 서울: 장로회신학대학교, 2020.

박성연 외. 『인간발달』. 서울: 파워북, 2011.

박지선 · 박진희. 『청소년 심리와 상담』. 서울: 동문사, 2018.

박진규. 『청소년 문화』. 서울: 학지사, 2003.

성현란 외. 『발달심리학』. 서울: 학지사, 2019.

송현주 외. 『최신 발달심리학』. 서울: 사회평론아카데미, 2021.

신명희 외. 『발달심리학』. 서울: 학지사, 2017.

엄기호. 『이것은 왜 청춘이 아니란 말인가』. 서울: 푸른숲, 2010.

유안진. 『아동 발달의 이해』. 서울: 문음사, 2000.

이경민. 『신경학』. 서울: 서울대학교 출판문화원, 2005.

이규민. 『성서와 과학의 대화』. 대구: 계명대학교출판부, 2000.

이규민 · 김은주. 『삶을 변화시키는 변형화 기독교교육』. 서울: 대한기독교서회, 2023.

이규민 · 남충현. 『죽음교양수업』. 서울: 홍성사, 2020.

이규민 외. 『영유아기, 아동기를 위한 영성교육』. 서울: 한국기독교교육연구원, 2008.

이규민 외. 『기독교교육개론』. 서울: 대한기독교서회, 2006.

이금만. 『발달심리와 신앙교육』. 서울: 크리스찬 치유목회연구원, 2000.

이미리 · 김춘경 · 여종일. 『청소년심리상담』. 서울: 학지사, 2019.

이숙경.『신앙과 기독교교육 — 하나님을 기억하는 교육을 향하여』. 서울: 그리심, 2015.

장휘숙.『전생애 발달심리학』. 서울: 박영사, 2009.

정옥분.『발달심리학 — 전생애 인간발달』. 서울: 학지사, 2014.

_____.『아동 발달의 이해』. 서울: 학지사, 2003.

정채봉.『처음의 마음으로 돌아가라』. 서울: 샘터사, 2006.

조복희 · 도현심.『인간발달: 발달 심리적 접근』. 서울: 교문사, 1991.

_____.『아동발달』. 서울: 교육과학사, 2008.

최경숙 외.『아동 발달』. 서울: 창지사, 2005.

최경숙 외.『발달심리학 — 전생애: 아동 청소년 성인』. 파주: 교문사, 2017.

최삼섭 외.『태교신기』. 서울: 성보사, 1991.

최윤정.『성인학습 및 상담론』. 서울: 학지사, 2018.

한성철.『청소년학: 청소년 이해와 지도』. 서울: 학지사, 2006.

황희숙.『아동발달과 교육』. 서울: 학지사, 2008.

홍순옥 외.『영유아 발달』. 파주: 양서원, 2017.

정기간행물

김윤정. "노인의 성에 대한 인식과 성생활에 관한 탐색적 연구."「한국가정관리학회」21, no. 5 (2003): 133-143.

박신경. "인간교육의 첫 단계로서의 태교."「기독교교육논총」34 (2013): 65-91.

이철희. "1980년 광주항쟁으로 인한 태아기 스트레스가 후속세대의 건강에 미친 효과." 아시아 태평양 경제사 학술대회 논문 1 (2013): 1-10.

정유리. "노년기 여가활동 활성화 교육을 위한 기초 연구 — 노인의 여가활동과 생활만족도 간의 관계를 중심으로."「한국가정과교육학회」25, no.2 (2013): 49-63.

학위 논문

김선숙. "한국교회 노인을 위한 죽음준비 교육과정 개발에 관한 연구." 박사학위, 서울기독대학교, 2007.

모인순. "인지 발달과 지식확장을 위한 한국의 대학 도자 교육과정 모색." 박사학위, 한국교원대학교, 2018.

송원선. "청소년의 발달특성에 따른 교육목회 프로그램." 석사학위, 호남신학대학교 신학대학원, 1998.

이성주. "기독청소년 대상 기독교교육 프로그램의 방향 모색 — Commenius의 범교육학을 기반으로." 박사학위, 동신대학교 대학원, 2018.

최승규. "포스트모던 시대의 교회 청소년 교육에 대한 연구." 석사학위, 총신대학교 교육
대학원, 2008.

보고서 및 인터넷 자료

건강보험심사평가원. "최근 5년(2017~2021년) 우울증과 불안장애 진료현황 분석." 서
울: 건강보험심사평가원, 2022.

"건강수명." 국가지표체계. 2021년 1월 8일 수정, 2023년 10월 23일 접속, https://www.in
dex.go.kr/unify/idx-info.do?idxCd=5067.

"고령화 지수." 국가지표체계. 2024년 10월 23일 접속, https://www.index.go.kr/unify/
idx-info.do?idxCd=5064.

"남은 수명 알려주는 텔로미어, 다시 늘릴 수 있다."「SBS News」. 2019년 10월 19일 수정,
2024년 10월 23일 접속, https://news.sbs.co.kr/news/endPage.do?news_id=N1
005485866&plink=ORI&cooper=NAVER.

보건복지부. "2020년도 노인실태조사." 서울: 보건복지부, 2020.

여성가족부. "100세 사회 가족생활 재설계 및 가족 돌봄 지원방안 연구." 서울: 여성가족
부, 2013.

"일본, 사상 처음으로 인구 10명 중 1명 80세 이상."「BBC 뉴스 코리아」. n.d. 수정, 2024년
10월 23일 접속, https://www.bbc.com/korean/articles/c51rl72jv5eo.

질병관리본부.『2017 소아청소년 성장도표 해설집.』청주: 질병관리본부, 2017.

"청년 우울증이 심각하다 4년 새 약 50% 증가, 조기 치료 관심 가져야."「힐팁」. 2022년
12월 27일 수정, 2024년 1월 10일 접속, http://www.healtip.co.kr/news/articleVi
ew.html?idxno=4693#rs.

통계청. "국민 삶의 질 2021 보고서." 서울: 통계청, 2022.

_____. "생명표." 서울: 통계청, 2023.

_____. "2022년 사망원인통계 결과." 서울: 통계청, 2023.

번역서

Berk, Laura E./이옥경 외 역.『생애 발달 I: 영유아기에서 아동기까지』. 서울: 시그마프레
스, 2009.

Clair, Michael St./안석모 역.『대상관계이론과 자기심리학』. 서울: 센게이지러닝코리아
(주), 2010.

Fowler, James/사미자 역. 『신앙의 발달단계』. 서울: 한국장로교출판사, 1995.

Kagan, Jerome. 『발달심리학』. 서울: 학문사, 1991.Kostelnik, Marjorie J. et. al./박경자 외 역. 『영유아의 사회정서 발달과 교육』. 파주: 교문사, 2010.

Karen-Marie Yust/이규민 역. 『기독교교육과 영성: '참된 영성'회복을 위한 기독교교육』. 서울: 장로회신학대학교기독교교육연구원, 2016.

Krych, Margaret./이규민 역. 『이야기를 통한 기독교교육: 신앙공동체를 위한 기독교교육의 새 모델』. 서울: 한국장로교출판사, 2012.

Loder, James/이규민 역. 『통전적 구원을 위한 기독교교육론: 변형과 해방을 위한 교육과 예배의 만남』. 서울: 대한기독교서회, 2020.

Paul, Anie Murphy/박인균 역. 『오리진: 엄마 뱃속 9개월에 관한 모든 오해와 진실』. 서울: 추수밭, 2011.

Saratori Haruhiko/김난도 역. 『초역 니체의 말』. 서울: 삼호미디어, 2010.

Siegler, Robert S. et al./송길연 외 역. 『발달심리학』. 서울: 시그마프레스, 2019.

Verny, Thomas/김수용 역. 『태아는 알고 있다』. 서울: 샘터사, 2005.

Wild, Oscar/김진석 역. 『도리언 그레이의 초상』. 서울: 펭귄클래식 코리아, 2009.

외국 도서

단행본

Atchley, R. C. *Social forces and aging*. Belmont, CA: Wadsworth, 1996.

Ambron, Sueann & Brodzinsky, David ed. *Lifespan Human Development*. New York: Holt, Rinehart and Winston, 1979.

Arthur Janov. *The Feeling Child*. New York: Simon and Schuster, 1973.

Bettelheim, Bruno. *A Home for the Heart*. New York: Knopf, 1973.

Birren, J. E. *Unpublished reiveu of J.W. Santrock's Life-span development*. New York: McGraw-Hill, 2002.

Blieszner, R. & R. Adams. *Adult friendship*. Newbury Park, CA: Sage, 1992.

Crain, William. *Theories of Development*. Englewood Cliffs. NJ: Prentice-Hall, 1980.

Digiovanna, A. G. *Human aging: Biological Perspectives*. New York: McGraw-Hill, 1994.

Ebersole, P. & P. Hess. *Toward Healthy Aging: Human Needs and Nursing Response*. St. Louis: Mosby, 1998.

Erikson, Erik. *Childhood and Society*. New York: W. W. Norton & Company, 1963.

Hargrave, T. D. & S. M. Hanna. *The aging family: New vision in theory, practice, and reality*. New York: Brunner/Mazel, 1997.

Janov, Arthur. *Imprints*. New York: Coward-McCann, 1983.

Jung, C. G. *Two Essays on Anaalytic Psychology*. In Collected Works, Vol 7. NJ: Princeton Universty Press, 1966.

Kostellnik, Marjorie J. et al. *Guiding Children's Social Development & Learning*. 6th ed. Belmont. CA: Wadsworth Publishing, 2008.

Kegan, Robert. *The Evolving Self*. Cambridge: Harvard Univ. Press, 1982.

Loder, James. *The Logic of the Spirit: Human Development in Theological Perspective*. San Francisco: Jossey-Bass Pub, 1998.

Lorenz, Konrad. *Evolution and Modification of Behavior*. Chicago: Univ of Chicago Press, 1965.

Lugo, James & Hershey, Gerald. *Human Development: A Psyhoclogical, Biological, and Sociological Approach to the Life Span*. New York: McMillan Pub, 1979.

Milinaire, Catherine. *Birthe: Facts and Legends*. New York: Crown, 1979.

Mussen, Paul et al. *Psychological Development*. New York: Harper & Row, 1979.

Newman, B. & P. Newman. *Development Through Life: A Psychosocial Approach*. Boston: Cengage Learning, 2005.

Perry Jr. William. *Forms of Ethical and Intellectual Development in the College Year, A Scheme*. San Francisco: John Wiley & Sons, 1970/1999.

Piaget, Jean. *The Origins of Intelligence in Children*. trans. by M. Cook. New York: International Univ. Press, 1936.

Rene Spitz. *The First Year of Life*. New York: International Univ. Press, 1965.

Santrock, John W. *Lifespan Development*. New York: McGraw-Hill, 2020.

Willis, S. L. & J. D. Reid. *Life in the middle: Psychological and social development in middle age*. San Diego: Academic Press, 1999.

Woodruff-Pak, D. S. *The Neuropsychology of aging*. Malden, MA: Blackwell Publishers Inc, 1997.

Yount, William R. *Created to Learn*. Nashville: Broadman & Holman, 2010.

정기간행물

Baumrind, Diana. "Current Patterns of Parental Authority." *Developmental Psychology.* Vol. 4 (1971).

Becker, W. C. "Consequences of Different Kinds of Parental Discipline." in Hoffmann, M. et al. ed. *Review of Child Development* Vol. 1. New York: Russell Sage Foundation, 1964.

Benton, A. L., P. J. Eslinger and A. R. Damasio. "Normative observation on neuro-psychological test performance in old age." *Journal of Clinical Neuropsychology* 3 (1981): 33-42.

Birren, J. E., H. B. Shapiro and J. H. Miller. "The effect of salicylate upon pain sensitivity." *Journal of Pharmacology and Experimental Therapy* 100 (1950): 67-71.

Buss, D. M. "Predicting Parent-Child Interactions from Children's Activity Level." *Developmental Psychology.* Vol. 17 (1981).

Cobb, H. "Role-Wishes and General Wishes of Children and Adolescents." *Child Development.* Vol. 25 (1954).

Devlin, B., Michael Daniel and Kathlyn Roeder. "The Heritability of IQ." *Nature* 388, no. 31 (1997): 468-471.

Dowaliby, F. & Schumer, H. "Teacher-centered versus Student-centered Mode of College Classroom Instruction as Related to Manifest Anxiety." *The Journal of American Psychological Association.* Vol. 6 (1971).

Grimes, J. & Allinsmith, W. "Compusivity, Anxiety, and School Achievement." *Merrill-Palmer Quarterly.* Vol. 7 (1961).

Grzegorczyk, P. B., S. W. Jones and C. M. Mistretta. "Age-related differences in salt taste acuity." *Journal of Gerontology* 34 (1979): 834-840.

Hann, N., R. Millsap and E. Hartka. "As time goes by: Change and stability in personality over fifty years." *Psychology and aging* 1 (1986): 220-232.

Hughes, G. "Changes in taste sensitivity with advancing age." *Gerontologic Clinica* 11 (1969): 224-230.

Kerchoff, A. C. & K. D. Davis. "Value consensus and need comlementarity in mate selection." *American Sociological Review* 27 (1962): 295-303.

Koster, A. & M. Davidsen. "Climacteric complaints and their relation to menopausal development-a retrospective analysis." *Maturitas* 17 (1993): 155-166.

Leiblum, S. R. "Sexuality and the midlife woman. Special Issue: Wmen at midlife and beyond." *Psychology of Women Quartely* 14 (1990): 495-508.

McGuinness, D. "Hearing: Individual Differences in Perceiving." *Perception* 1, no. 4 (1972): 465-473.

O'Neil, J. M., C. Ohlde, N. Tollefson, C. Barke, T. Piggott and D. Watts. "Factors, correlates, and problem area afecting career decision making of cross-sectional sample of students." *Journal of Counseling Psychology* 27 no.6 (1980): 571-580.

Papalia, D. E., S. W. Olds and R. D. Feldman. *Human Development.* New York: McGraw-Hill, 2009.

Quinn, R. A., C. A. Houts and A. Graesser. "Naturalistic conceptsion of morality: A question-answering approach." *Journal of Personality* 62 (1994): 260-267.

Rovee, C. K., R. Y. Cohen and W. Shlapack. "Life-span stability in olfactory sensitivity." *Developmental Psychology* 11 (1975): 311-318.

Sacco, D. F., J. H. Wirth, K. Hugenberg, Z. Chen and K. D. Williams. "The world in black and white: Ostracism enhance the categorical perception of social information." *Journal of Experimental Social Psychology* 47 (2011): 836-842.

Schaie, K. W., L. S. Wills and G. I. L. Caskie. "The Seattle Longitudinal Study: Relationship between personality and cognation." *Aging Neuropsychology and Cognition* 11 no.2-3 (2004): 304-324.

Thorson, J. A. & F. C. Powell. "Elements of death anxiety and meaning of death." *Journal of Clinical Psychology* 44 no.5 (1990): 691-701.

W. Damon & Hart, D. "The Development of Self-understanding from Infancy through Adolescence." *Child Development* Vol 53 (1982).

Zussman, J. V. "Situational Determinants of Parental Behavior: Effects of Competing Cognitive Activity." *Child Development* Vol. 51 (1980).

지은이 알림

이 규 민

장로회신학대학교 교수, 한국에니어그램협회 고문
『삶을 변화시키는 변형화 기독교교육』,『포스트모던시대의 통전적 기독교교육』,『기독교대학의 정체성과 제도』
kmlee@puts.ac.kr

김 난 예

침례신학대학교 교수(은퇴), 회복대화연구소 소장
『얼굴 있는 교육이야기』,『아이들의 발달과 신앙교육』,『신앙과 심리』
nanyekim@hanmail.net

김 재 우

백석대학교 교수, 오륜교회 꿈이있는 미래 감수위원
『코로나19를 넘어서는 기독교교육』, "코로나19시대의 한국교회 교육부 여름사역 동향 분석 및 만족도 조사", "코로나19 팬데믹이 한국교회 교육부 여름사역에 끼친 영향에 관한 설문조사"
jaewookim96@bu.ac.kr

김 희 영

장로회신학대학교 교수, 기독교교육연구원 〈교육교회〉 편집부장
『기독교 교육복지 이론과 실천』, "4차 산업혁명시대의 기독교의 역할과 교육방향에 관한 연구", "칼 융의 개성화과정에 비추어 본 주선애의 영성형성과정 연구"
gloria1009@naver.com